보웬 이론으로 본

성경 속
가족
이야기

대표저자 **김용태**

강경희 · 김은혜 · 박연하 · 박주혜 · 성희연
유봉철 · 이수연 · 이혜진 · 장은영 공저

학지사

책을 시작하며

나는 이 책에 대한 첫 아이디어를 횃불트리니티신학대학원 박사과정 학생들과 논문을 쓰면서 마음속에 품게 되었다. 가족상담의 성경적 적용이라는 박사과정 과목을 학생들에게 가르치면서 성경 가족을 보웬 이론과 연결하여 논문을 쓰도록 하였다. 이 과정의 일환으로 여러 학생이 보웬 이론의 관점을 가지고 성경 가족을 분석하고 이해하여 논문을 써서 꾸준히 학술지에 발표해 오고 있었다. 각각의 논문은 많은 토론을 거치면서 심혈을 기울여 만들어졌다. 각각이 모두 귀하고 중요한 논문이기에 모두 한자리에 모아 보면 어떨까 하는 마음을 갖게 되었다. 이러한 마음의 결실이 바로 이 책이다.

우리는 성경 인물이나 성경 가족을 우리의 삶이나 가족과 관계없이 단지 하나의 성경적 모델처럼 여기기 쉽다. 그러나 성경 가족을 자세히 읽고 연구해 보면 현재 우리가 살고 있는 가족의 모습과 그다지 다르지 않다. 내담자의 가족을 통해서도 많은 것을 이해하고 알 수 있지만 성경의 가족을 통해서도 우리의 삶에 많은 시사점을 얻을 수 있다. 이 책은 이러한 목적을 가지고 저술되었다. 성경 가족을 현대적으로 살려 내어서 우리의 가족관계에 어떻게 적용되며 이해되는지를 밝히고자 하는 마음이 반영된 책이다.

이 책에서는 보웬의 여러 개념을 통해서 성경 가족이 어떤 분화 수준을 보이고 있으며, 분화의 수준이 어떻게 달라지고 변화되었는지를 보여 주고 있다. 한 개인이 성장하고 변화하듯이 한 가족도 변화하고 성장한다. 아브라함, 야곱, 요셉, 사울, 다윗, 마르다의 여섯 가족이 어떤 형태와 모양의 가족관계를 형성하고 있는지 살펴본다. 이들 가족은 현재 우리가 살고 있는 가족과 그다지 다르지 않다. 하나님이 자신의 목적을 위해서 사람을 선택하고 사명을 실천하도록 할 때 그는 완벽한 인간을 통해서 그의 일을 하지 않는다. 마찬가지로 하나님이 성경 인물의 가족을 선택하여 하나님의 나라를 확장하도록 할 때 부족하고 모자란 가족관계를 통해서 그 일을 이루신다. 아브라함, 사라, 하갈의 삼각관계, 야곱의 재산과 사람에 대한 미분화된 상태가 만들어 내는 가족관계, 요셉의 자기애적 태도에 의한 갈등관계, 사울의 인기 영합적 미분화 관계, 다윗의 자만에 의한 복잡한 가족관계 그리고 마르다와 마리아 자매에 의한 삼각관계는 모두 현재 우리가 살고 있는 가족의 어려움을 그대로 보여 준다.

우리는 이러한 어려움에도 불구하고 성경 가족들이 어떻게 달라지고 변화하는가를 볼 수 있다. 무엇이 이들 가족을 변화시키면서 하나님의 일을 훌륭하게 해내었는가? 우리는 이 책을 통해서 '가족 내에서 어려움을 겪으면서도 어떻게 가족관계를 유지하면서 우리의 믿음과 삶을 진행시키고 있는가?'라는 질문에 대한 대답 중 일부를 얻을 수 있다. 한 개인이 다양한 사건을 경험하면서 이러한 사건에 눌리지 않으려면 성장을 해야 한다. 성장이 없는 개인은 이러한 사건들에 치이면서 상처를 안고 살아가는 사람이 된다. 가족도 마찬가지다. 수많은 사건을 경험하면서 성장하지 않으면 가족관계는 어려움에 처하게 된다. 보웬은 이러한 어려움을 해결하는 하나의 방법으로 분화를 제시하고 있다.

분화는 이론을 통해서 제시된 개념이지만 이 개념은 실제에서는 분리와 연결로 나타난다. 붙기도 잘하고 떨어지기도 잘하는 사람이 가족관계를 원만하게, 그리고 친밀하게 만들어 갈 수 있다. 학문적 개념인 분화가 가족관계의 실제에서 붙기도 잘하고 떨어지기도 잘하는 방식으로 이해하는 모양을 이론과 실제의 일치라고 한다. 이론과 실제의 일치를 다른 말로 하면, 이론적 개념이 제시하고 있는 학문의 방향이 가족관계의 실제 삶과 일치될 때 학문 속에서의 일치인 학문 내 통합이라고 부른다.

통합에는 학문과 학문 간의 일치, 학문과 실제의 일치, 학문과 성경의 일치 등과 같은 다양한 영역이 있다. 학문 내 통합이란 학문에서 제시하고 있는 이론적 개념이 실제의 삶에서 어떻게 작동하는지를 이해하는 현상이다. '보웬의 학문적 개념인 분화가 어떻게 실제 가족관계에 적용되는가?'에 대답하려는 노력이 학문 내 통합이다. 다른 말로 하면, 이론적 개념을 실제와 일치시키는 노력이 학문 내 통합이다. 분화뿐만 아니라 삼각관계, 핵가족 감정체계, 세대 간의 전이 등과 같은 여러 학문적이고 이론적인 개념이 실제 가족관계에서 어떻게 진행되고 있는지를 이해하면서 이론과 실제를 일치시킨다.

이 책에서 다루고 있는 아브라함, 야곱, 요셉, 사울, 다윗, 마르다 가족은 이러한 학문 내 통합을 보여 주기 위해서 선택되었다. 내담자의 가족을 보웬의 이론적 개념으로 분석하여 이해하듯이 성경 가족들도 보웬의 이론적 개념으로 이해하여 기술하였다. 내담자의 가족과 달리 성경 가족은 그 자료가 아주 제한적이다. 성경에 나와 있는 자료를 대상으로 가족관계를 분석하고 이해하다 보니 자료의 부족이 실감난다. 다른 한편으로는 성경을 해석하는 주석가들의 도움을 많이 받기도 하였다. 성경 자료와 주석가의 해석 그리고 우리의 해석이 어우러지면서 각각의 장들이 완성되었다. 그러나 이 책에서 제시하고 있는 여러 가지 가족관계에 대한 기술은 새로운 해석이 나오면 달라질 수 있다. 부족한 자료를 이렇게 저렇게 해석하여 자료와 해석을 기반으로 한 글이다 보니 어쩔 수 없는 상황이다.

이 책을 쓰면서 전체의 조율을 맡아서 편집하느라 유봉철 선생님이 많은 수고를 하였다. 그리고 각각의 장들을 맡아서 강경희, 김은혜, 박연하, 박주혜, 성희연, 이수연, 이혜진, 장은영 등이 많은 노력과 수고를 하였다. 우리 모두는 각각 맡은 분량에 대해서 서로 토론도 하고 아이디어도 주고받으면서 각각의 장들을 완성하였다. 쉽지 않은 과정이었지만, 헌신적으로 노력하여 이 책을 완성할 수 있게 되었다. 무엇보다도 하나님의 은혜에 감사드린다. 하나님은 토론을 원활하게 진행하고 글을 수월하게 써 내려가도록 우리에게 지혜를 주셨다. 이 책이 모양을 갖추기까지 노력하고 애를 써 준 학지사 김진환 사장님과 편집부에 감사드린다.

2018년 9월
김용태 교수

차례

Part 1
보웬 이론과 기독교상담

통합에 대하여

성경 속 가족이야기와 보웬 이론의 만남을 위해 통합의 뜻을 살펴보자. 통합이란 둘 이상의 조직이나 기구 따위를 하나로 합침, 여러 요소가 조직되어 하나의 전체를 이룸을 말한다(표준국어대사전). 이론과 실제의 통합, 믿음과 삶의 통합은 여러 요소를 하나로 합치는 일치다. 이 책은 이론과 실제의 통합으로 학문 내 통합의 방법을 사용한 것이다. 상담학이론의 관점인 보웬 이론으로 성경 가족들을 분석하고 적용하려 하였다. 이론적 학문과 임상적 실제의 통합이 성경 속 가족이야기와 보웬 이론의 만남으로 나타난다. 각 장에서는 성경의 주요 인물들을 가족의 관점으로 살펴보면서 하나님을 경험한 인물들의 자기분화 수준의 변화와 그 변화과정에서 일어나는 이야기들을 조명하였고, 이론과 실제를 연결시키는 학문 내 통합을 시도하였다.

상담심리학자들은 앞으로 심리치료에 있어서도 통합운동이 하나의 커다란 흐름이 될 것이라고 예견한다(권석만, 2012). 기독교상담의 통합에서도 학문적 통합과 임상적 통합이라는 두 가지 방법으로 살펴볼 수 있다. 학문적 통합은 심리학과 신학의 통합에 의해 학문과 학문을 하나의 체계로 묶는 노력이다. 반면, 임상적 통합은 기독교의 가치, 믿음, 세계관들이 상담과정의 결과에 포함되어 더 나은 상담 효과를 보고자 하는 노력을 말한다(김용태, 2006).

사람에 대해 알아 가는 학문인 상담학을 공부하는 기독교상담자들에게 호기심은 당연히 사람에 대한 것이다. 사람에 대해 어떻게 이해하느냐는 중요한 시각이다. 지금까지 상담학에서는 사람에 대해서 한쪽 면만을 주로 이해하였다. 사람에 대한 통전적 이해를 갖고 연구하는 것과 부분적 이해를 갖고 연구하는 것에는 질적인 차이가 있을 수밖에 없다. 삶의 진리로서 성경은 인간에 대해 영과 혼과 육으로 이루어져 있다고 말하고 있다. 반면에, 일반 심리학이론에서는 육을 통한 혼에 대해서만 관심을 갖고 있다. 이는 육체와 정신의 경계에 있는 것이다. 대표적으로 프로이트는 생리심리학을 언급하며, 성적 에너지로 리비도를 말한다. 이러한 시각은 사람을 통합적으로 온전하게 이해하는 시각이 아니다. 보웬도 인간에 대한 이해를 가족체계라는 횡적인 시각을 가지고 이해하였다. 통합적인 시각은 믿음과 삶, 일상과 감정이 있고 가족이 들어가는 것이다. 이렇게 믿음과 가족을 같이 놓고 보는 것이 성경 속 가족이야기다.

이 책의 각 장에서는 독자들에게 성경 속 가족이야기를 보웬 이론으로 들여다보도록 인도해 줄 것이다. 그리고 임상장면에서의 실제와 이론이 어떻게 학문 내에서 통합되는지 안내해 줄 것이다.

각 장의 성경 속 가족이야기를 찬찬히 읽어 가면서 독자 역시 임상 실제와 이론이 어떻게 기독교적으로 통합되어 가는지 맛볼 수 있을 것이다. 그리고 이 책이 기독교상담자로서 세상을 섬기는 독자의 손에 작은 나침판이 되기를 바라는 마음이다.

학문의 흐름에 일관성이 있고, 학문의 통합에 따른 결과물을 대할 때 학자나 독자는 만족스럽고 풍요로운 느낌을 가질 수 있다. 상담학 내에서 이론과 실제의 통합은 속사람과 겉사람의 일치로도 설명될 수 있다. 상담학이라는 이론을 습득한 기독교상담자는 임상현장에서 자신의 실제를 경험한다. 실력이 있는 상담자는 아주 작은 단계에 대해서도 잘 알고 있는 사람이다. 예를 들어, 공황장애를 앓고 있는 내담자를 어떻게 치료해야 할까에 대한 상담 슈퍼비전 시간을 갖는다고 생각해 보자. 이러한 내담자를 잘 치료하기 위해서는 작은 단계에서부터 세심히 살펴보아야 한다. 공황장애를 앓고 있는 내담자는 숨쉬기부터가 어려울 수 있다. 그렇기 때문에 가장 기본이 되는 숨쉬기부터 확인하고 긴박한 상황에서 사용할 수 있는 호흡 이완법을 가르쳐 줘야 한다. 이렇게 이론적으로 알고 있는 것을 실제 임상장면에서 어떻게 적용하는지 아는 것이 통합이며 학문의 성숙함이다. 우리가 만약 이론적으로는 잘 알고 있지만 실제에서 적용하는 것이 서툴다면 이는 학문을 반만 아는 것이고 학문에 있어서 미성숙하다고 할 수 있다. 학문 내 통합은 바로 이론과 실제의 통합을 말하며 이것이 학문의 성숙함이다.

그렇다면 기독교와 심리학은 무엇을 합쳐 하나를 이루어야 하는 것일까? 기독교와 심리학의 통합의 입장에 따라 기독교상담의 모델을 찾으려는 학자들 중에는 성경이 유일한 진리이기에 심리학과 신학의 통합을 반대하는 입장도 있었다. 반면에, 심리학과 신학의 통합에 적극적인 입장도 있었다. 성경과 맞지 않는 심리학의 부분들을 고쳐서 통합하려는 기독교상담 모델도 있다. 평행적 관점에서 모든 진리는 하나님으로부터 오기 때문에 심리학과 신학의 상호 보완적 입장으로 통합할 수 있다고 한다. 따라서 어떤 입장에 있는가에 따라 통합이 달라지지만 하나님을 믿는 믿음과 삶이 일치되기를 추구해야 한다는 것이 우리의 생각이다.

오래된 성경은 인간의 삶에 대한 이야기다. 성경이 인간의 구체적인 문제에 대해 자세히 말하고 있진 않지만 성경은 우리에게 인간의 문제에 대해 방향성과 원리를 보여 준다. 기독교상담을 하기 위해서는 심리학과 기독교의 가치관과 덕목에 대한 이해와 통합이 필요하다. 상대주의적이고 개인주의적인 가치관에 의해 형성된 심리학과 보편적 사랑의 가치를 언급하는 기독교가 만나 세상의 가치관에는 없는 영적 원리를 언급하는 것이 통합의 관점에서 심리학과 기독교의 만남이다. 성경에 나타난 인간의 성적 문제, 분노, 용서, 보복 등의 이야기를 상담과 관련된 주제(자기애, 우울증, 강박증, 열등감, 불안, 편집증)들과 연관 지어 보자. 그러면 우리는 성경에 나타난 삶의 이야기를 통해 하나님이 각 개인만 소중히 여기고 사랑하는 것이 아니라 가족과 공동체 그리고 보편적 인류 모두를 사랑한다는 것을 알게 된다.

감정적 문제를 가진 믿음의 사람

　우리 주변을 가만히 둘러보면 믿음이 좋다고 하는 기독교인들 중에도 상당히 많은 사람이 불안, 분노, 좌절, 슬픔, 두려움, 우울 등의 고통스러운 감정 때문에 어려움을 겪는다. 하나님을 믿고 있는데도 여전히 불안을 느끼며, 두려움과 좌절, 우울함 때문에 자신의 감정으로부터 자유롭지 않다. 이런 감정을 느낄 때마다 우리는 어떻게 해야 할지 모르거나, 그러는 자기 자신이 믿음이 없는 것 같이 느껴져 힘들다고 호소하는 말을 종종 들을 수 있다. 오랫동안 억누르고 참고 드러내지 않으려고 애쓰며 살고 있지만 왜 툭하면 눈물이 나고 억울해져서 참기가 어려운지 호소하기도 한다. 하나님께 기도를 해도 여전히 불안한 감정에서 자유롭지 못하고, 하나님께 찬양을 해도 분노가 올라와 욱하며 폭발하게 되는 그런 경험은 남의 이야기가 아닌 '나의 모습'이기도 하다. 그렇기 때문에 우리는 단순히 '믿음이 있다, 없다.'고 쉽게 말하기 전에 우리에게 감정과 믿음의 문제가 어떤 관계를 갖는지 질문을 던져 보게 된다.

　믿음이 좋다고 생각하는 나에게 왜 이런 감정이 생길까요?

　왜 이렇게 불편하고 힘들까요? 나는 믿음이 있다고 생각했는데 왜 이렇게 억울할까요?

　예배 드리러 왔는데 성 집사가 왜 미울까요?

　사모인 나는 왜 이렇게 마음이 꼬여 있을까요?

　목사인 나는 왜 성도가 미울 때가 있을까요?

이런 감정을 느낄 때, 하나님을 믿는다고 하면서도 기쁘지만 않고 화도 나고 우울하기까지 하다. 다른 이를 사랑하고 품어 주지 못하고 왜 미워하고 마음이 뒤틀리는 걸까? 하나님을 믿음으로써 은혜와 기쁨에 충만하기도 하지만 여전히 우리는 하나님의 얼굴을 피하고 싶은, 슬픔과 분노 등의 감정에 압도될 때가 있다. 보웬 이론에서 분화란 대인관계에서 발생하는 심리내적 압박에도 압도되지 않고 개별성과 연합성에 있어서 유연하다는 의미다. 즉, 심리적 개별성과 연합성을 동시에 유연하게 지녔다는 뜻이다.

어떤 사람들은 감정에 대한 부정적인 인식이 있어서 감정적인 인간이라고 하면 뭔가 잘못된 모습을 지닌 것으로 생각한다. 그러한 사람들은 감정적인 인간이 되지 않으려고, 감정을 많이 억누르며 참고 산다. 이런 노력으로 겉으로는 이성적이고 논리적인 사람처럼 보이나 속으로는 억눌린 감정으로 인해 때론 들끓는 화로 욱하는 모습을 드러내게 된다. 내면의 속사람은 사실 점점 속이 썩고 있지만 겉으로는 자신의 속사람을 감추고 있는 사람들도 얼마나 많은가? 이러한 모습은 하나님을 믿는 사람이든, 믿지 않는 사람이든 마찬가지다. 믿지 않는 사람들은 술을 마시거나 흥청망청거리며 자신의 감정을 표출하기도 하지만, 믿는 사람들은 감정을 표출하기가 쉽지 않고 더군다나 참아야 한다고 생각한다. 감정은 억누르고 참아서 정리되는 것이 아니라 나누는 것이다.

열심히 교회를 다니는 기독교인 중에도 우울을 포함한 심리적 어려움을 겪는 사람들이 많이 있다. 우울증을 겪고 있는 성 집사를 예로 들어 보자. 우울해질 때마다 성 집사는 교회에 가서 열심히 기도하고, 우울에 빠지지 않으려고 열심히 교회 활동에 참여하려 애

쓴다. 교회에서는 열심히 봉사를 하지만, 집에 돌아오면 기능할 힘이 떨어져 꼼짝도 않고 방에 들어가서 나오지도 못한다. 집에서 밥도 못하고 설거지도 못하고, 아이들도 챙기지 못한다. 그러다가 갑자기 연락이 안 되고, 심방도 거절하며 오랫동안 교회에 안 나타기도 한다. 이런 사람들이 성 집사만이 아니다. 우리 주변에는 성 집사와 같은 사람들이 많다. 한 가지 예를 더 들어 보면, 믿음 좋은 사람으로 알려진 박 집사는 교회에서는 상냥하고 친절하고 공감도 잘하고 다른 사람에게 잘 맞춰 주는 사람이다. 그래서 사람들은 박 집사가 믿음이 좋다고 칭찬을 많이 한다. 그런데 박집사는 밖에 나가서 운전을 할 때 다른 차가 끼어들면 욱하고 소리 지르고 욕을 한다. 때로는 치밀어 오르는 분을 못 참고 그 차를 쫓아가기도 한다. 집에서는 폭군처럼 아내한테 소리 지르고 아이들에게도 화와 폭력을 일삼는다. 회사에서도 조그만 갈등에도 쉽게 화를 내고 직장 동료들과 잘 어울리지 못한다. 그럼에도 불구하고 회사 일은 유능하게 잘하는 사람이다. 박 집사는 일적인 면에서는 유능하지만 자신의 감정을 조절하고 다루는 데에는 서툴고 미숙하다.

　이러한 예에서 보듯이 믿는 사람들도 믿음과 감정적 문제가 분리된 채로 살아가는 경우가 많다. 이런 사람들은 종종 공허감, 무기력, 자괴감, 죄책감 등을 갖는다. 더 악착같이 자신의 감정을 드러내지 않으려고 노력하며, 자신이 추구하고자 하는 믿음에만 집중하게 되기도 한다. 그렇게 애써 보지만 여전한 공허함에 무기력해지고 자괴감이 들어 자신을 자책하게 되는 고리에서 벗어나기 어렵다. '내가 믿는 사람 맞나.' '이것밖에 못하나.' '이제 그만 하고 싶다.' 이렇게 생각하며 '내가 아닌 가짜' 같은 마음이 든다. 이런 생각으로 인해 아닌 척하기도 하고 관계 뒤로 숨기도 한다. 갈등이 생길 때 관계를 끊어 버리거나 두문분출하거나 교회를 아예 옮기기도 한다.

믿음의 사람은 감정적 문제를 어떻게 다루는가

그리스도인이라고 하지만 일주일 내내 하나님과 관련되어 보이지 않는 일들 속에 파묻혀 지내기도 하고, 반대로 믿음이 없이도 하나님의 이야기를 하며 살기도 한다. 하나님께로 향한 믿음과 현실에서 드러나는 감정 사이의 관계를 말해 볼 때, 어떤 이는 우리의 삶은 믿음대로 살아야 한다고 말하기도 하고, 어떤 이는 이 둘의 간격을 좁힐 수 없기 때문에 믿음은 믿음대로, 감정은 감정대로 그 간격이 좁혀지지 않고 평행해야 한다고 말한다. 이 둘을 합쳐서 살아야 한다고 말하지만 합치는 것이 쉽지 않다고 푸념을 하기도 한다. 그러나 이런 믿음과 감정의 간격에 대한 고민과 갈등이 통합의 시작이다.

그러면 '믿음과 감정의 통합을 위해 우리는 실제로 어떻게 살아가고 있을까?' '믿음과 감정의 통합을 어떻게 하고 있는가?'라는 질문이 생긴다. 내가 원하는 것은 무엇인지, 하나님의 뜻은 무엇인지를 물어보게 되고 내가 원하는 것과 하나님이 원하시는 것 중에서 선택하려 한다. 하나님의 뜻과 내가 원하는 것이 일치하면 별 어려움이 없으나, 일치하지 않으면 일치하기 위한 씨름이 시작된다. 내가 원하는 것을 하나님께 떼쓰며 부르짖듯 기도도 하지만, 이런 씨름보다도 때론 '예수 그리스도가 답이다.'라고 말하며 하나님이 모든 것을 하신다고 내버려 두기도 한다. 이러한 모습이 극단적으로 나타나 '하나님의 뜻대로만 살게 하소서.'라고 하면서 맹목적으로 믿음에 매달려 살기도 한다. 하나님께 원하는 것을 말하지 못하고 하나님의 뜻에 순종하며 살아가는 사람은 언뜻 보기에는 믿음 좋은 사람처럼 보이지만 감정은 억압되어 있어서 실제 삶은 풍성하지 못하다. 나의 헛된 바람이더라도 하나님께 말해 보고 하나님과 나의 사이를 좁히려는 씨름을 함으로써 믿음과 감정의 거리는 좁혀질 것이다.

그리스도를 따르는 기독교인은 생각과 앎과 행동이 일치하기를 희망하고, 서로가 분리되지 않으려고 힘쓰며 산다. 다른 말로, 하나님을 알아감에 따라 우리의 삶에는 믿음으로 살아가고자 하는 거룩한 마음이 생겨나고, 예수 그리스도의 흔적이 배어 나오기를 원한다. 단지 표면적인 그리스도인으로서 살기보다는 이면적으로도 그리스도인의 거룩함이 삶에서 자연스럽게 흘러나오기를 바란다. 하나님 앞에서 거룩하게 산다는 것은 죽을 수밖에 없는 죄인이지만 하나님의 은혜로 살고 있는 삶이다. 인간의 연약하고 부족한 모습의 자리에서도 하나님을 향한 믿음이 흔들리지 않고 견고하고자 한다. 믿음과 감정의 간격을 좁히기 위해 이 둘의 관계를 따로 떨어뜨려 보지 않고, 내 뜻과 하나님의 뜻을 어느 선으로 맞추어야 할지 애쓰는 노력이 믿음이다. 때로는 그 믿음의 길이 새롭고 낯설어서 불안하고 두렵지만 시도해 볼 수 있는 힘이 믿음일 것이다. 믿음이란 여전히 불안하고 두렵지만 그럼에도 불구하고 목적을 갖고 지향해 나아가는 모험이다. 이런 모험을 사는 사람은 믿음과 감정

중 어느 하나만을 선택해야 한다고 믿고 있다가 느끼는 감정 그대로를 수용하면서 믿음으로 나아간다.

풍성해지는 삶

믿음과 감정이 성숙하다는 것은 문제라고 느껴지는 상황에 맞닥뜨렸을 때에도 그 상황을 통해 느끼게 되는 감정을 때로는 내버려 두기도 하고 감정이 어떻게 흘러가는지 기다려 주기도 할 수 있는 여유다. 즉, 문제 앞에서 느끼게 되는 두려움과 불안, 좌절과 같은 감정들을 가만히 지켜보며 기다려 주는 과정이다. 믿음과 감정을 통합해 간다는 것은 때로는 믿음과 감정이 평행으로 갈 수도 있고, 믿음이냐 감정이냐 중에 무언가 하나를 선택해서 갈 수도 있는 도전이기도 하고, 믿음과 감정을 섞어서 새로운 것을 만들어 내는 모험이기도 하다. 성숙해진다는 것은 삶에 대한 여유로 새롭고 낯선 것으로의 도전이 허용되는 것이다. 성숙함은 내 감정과 하나님의 뜻을 믿는 믿음이 조화롭고 자연스러운 일치다. 즉, 요한복음 15장 4절에, "내 안에 거하라. 나도 너희 안에 거하리라. 가지가 포도나무에 붙어 있지 아니하면 절로 과실을 맺을 수 없음같이 너희도 내 안에 있지 아니하면 그러하리라."라고 말씀하듯이 우리가 하나님 안에, 하나님이 우리 안에 거하심이 성숙한 삶의 모습이다. 하나님과 내가 함께 거할 수 있는 것처럼 성숙함이란 믿음과 감정이 함께 거할 수 있는 것이다. 또한 믿음이 지적체계와 감정체계가 연합할 수 있을 때, 하나님이 우리 안에 있고 우리가 하나님 안에 있는 삶의 모습에 비유할 수 있다.

성숙함은 믿음과 삶이 일치해 가는 성화의 과정이다(김용태, 2006). 예수님의 열두 제자 중 한 명인 시몬 베드로는 예수님에 대하여 "주는 그리스도시오. 살아계신 하나님의 아들이시니다."(마태복음 16:13-17; 마가복음 8:29; 누가복음 9:20)라고 고백하였다. 그의 고백은 신학적으로도, 또한 신앙적으로도 후대에 모범이 되는 놀라운 믿음의 고백이었다. 하지만 그런 위대한 고백을 하는 동안에도 베드로 자신의 성격은 여전히 충동적이었다. 그는 겟세마네 동산에서 군인들이 예수님을 잡으러 왔을 때 자신의 성격을 참지 못하고 칼을 빼서 잡으러 온 한 사람의 귀를 베어 예수님께 책망을 들었다. 이런 베드로가 베드로전서와 베드로후서에 가면 달라진 모습으로 나타난다. 베드로의 달라진 모습은 베드로의 성화과정으로 이해할 수 있다. 베드로가 예수님을 통해 믿음을 가졌을 때, 그때의 믿음은 온전한 믿음이라기보다 믿음의 시작이 되는 씨앗이었다.

믿음을 겨자씨에 비유하는 성경말씀이 있다(마태복음 17:14-20). 이 겨자씨 비유에서는 이 겨자씨 안에 생명이 있다는 것을 강조하고 있다. 그 안에 생명이 있는 사람은 성장을 하고 도전과 모험이라는 목적 지향적인 행동이 나타난다. 그런 사람은 이런 과정에서도 삶을 조바심내지 않고 가만히 조망하며 봐 줄 수 있다. 때로는 새로운 것을 창조해 내기도 하고, 자기의 것을 포기하고 하나님의 것을 받아들이기도 할 수 있다. 상상해 보면 그럴 때 우리의 삶이 어떠할까? 우리는 좀 더 편안해지고 삶은 좀 더 풍요롭고 깊어질 수 있을 것이다. 이렇게 기독교인들이 편안하고 자유로운 삶을 살아가도록 기독교상담자는 기독교인으로서의 믿음을 일상적 삶과 전문적 삶에 통합해 가는 역할을 한다(김용태, 2006).

통합의 필요성

그다음 우리는 '왜 믿음과 감정을 통합해야 하는가?' '통합은 왜 필요하나?' '성숙이 무엇인가?'를 스스로 질문하고 생각해 볼 수 있다. 성숙한 사람의 삶에는 많고 적음의 양이 크게 문제 되지 않는다. 많으면 너그럽게 나누며 절제하고 정리하기도 하고, 적으면 적은 대로 그 안에서 자족하는 삶을 배운다. 돈이 적어도 풍요롭게 살 수 있는 사람이다. 하지만 현대를 살아가고 있는 우리의 모습은 어떠한가. 우리에게 돈은 매우 중요한 가치다. 미성숙하면 할수록 돈이 많아도 부족함을 느끼고 더 채우고자 조바심이 난다. 자신이 가진 것보다 가지지 못한 것에 마음이 가서 늘 없다고 불평하며 불안해한다. 심지어 스스로 불행하다고까지 생각한다. 이렇듯 성숙한 사람은 돈이 많고 적음으로 자신의 삶을 평가하지 않으며 또한 미래가 불확실하다고 절망하거나 두려워하지 않는다. 불확실한 미래에 대한 도전은 모험과도 같다. 믿음이 없는 사람은 불확실함에 대한 불안과 두려움으로 안 될 것이라고 예측하고 현실 안에서만 안주하려고 한다. 믿음이 있으면서도 불안하다는 것은 아직은 씨앗만 있다는 의미이다.

믿음의 씨앗을 보웬 이론의 개념 중에 기본분화라고 본다면 믿음의 씨앗이 길가, 돌밭, 가시밭길, 좋은 땅에 뿌려지는 성경의 이야기로 연결시켜 볼 수 있다(마태복음 13:1-9). 믿음의 씨앗이 길가에 뿌려지면 새들이 와서 먹어 버리고, 흙이 얕은 돌밭에 떨어지면 흙이 깊지 않아서 싹이 나오나 해가 돋은 후에 타서 뿌리가 없으므로 마른다. 씨앗이 가시떨기에 떨어지면 가시가 자라서 기운을 막지만, 좋은 땅에 떨어지는 씨앗은 삼십 배, 육십 배, 백 배의 결실을 맺게 된다. 부정적인 감정을 참고 쌓아 두면 좋은 땅이 되지 않고 길가, 돌밭, 가시밭길이 되는 것이다. 그래서 이러한 땅에 씨앗이 떨어지면 성장도 안 되고 미성숙한 채로 남아 있게 된다. 길가는 화가 난 사람의 마음에 비유될 수 있을 것이다. 누가 뭐라고 해도 그 사람에게는 말이 튕겨져 나간다. 그 사람의 마음속에는 '나는 맞고, 너는 틀리다.'가 지배하고 있다. 열심히 믿음생활을 해도 마음 깊은 곳에 화가 있어 늘 '맞다, 틀리다'로 판단하면서도 자신이 화가 났다는 것을 모른다. 화가 난 사람은 자신이 무엇을 맞다고 주장하는가를 자문해 보아야 한다. 자신만 옳다고 주장하면 다른 사람에게 이겨서 승리를 얻고 승리감에 한껏 기분이 좋을 수는 있어도 사람을 잃게 될 수도 있다. 이것은 통합적인 삶이 아니다. 내 것으로 타인을 억압하고 착취해서 내가 원하는 대로 살고자 하는 미성숙한 삶의 모습이다. 이처럼 믿음의 씨앗이 우리의 마음 밭에 뿌려져도 통합적으로 감정의 밭에 그 뿌리를 깊게 내리지 못하면 결실을 맺지 못한다. 결실이 없다는 것은 풍성한 삶이 아니며 미성숙한 삶이다.

예수님이 이 세상에 오신 목적이 무엇인가? 예수님은 "도둑이 오는 것은 도둑질하고 죽이고 멸망시키려는 것뿐이요. 내가 온 것은 양으로 생명을 얻게 하고 더 풍성히 얻게 하려는 것이라(요한복음 10:10)."라고 하셨다. 예수님의 말씀대로 예수님은 사람들에게 영원한 생명을 주고 풍성한 삶을 살기 원하신다. 하나님을 알지 못하는 사람들은 영원한 생명보다도 풍성한 삶을 사는 것에만 집중을 한다. 기독교인으로서 믿음이 좋다고 하는 사람들이 미성숙하거나 부정적인 감정을 느끼면서 산다는 것도 결국은 풍성한 삶을 살지 못하고 있다는 의미일 것이다. 그러므로 통합은 풍요로운 삶을 살기 위한 성화의 과정이다. 이론과 실제의 통합은 이론을 풍요롭게 만들며, 믿음과 삶의 일치로서 통합은 인간의 인성과 영성을 풍요롭게 할 것이다.

 참고문헌

권석만(2012). 현대 심리치료와 상담이론-마음의 치유와 성장으로 가는 길.
　　서울: 학지사.
김용태(2006). 통합의 관점에서 본 기독교상담학. 서울: 학지사.

보웬 이론 이해하기

성경 속 가족이야기를 읽기에 앞서

문득 '이 사람한테 나는 뭐지?' '결혼을 왜 하는 거지?' '아이를 꼭 낳아야 할까?' '인생은 무엇일까?' 등의 질문들이 생길 때가 있다. 보통 이런 의문은 그 부분에 대해 고민이 될 때 생긴다. 한편, 이런 질문은 문제가 해결되거나 문제가 개념적으로 이해되면 사라진다. 하지만 잠깐 고민하고 없어져야 하는 이런 질문들을 계속 가지고 사는 사람들은 불편감을 느낀다. 그렇기 때문에 문제를 개념적으로 이해하는 과정은 고민을 해결하는 데 도움이 되는 유익이 있다. 따라서 보웬 이론으로 가족 문제를 개념화하는 과정은 학문적으로 가족 문제를 더 잘 이해하고 고민을 해결하는 데 도움이 된다. 하지만 이론을 이해하는 것은 쉽지 않다. 책을 읽어 가면서 종종 어렵게 느껴진다면 그것은 이해력이 부족해서가 아니라 새로운 용어들이 낯설기 때문일 것이다. 이 장에서도 개념들과 설명들이 처음에는 어렵게 느껴지고 이해가 잘 안 될 수도 있을 것이다. 하지만 반복해서 읽다 보면 좀 더 이해가 잘 될 것이다. 낯선 곳을 향해 처음 길을 떠날 때 낯설어서 멀게 느껴지지만 여러 번 다시 걷고 지나다 보면 점차 멀게 느껴지지 않는 것처럼 말이다.

'가족은 무엇인가?' 앞서 말했듯이 이런 질문은 주로 가족생활에서 어려움을 겪는 사람들이 한다. 이런 질문에 대해 학문적으로 생각해 보고 연구한 사람들이 있다. 이런 사람들을 가족학자 또는 가족치료학자라고 부른다. 어떻게 대가족에서 핵가족으로 변화해 가는지, 어떻게 일부다처제에서 일부일처제로 변해 왔는지, 각 나라마다 가족의 문화는 무엇인지 등 가족의 구성, 형태와 추이에 초점을 두고 연구하는 사람들을 가족학자라고 부른다. 반면에, 가족의 문제가 무엇인가에 초점을 두고 연구하는 사람들도 있다. '우리 가족은 무엇이 문제일까?'라고 질문을 하며, 가족의 문제가 관계의 문제인지, 대화의 문제인지, 감정의 문제인지 등 가족의 문제에 관심을 가지고 가족을 연구하는 사람들을 가족치료학자라고 부른다. 개인 심리치료학자가 개인에게 무슨 일이 일어난 것인가에 초점을 둔다면, 가족치료학자는 가족이라는 단위에서 문제를 보고자 한다. 가족은 위치를 잘 잡아야 한다고 보는 구조 가족치료학자(structural family therapist)가 있고, 변화에 초점을 맞추는 전략 가족치료학자(strategic family therapist), 대화의 형태의 관심을 가지는 대화 가족치료학자(communication family therapist) 등이 있다. 이런 가족치료학자 중에 많은 정신분열증 환자와 그들의 가족을 연구하던 정신과 의사가 있었다. 그는 연구 중에 임상적 문제가 있는 환자의 경우 아이와 가족이 정서적으로 강렬하게 연결되어 있음을 발견하였다. 그는 가족을 감정덩어리로 보았는데, 각 가족 구성원이 이 감정덩어리로부터 연합과 독립, 즉 붙었다 떨어졌다를 잘해야 건강한 가족으로 보았고 이를 분화라고 처음으로 개념화하였다. 이 사람이 **머레이 보웬**(Murray Bowen, 1913~1990)이다. 이 사람의 이론을 **보웬 이론**(Bowen Theory)이라고 한다.

머레이 보웬은 1940년대 말부터 가족 연구를 시작한 가족치료 선구자 중 한 명이다. 보웬은 대부분의 아이가 생존을 위해 부모와 밀착되었다가 성장하면서 어느 순간에는 점차 부모로부터 떨어져 나가며 독립적이 되는데, 정신분열증 환자 가족은 여러 세대를 걸쳐 점차 더 강한 강도로 부모-자녀 간에 독립되지 못하고 성인이 될 때까지 정서적 공생애 관계[1]를 유지하며 사는 것을 발견했다. 특히 보웬은 이런 병리적 공생애 관계는 세대를 거쳐서 나타난다는 진화론적 관점으로 보았다. 이는 부모와의 관계뿐만 아니라 가족관계 및 인간관계에서도 나타난다.

연합성과 개별성

보웬에 의하면 사람은 정서적으로 붙으려고 하는 본능을 가지고 있다. 남녀관계를 예로 들어 보자. 왜 연인은 서로에게 끌릴까? 자

---

1) 공생애 관계란 아이가 태어나서 부모에게 절대적으로 의존하는 상태다.

석이 있나? 이들은 가만히 두면 자석의 N-S극처럼 자동적으로 서
로에게 정서적으로 붙으려고 한다. 특히 사람들은 감정적으로 공
허하고 외로울 때는 밀착하여 하나가 되려고 하고 상호 보완하고
자 한다. 이렇게 자석의 N-S극이 서로 붙으려고 하듯이 사람이 붙
으려고 하는 경향, 즉 감정적으로 서로 의존하려고 하며 반응에 민
감하게 반응하는 본능을 보웬은 **연합성**(togetherness)[2]이라고 했다
(김용태, 2000; Kerr & Bowen, 2005). 그러나 어느 정도 감정이 채
워지고 충족되면 사람들은 서로 독립해서 자신의 삶을 살아가고
자 한다. 자석의 N-S극처럼 감정적으로 너무 붙어 있으면 서로의
감정이 뒤섞여서 불편하기도 하고 상처를 받기도 하기에, 자석의
N-N극처럼 서로 밀어내려고 한다. 이렇게 자석의 N-N극이 서로
밀어내는 힘이 있듯이, 자신의 삶을 스스로 정하고 이끌어 가고자
하는 본능을 보웬은 **개별성**(individuality)이라고 했다(김용태, 2000;
Kerr & Bowen, 2005).

자기 방이 없이 대가족 환경에서 살아온 사람은 '내 방을 가
지고 싶다'는 소망을 갖게 된다. 내 방을 가지고 싶다는 것은 가
족들과 분리되어 독립적이고 싶다는 의미다. 즉, 이것이 분화
(differentiation)다. 그런데 분화가 안 된 사람은 가족들이 방에 들어
가도 문을 못 닫게 한다. 문을 닫고 독립적이고자 하는 모습을 수용
하지 못하고, 개인들이 비밀을 가지는 것을 용납하지 못한다. 청소
년을 둔 가정에서는 이런 모습을 쉽게 볼 수 있다. 청소년이 된 자
녀는 방문을 닫고 자기 공간에 있으려고 하고, 부모는 자녀가 방에

---

2) 어떤 책에서는 연관성이라고 번역하기도 한다.

서 혼자 뭐 하나 불안해하며 방문을 못 닫게 하고 계속 거실에 나오라고 한다. 그러나 청소년기는 개별성이 생기기 시작하면서 비밀이 생기기 시작하는 시기다. 이렇게 비밀이 있는 것은 개별성이 생긴다는 것이다. 성인들도 함께 많은 것을 공유하기를 원하는 경우가 많다. '너한테만 얘기했어.'라고 하며 자신의 비밀을 친한 사람과 공유할 때가 있다. 이렇게 공유하는 것이 연합성이다. 이와 같이 인간관계는 감정적으로 연합성과 개별성을 역동적으로 균형을 맞추는 방식으로 이루어진다(김용태, 2000: 328). 하지만 이 둘이 균형을 잘 이룰 때는 건강한데 어느 한쪽으로 너무 치우쳐서 불균형을 이루게 되면 증상이 생긴다. 한쪽으로 치우친 사람들은 "우리 사이에 비밀은 절대로 있으면 안 돼!" "절대로 떨어지면 안 돼!"라고 말하곤 하는데 이는 병리적 모습을 나타내는 증상이다. 어떤 부부들은 결혼하면 모든 비밀을 공유해야 한다고 생각한다. 혹여 비밀이 있으면 "어떻게 부부 사이에 비밀이 있을 수 있어? 그러고도 내 배우자야? 아님 배신자야? 비밀이 생기면 우린 끝이야!" 하면서 상대방을 공격한다. 하지만 말하고 싶지 않은 때도 있지 않은가. 그렇지만 배우자의 압력 때문에 비밀을 말하게 되면 이때 자신의 개별성은 없어지게 된다. 따라서 비밀을 유지할 수도 있고 유지 안 할 수도 있는 것이 건강한 관계다.

　보웬의 연구처럼 정신분열증 환자들은 부모와 지나치게 밀착되어 연합성에만 치우친 의존적 관계를 하기 때문에 개별성을 잃고 독립적 사고를 못한다. 그래서 병리적 증상들이 나타난다. 한편, 성경 인물 중 요셉처럼 개별성이 너무 뛰어난 경우도 있다. 그래서 그는 자신의 꿈과 비전을 너무나 잘 볼 수 있었다. 하지만 그는 연합성이 떨어져서 형들에게 질투를 살 수 있는 발언들로 인해 노예로 팔려가는 어려움을 겪었다. 즉, 병리적 증상은 외부의 자극이 너무 커서 연합성과 개별성의 균형 맞추기를 포기하고 불균형 상태가 고착되면서 더 이상 외부 환경에 적응하지 못할 때 발생한다(김용태, 2000; Kerr & Bowen, 2005). 따라서 병리적 증상이 생기지 않기 위해서는 적응을 잘해야 하는데, 이 적응을 위해 보웬은 감정 조절 능력이 필요하다고 말한다(Nichols, 2015). 인간은 자동적으로 연합하려는 성향이 있고 한쪽으로 치우치려는 경향이 있다. 따라서 균형을 이루기 위해서는 개인이 정서적으로 서로 엮여 있는 감정덩어리인 가족으로부터 심리적으로 독립을 잘 이루어야 한다고 하며, 보웬은 이것을 분화(differentiation)라고 정의한다.

분화

개인의 분화(differentiation)는 보웬 이론에서 핵심이라고 할 수 있다. 분화란 대인관계와 심리내적 상태에서 마치 포스트잇처럼 붙고 떨어지기를 잘한다는 의미다. 그러면 붙기도 잘하고 떨어지기도 잘한다는 것은 무엇일까? 다른 나라로 이민을 간 사람을 한번 생각해 보자. 분화가 잘 안 돼서 붙기와 떨어지기가 잘 안 되는 사람은 기존 자신의 한국의 문화와 경험을 잘 활용하지 못하고 향수병에 빠지거나 아예 단절을 한다. 단절(cut off)의 대표적인 모습으로 이민 가서 김치 안 먹기, 한국어 안 쓰기 등의 행동을 한다. 이렇게 단절되면 향수병이 생긴다. 그러나 붙기와 떨어지기가 잘 되는 사람은 이민을 새로운 도전으로 받아들이고, 이민 가서도 기존에 있는 것을 잘 활용하여 새로운 환경에 불안해하지 않고 잘 적응한다. 이렇게 붙었다 떨어졌다를 잘하며 적응을 잘하는 사람은 **분화수준**이 높다고 할 수 있다.

그렇다면 성경의 아브라함은 분화수준이 높다고 할 수 있을까? 하나님이 지시하는 땅으로 가는 아브라함 안에도 불안이 있었을 것이다. 아브라함이 얼마나 불안했던가는 위험의 순간 아내를 보호해야 할 때 보호하기보다 오히려 아내를 누이라고 거짓말하며 상황을 회피하는 장면에서 잘 볼 수 있다. 이렇게 불안한 상황에서 아브라함은 현명하게 결정하기보다 불안한 감정에 치우쳐서 회피하는 방법을 사용하여 감정적으로 결정하는 모습을 보였다. 야곱의 경우도 재산과 사람에 지나치게 너무 붙어서 객관적이고 지적인 사고를 하지 못하였다. 그는 감정적으로 행동하며 거의 평생에 걸쳐 어려움을 경험하였다. 이 성경 인물들에 대해서는 'Part 2 보웬 이론으로 본 성경 가족'에서 보다 자세히 다루겠다.

분화는 심리내적으로도 스트레스 상황에서 흔들리지 않고, 자신의 페이스를 유지하는 능력으로 야구 경기에서 안타를 맞아도 '멘붕'에 빠지지 않고 침착하게 경기를 진행해 가는 야구 선수처럼 자신의 감정을 조절할 수 있는 능력이다. 이는 세상의 유혹이 많은 상황에서도 크리스천으로서 세상 유혹에 흔들리지 않고, 하나님의 뜻을 생각하며 넓은 길이 아닌 '좁은 길'로 갈 수 있는 능력이기도 하겠다.

앞에서 설명한 내용을 종합해 보면, **분화**(differentiation)[3]란 인간의 본성인 개별성과 연합성을 대인관계와 심리내적 상태에서 역동적으로 잘 조절할 수 있는 능력이라고 할 수 있다. 대인관계에서는 감정적으로 붙었다 떨어졌다를 잘하며 가족들로부터 자신의 감정을 독립적으로 잘 조절하면서 친밀감을 형성할 수 있는 능력을 말한다. 그리고 심리내적으로는 감정과정과 지적 과정을 잘 조절하여 감정적으로 반응하지 않고 이성적으로 행동할 수 있는 정신 내적 능력을 말한다(권석만, 2012: 416).

진짜자기와 가짜자기

분화는 자기(self)의 형성을 통해서 이루어진다(김용태, 2000: 331). 자기는 아주 어린 시절 부모와의 관계에서 기본구조가 대부분 완성된다. 부모가 정서적으로 성숙하여 아이의 감정에 적절하게 반응해 주고 아이가 스스로 생각하고 행동할 수 있도록 잘 돌보면 이 아이는 아주 건강한 자기를 형성한다. 그러면 이 아이는 자신에 대한 확신을 가지고 목표를 정하면 흔들리지 않고 나아갈 수 있다. 이렇게 다른 사람에 의해 변하지 않는 자기가 **진짜자기**(solid self)[4]다. 우리는 성경 인물 노아에게서 이런 진짜자기의 예를 볼 수 있다. 노아는 산에 방주를 지으라는 하나님의 명령에 확신을 가지고 주변 사람들이 비웃어도 흔들리지 않고 끝까지 방주를 완성하

---

3) 어떤 책에서는 분화를 자기분화(self-differentiation)라고 말하기도 한다.

4) 어떤 책에서는 진짜자기(solid self)를 고정된 자기, 가짜자기(pseudo self)를 거짓자기라고 번역하기도 한다.

는 진짜자기의 모습을 보여 준다(창세기 6:9-22).

그러나 부모가 정서적으로 불안하고 미성숙하여 아이가 독립적으로 생각하고 행동할 수 있는 기회를 주지 않고 과잉보호 또는 방임을 하면 아이는 부모로부터 분리되지 못하고 개별적인 자아를 형성하지 못한다. 이렇게 부모 또는 원가족과 어린 시절에 정서적으로 분리되지 못하면 아이는 타인으로부터도 정서적으로 분리되지 못해 자신이 원하는 목표대로 살지 못하고 쉽게 불안해하고 다른 사람들의 말에 따라 예민하게 반응하게 된다. 이렇게 다른 사람과의 관계나 평가에 의해 쉽게 좌우되는 자기가 **가짜자기**(pseudo self)다(김용태, 2000: 332; Margaret, 1991: 17). 이스라엘 백성들의 모습에서 이런 가짜자기의 모습을 볼 수 있다. 이스라엘 백성들은 자신들이 꿈꾸던 출애굽이었지만, 그 과정 중에 어려움이 생기면 상황에 따라서 자신의 목표가 흔들리며, 불평하고 불안해하며 낮은 분화수준을 보였다.

개인의 분화수준은 자아 형성에 영향을 받아 진짜자기가 많아질수록 분화수준이 높아지고, 가짜자기가 많아질수록 분화수준은 낮아진다.

지적체계와 감정체계

분화는 지적체계와 감정체계의 비율에도 영향을 받는다(김용태, 2000: 333). **지적체계**는 상처를 받았을 때 '무엇 때문에 마음에 상처로 느끼지?' 하고 이성적으로 생각하는 것을 말하고, **감정체계**는 상처를 받았을 때 상대를 미워하면서 감정에 따라 행동하는 것을 말한다.

예를 들어, 교회에서 성가 연습을 이끄는 지휘자를 생각해 보자. 교회에서 봉사를 하면서 아마도 비슷한 경험을 했을지도 모르겠다. 성가대 모임 규칙에 따르지 않고 마음대로 지각하거나 결석하는 사람들이 있다. 그러면 연습이 충분히 이루어지기가 어렵다. 이럴 때 어떤 지휘자는 화를 낸다. 자신을 무시하고 불참한다고 생각하기도 하고, '이렇게 연습이 부족해서 어떻게 하나님께 온전한 찬양을 올리겠냐.'고 사람들을 비난하기도 한다. 이렇게 연습을 안 해서 사람들에게 망신당하느니 차라리 오늘은 성가대 안 서는 게 낫다고 하며 연습실을 박차고 나가는 등 감정에 따라 행동하는 경우도 있다. 이렇게 감정에 따라 행동하는 것을 **감정반사행동**(emotional reactivity behavior)이라고 부른다. 감정에 이끌려서 붙었다가 상처받고 싫어하면서 감정반사행동을 한다. 감정반사행동은 내적 감정이나 정서에 기초한 주관적 결정이 지배하는 행동이다. 이런 행동은 다른 사람들과 상호작용하면서 쉽게 화를 내든지 회피하는 등의 행동으로 나타난다. 아브라함이 두려운 상황에서 자신의 아내를 누이라고 거짓말하는 것도 감정에 따라 행동한 감정반사행동이라고 볼 수 있다. 이렇게 감정체계에 따라 감정반사행동을 많이 할수록 그 개인의 분화수준은 낮다.

반면, 같은 상황에서 어떤 지휘자는 많은 사람이 지각해서 연습이 제대로 안 되고 연습 시간이 촉박한 스트레스 상황인데도 참석한 사람들과 함께 찬양 연습에 집중하는 경우가 있다. 이 지휘자는 연습 부족으로 더 준비된 찬양을 못하는 것에 대한 아쉬움과 불안은 있지만, 이 불안이 잘하고 싶은 마음에서 온 불안임을 인식하고, 성가 찬양을 잘하는 것보다 자신이 하나님께 최선을 다하는 것이

더 중요하다고 생각한다. 완벽한 찬양은 아니어도 현 상황에서 최
선을 다해 은혜롭게 찬양 드리는 것이 더 중요하다고 지적체계를
통해 그 상황을 평가한다. 그래서 감정적으로 그 상황을 대처하기
보다 목표에 따라 은혜로운 성가를 하는 것에 보다 초점을 두고 연
습을 진행한다. 그리고 어떻게 하면 다음에는 더 많은 사람이 성가
연습에 집중할 수 있을지에 대한 방안을 찾는다. 이렇게 감정체계
보다 지적체계를 따라 목표 지향적인 반응을 할수록 개인의 분화
수준은 높다고 할 수 있다.

기본분화와 기능분화

분화에는 기본분화(basic differentiation)와 기능분화(functional
differentiation)가 있다(김용태, 2000; Kerr & Bowen, 2005). 기본분화
는 어린 시절에 원가족의 분화수준에 영향을 받아서 형성된다. 보
웬의 의하면 부모의 분화수준이 높으면 자녀의 기본분화수준도 높
고, 부모의 분화수준이 낮으면 자녀의 기본분화수준도 낮다. 이렇
게 기본분화수준은 세대를 거쳐서 다세대 전수된다. 어린 시절에
한번 형성된 기본분화수준은 그 후에 잘 변화되기 어렵다. 따라서
어린 시절에 분화수준이 높은 부모와의 관계를 통해서 정서적 분
리가 잘 이루어져 진짜자기의 비율을 높이면 그 아이의 기본분화
수준은 높을 것이다. 그러나 어린 시절에 불안이 높고 정서적 분리
를 잘 이루지 못한 분화수준이 낮은 부모와 관계를 맺으면 부모가
자녀와 정서적으로 붙으려고 하기에 자녀도 부모의 수준을 넘어서
정서적 분리를 경험하기 어렵다. 이때 아이는 부모의 불안을 그대

로 이어받고 관계에 쉽게 영향을 받아 변화하는 가짜자기를 더 많이 형성하게 되므로 기본분화수준이 낮게 된다.

기능분화는 관계에 영향을 받는 기능으로 불안수준 또는 관계, 신념, 가치관, 사건에 따라 영향을 받아 수시로 변할 수 있다. 따라서 기능분화와 기본분화는 겉으로 드러나는 행동만으로는 구분하기 어렵다. 같은 목표 지향적인 활동이더라도 불안해서 한 것이면 기능분화에 따른 행동이다. 아브라함이 고향 땅을 떠나는 목표 지향적인 활동도 불안에 기인한 것인지, 믿음에 따른 확신으로 결정한 것인지에 따라 기능분화인지 또는 기본분화인지 결정할 수 있다. 마르다의 경우에도 기본분화수준이 높지는 않지만 가치관과 신념에 따라 기능적으로 자신이 맡은 역할을 잘 해내는 것을 성경을 통해 볼 수 있다. 하지만 원하는 관계가 되지 않을 때 불안이 증가하면서 기능수준이 감소하여 감정반사행동을 하는 모습을 보여 준다.

기능분화수준은 상황에 따라 변화한다. 기본분화수준이 낮아서 불안하고 주변에 예민하게 반응하여 사람들 앞에서 자신의 의견을 잘 표현하지 못하는 사람도 성령을 체험하고 말씀에 도전받아서 일시적으로 기능분화수준이 높아져서 노방전도를 나가는 등 어떤 상황에서는 특별한 목표 지향적인 행동을 할 수도 있다. 반대로, 기본분화수준이 높은 사람도 상황 변화에 따라 일시적으로 기능분화수준이 낮아질 수는 있다. 그 예로 성경 인물 중 다윗을 들 수 있다. 다윗은 기본분화수준이 높아서 하나님의 일을 목표에 따라 잘 성취해 갔다. 그러나 정서적으로 공허하고 외로워 기능분화수준이 일시적으로 낮아져서, 밧세바를 보고 범죄를 저지르게 된다. 이렇게 기본분화수준이 높은 사람도 어떤 어려운 상황에서 일시적으로 기능분화수준이 낮아져서 목표 지향적인 행동을 하지 못하는 경우도 있다. 하지만 기본분화수준이 높은 사람들은 기본분화수준이 낮은 사람들보다 회복하는 속도가 더 빠르다. 기본분화수준이 높은 다윗도 죄를 저질렀으나 하나님의 말씀을 대언하는 선지자 나단의 지적 앞에 즉시 회개하고 회복하는 모습을 보여 준다. 이것이 기본분화의 특징이다.[5] 기본분화수준이 높은 사람도 실족하기도 하나 실족 속에서 다시 회복한다. 하지만 대체적으로 기본분화수준이 낮을수록, 기능분화수준은 상황에 따라 자주 변하고 요동친다. 그리고 기본분화수준이 높을수록, 기능분화수준은 일관성 있게 유지되며 큰 변화가 일어나지 않는다(Kerr & Bowen, 2005). 즉, 기본분화수준이 높으면 기능분화수준은 따라온다.

앞서 말했듯, 기본분화는 한번 형성되면 잘 변하지는 않는다. 그러면 기본분화수준이 어린 시절에 부모와의 관계를 통해 형성되고, 한번 형성되면 잘 변화하지 않는다면 낮은 분화수준의 가정환경에서 태어난 사람은 평생 낮은 기본분화수준으로 살 수밖에 없는 것일까? 우리 부모는 불안이 높고 분화수준이 낮은데, 그럼 나는 기본분화수준이 낮은 상태로만 살아야 하는 것일까 하고 낙심이 될 수도 있다. 그러나 기본분화수준이 전혀 변화하지 않는 것은 아니다. 변화는 특정한 환경 속에서 가능하다. 기본분화수준이 낮아도 사회적 관계를 통해 더 성장이 가능하다. 이 부분은 뒤에 사회적 감정과정에서 보다 자세히 설명하겠다.

---

5) 다윗에 관한 보다 자세한 내용은 '07 분화수준이 높아도 안심하지 말라―다윗'을 참고하라.

분화지수[6]

보웬은 분화를 연속선상에서 보며 분화의 수준을 이론상 0~100으로 구분하였다. 0은 완전히 미분화된 상태로 감정반사행동만을 하는 상태이고, 100은 완전히 분화된 상태로 지적 능력을 사용하여 온전히 목표 지향적인 행동을 하는 상태다.

분화지수가 0~25인 사람들의 특성으로는 관계에 강하게 융해 (fusion)되며 객관적으로 생각하지 못하고, 감정에 따라 결정을 한다. 이 수준의 사람들의 특징으로는 대인관계에서 사랑을 얻는 데 집중되어 있고 사랑을 갈구한다. 그래서 굉장히 의존적이며 사람들이 자신만을 돌봐 주기 원하지만, 스스로 자존감이 낮아서 자신에게 한 말이 아님에도 쉽게 상처를 받고, 자신을 무시했다고 생각하며, 사람들과 잘 어울리지 못하고 단절하기도 한다. 그런 관계로 인해 스트레스가 심해지고 자신이 원하는 사랑을 못 받는다고 생각이 들면 치명적인 상처를 받고 의존했던 대상을 밀쳐낸다. 이렇게 자기(self)가 주로 가짜자기로 형성되어 있어서 스스로 지적 사고를 하기가 거의 어려운 사람들이다. 이 부류에는 정신분열증 환자들, 망상 증상이 있는 편집증 환자들, 심한 우울증 환자들과 만성 증상을 보이는 사람들이 포함된다.

분화지수가 25~50인 사람들은 0~25인 사람들과 달리 분화수준

---

6) 분화지수에 대한 구체적인 내용에 대해서는 김용태의 『가족체계이론』(학지사, 2000), M. E. Kerr와 M. Bowen의 『보웬의 가족체계이론』(학지사, 2005)를 참고하라.

을 올릴 능력을 가지고 있다(Kerr & Bowen, 2005). 이 수준의 사람들의 특징으로는 봉사를 할 때 타인을 섬기고자 하는 목적보다 사람들에게 인정받고자 하는 목적이 더 크다. 이들은 사람들과의 관계 속에서 여러 갈등을 경험하고 갈등 회복에 시간이 많이 걸린다. 왜냐하면 진짜자기보다 가짜자기의 부분이 더 많은 사람들로 타인의 인정과 지지를 통해서 자신을 확인하고 의존하고자 하는 마음이 많기 때문이다. 이 사람들은 지적체계보다 감정체계에 더 영향을 받는 사람들로 감정에 따라 짜증도 많이 내고 신경질을 많이 부린다. 그 예로 신약성경에 소개된 마르다를 들 수 있겠다. 예수님을 초대한 마르다는 자신보다는 마리아가 예수님께 더 주목받는 것 같고, 자신에 대해서는 인정과 칭찬이 없는 상황을 불평하고 질투한다. 이는 자신의 옳음과 자신이 주목받지 못하는 데서 오는 불편감의 표현이라고도 할 수 있다. 그리고 사울의 경우도 다윗에게 시기와 질투심을 느꼈고, 백성에 대한 인정과 강한 힘을 갖기 원했던 사울은 다윗과의 경쟁에서 밀려 백성들이 다윗을 더 인정하는 것에 대해 화를 내며 감정반사행동을 하는 것으로 보아 마르다와 사울은 25~50 정도의 분화지수를 가졌을 것으로 평가된다.

분화지수가 50~75인 사람들은 상호작용에서 다소 갈등을 경험하지만 갈등으로부터 쉽게 자신을 회복할 수 있다. 진짜자기가 가짜자기보다 많아지게 되어 어느 정도 목표 지향적인 활동이 가능해진다. 이 정도 수준을 가지면 대체로 분화수준이 높다고 본다.

분화지수가 75~100인 사람들은 불안이 아주 높은 관계 속에서도 자신의 목표를 잃지 않고 지켜 나갈 수 있다. 자신에 대해 책임감을 가지나, 과도하게 다른 사람에 대해 책임을 지려 하지 않고,

100	−완전히 분화된 상태. 완전히 목표 지향적인 행동을 함.
	−강한 목표지향 활동
	−타인을 있는 그대로 존중하고 차이를 인정
	−과도하게 타인을 책임지지 않고 자유롭게 관계를 즐김.
	−지적체계와 감정체계의 상호작용이 활발
	−스트레스 상황에 잘 적응할 수 있음.
	−자신에 대한 분명한 확신이 있음.
75	
	−약한 목표지향 활동
	−진짜자기가 가짜자기보다 더 많음.
	−만성불안이 적고, 보다 정서적으로 덜 반응
	−상당한 스트레스 상황에서 심각한 증상이나 융해를 보일 수 있으나 증상 회복이 빠름.
50	
	−지적체계보다 감정체계에 더 영향을 받음.
	−대인관계에서 인정과 사랑을 구함.
	−진짜자기보다 가짜자기가 더 많음.
	−대인관계에서 갈등을 많이 경험하고 회복이 늦음.
	−인정을 받지 못하면 감정반사행동을 함.
25	
	−강한 융해관계를 가짐.
	−대부분 감정에 따라서 결정
	−객관적으로 자신의 생각을 말하기 어려움.
	−대인관계에서 사랑을 갈구하는 데 집중. 정서적 분리가 거의 이루어지지 않고 지나치게 의존적
	−거의 가짜자기로 자기가 형성됨.
	−대인관계 유지가 거의 어려움.
	−만성불안 증상(정신분열증, 망상, 편집증, 심한 우울증)을 보임
0	−완전히 미분화된 상태. 완전히 감정반사행동을 함. 자신(self)이 없음.

분화수준과 특성[7]

---

7) 이 도표는 박주혜가 김용태(2000)의 『가족체계이론』과 Kerr와 Bowen(2005)의 『보웬의 가족체계이론』에서 소개된 내용을 토대로 재구성한 것이다.

타인을 있는 그대로 존중하고 차이를 인정한다. 감정적으로 다른 사람들과 관계를 할 수도 있고, 지적으로 다른 사람들과 관계를 조절해 나갈 수도 있다. 이런 사람들은 갈등을 많이 경험하지 않으며, 갈등을 경험해도 쉽게 자신을 잃지 않으며 스트레스에 대해서도 잘 적응한다. 그 예로, 마리아는 당시의 사회적 규칙, 타인의 시선과 상황에 관심을 두지 않고 진정한 가치와 진리를 발견하고 자신의 목표에 집중해서 열심히 말씀을 경청하는 태도로 예수님의 가르침에 집중한다. 그리고 그 절정으로 예수님에게 향유를 부은 사건에서 마리아의 분화수준이 온전히 드러나는 행동을 볼 수 있다. 다윗의 경우도 그의 가치를 전혀 모르는 아버지와 형제들의 관심 밖의 삶 속에서도 타인과의 관계로 인해 변하거나 흔들리지 않는 진짜자기로 살며 목자로서의 기능까지 잘 해낸다.

　보웬 이론에서는 보통 분화지수가 50 이상이면 분화된 사람으로 보고, 50 미만이면 미분화된 사람으로 평가한다.

삼각관계

　삼각관계(triangle)는 사람들이 불안감에서 벗어나 안정감을 얻기 위해 또 다른 사람을 끌어들여 안정감을 얻으려고 하는 본능적인 반응이다(김용태, 2000; Kerr & Bowen, 2005).

　두 사람 관계에서 불안이 견딜 수 있는 수준을 넘어서 심화될 때, 사람들은 자동적으로 외부의 취약한 제3자를 끌어들여 관계를 맺으려고 한다. 세 사람으로 이루어진 삼각관계는 불안을 줄이거나 낮추는 역할을 함으로써 관계를 안정된 상태로 만들어 가기 때문이다. 가족은 삼각관계가 얽혀 있는 감정체계다(Margaret, 1991: 62). 자주 부부싸움을 하는 부부를 생각해 보자. 이 부부는 성격이 너무 달라서 자주 의견 다툼을 벌이지만 잘 해결되지가 않는다. 그럴 때마다 아내는 어린 딸에게 남편에 대한 불만을 모두 쏟아낸다. 그러면 딸은 엄마의 이야기를 들어주면서 힘든 엄마를 매번 위로하는 역할을 한다. 이럴수록 아내는 딸에게 밀착하면서 남편과는 거리를 점차 두고 딸에게 더 의지한다. 그럴수록 딸은 엄마를 불쌍히 여기며 독립적으로 행동을 하지 못하고 엄마의 감정에 더 맞추려고 노력한다. 이렇게 삼각관계는 문제를 해결하려는 시도로 보이지만, 실제로는 문제 해결을 방해하며, 그래서 가족은 더 불안정해져 감정적으로 더 붙게 된다(Becvar & Becvar, 2013).

이런 삼각관계는 성경에서도 많이 나타나는데, 이삭과 리브가는 특정 아들을 편애하면서 자녀들(에서와 야곱)과 삼각관계를 형성한다. 성경에서 언급하고 있지 않지만 이삭과 리브가의 부부관계는 소원한 관계였을 것이라고 쉽게 추정할 수 있다. 그래서 리브가는 부부관계에서 얻지 못하는 심리적 안정감을 모자관계에서 얻으려한 것 같다. 리브가는 둘째 아들 야곱과 감정적으로 융해되어 자신의 불안을 해소하려고 하였고, 또한 야곱도 자신의 의지는 보이지 않고 어머니 리브가의 말대로 감정적으로 행동하여 장자권을 쟁취하고자 한 행동을 볼 수 있다. 아브라함과 사라의 경우도 아이를 갖지 못하는 불안 때문에 제3자인 하갈을 끌어들여서 삼각관계를 형성하는 것을 볼 수 있다.

삼각관계는 일반적으로 사람들의 관계에서 지속적으로 나타나지만 대부분의 가족은 유동적으로 나타난다(Papero, 2012: 50). 그러나 일부 가족에서는 삼각관계가 고정되어서 다른 어떤 관계보다 더 강력하게 나타나 병리적 증상을 만들어 낸다. 이런 삼각관계에는 사람이 아닌 일, 알코올 등의 대상들도 그 관계를 유지하는 역할을 하기도 한다. 이는 야곱의 삶을 통해서 잘 볼 수 있는데 야곱은 이삭과 리브가 사이에서의 삼각관계뿐만 아니라 장자권, 자녀들, 소유물 등과도 다양한 삼각관계를 형성했던 것을 볼 수 있다.[8] 보웬에 따르면 분화수준이 낮은 가족일수록 의존적인 성향이 높아서 삼각관계를 통해 관계를 유지하려고 하는데, 이럴 때 그 자녀는 희생양이 되어서 병리적 증상을 나타내기도 한다.

핵가족 감정체계

사람들은 자신의 분화수준과 비슷한 사람에게 주로 끌려서 결혼을 한다(Kerr & Bowen, 2005; Papero, 2012: 105) 대체로 만성불안이 높고 분화수준이 낮은 사람들끼리 결혼을 하게 되고 그 가족은 높은 만성불안 수준을 유지하게 된다. 이렇게 불안수준이 높은 가족은 서로 의존하며 과잉밀착을 하게 된다. 반면, 불안수준이 낮고 분화수준이 높은 사람은 자신과 비슷하게 분화수준이 높은 사람과 결혼을 할 것이다. 그 가족은 서로의 개별성을 존중하고 서로 친밀하기도 하지만 감정적으로 독립되어 있다.

---

8) 보다 자세한 성경 가족들의 이야기는 'Part 2 보웬 이론으로 본 성경 가족'을 참고하라.

이렇게 가족들이 감정적으로 연결되어 있는 다양한 감정 상태의 질을 **핵가족 감정체계**(nuclear family emotional system)라고 한다(Margaret, 1991: 71). 각 가족마다 핵가족 감정체계는 친밀한 관계, 밀착된 관계, 소원한 관계 상태일 수도 있고, 또는 단절된 관계 상태로 각기 다양한 양상을 가질 수 있다. 이렇게 어떤 핵가족 감정체계를 가지고 있느냐에 따라 가정마다 분위기가 다르다. 말하는 분위기, 싸우는 분위기, 화해하는 분위기, 또는 불안이 증가할 때 해소하는 분위기가 각 가족마다 다 다르게 나타난다. 아브라함과 사라의 핵가족 감정체계는 밀착된 관계 상태이면서 갈등이 발생할 때는 회피적 양상을 보였다.

분화수준이 높을수록 감정적으로 밀착되거나 융해되지 않고 유동적이면서 핵가족 감정체계의 강도가 약하게 된다. 그러나 분화수준이 낮은 사람들은 불편한 감정들을 제대로 견디지 못하고, 다른 사람들과 관계를 만들어서 해결하고자 하기 때문에 핵가족 감정체계의 강도가 아주 강하다. 이렇게 핵가족 감정체계의 강도가 아주 강한 가족은 서로 너무 붙어서 자신의 영역이 없어지고 서로 집착하며 그로 인해 부담감을 느낀다.

핵가족 내에서는 갈등은 주로 부부간 정서적 거리 둠, 부부갈등, 배우자의 역기능 또는 자녀의 역기능으로 나타난다. 이렇게 가족 내에 갈등이 발생하면 감정적으로 서로 강하게 붙기에 가족 구성원은 독립적으로 행동할 때 죄책감을 느끼게 되고, 결국 독립적으로 행동하는 것이 어려워지면서 핵가족 감정체계는 더 강한 강도로 유지된다(김용태, 2000: 341).

이때 핵가족 체계 내에서 가족 구성원의 미분화된 증상은 가족 중 어느 한 구성원에게 영향을 주고, 이 구성원의 역기능적 행동을 통해 다른 구성원들은 역기능 증상들을 나타내지 않게 되기도 한다. 그 예로, 첫째 아이가 부모의 싸움과 불화에 불안해하다가 정신분열증 증상 등을 나타내어 가족들이 그 아이의 행동에 관심을 쏟고 치료를 위해 병원을 찾아가고 상담을 받는 등의 상황이 되면, 원래 반사회적이고 사고를 치고 다녔던 동생이 오히려 가족을 돌보는 등 반사회적 행동을 나타내지 않게 되고, 부부도 싸움을 하지 않게 되기도 한다. 결국 가족 구성원들 중에서 어느 구성원이 관계 내에서 증상을 일으키면 전체 가족 감정체계에 영향을 미친다.

가족투사과정

우리 속담에 '종로에서 뺨맞고 한강에서 눈 흘긴다.'는 속담이 있다. 이 속담처럼 남편과의 갈등으로 화가 났는데, 마침 놀러 나갔다가 늦게 들어온 딸에게 화를 지나치게 내며 나무라는 경우와 비슷한 상황을 우리는 드라마나 실생활에서 자주 본다. 핵가족 감정체계가 미분화된 상태로 불안정한 감정을 다루기 어렵거나 처리하기 어려울 때, 그 불안을 가족 중 다른 사람에게 투사하는 것을 가족투사과정(family projection process)이라고 한다(김용태, 2000: 342). 앞의 예처럼 주로 부모들의 갈등을 자녀에게 투사하는 경우가 많은데, 이때 투사의 대상은 주로 부모와 감정적으로 친밀한 관계에 있는 자녀일 때가 많다. 출생 순위로 보면 장남 또는 장녀에게 일어나는 경우가 많은데, 이때 관심을 많이 받는 특정 자녀는 부모의 정서적 민감성을 고조시킨다. 그래서 상대적으로 부모에게 심리적으로 덜 투사된 자녀들은 부모의 장점을 더 많이 배우지만, 더 많이 관여된 자녀는 부모의 정서적 미성숙을 배우면서 부정적인 영향을 받는다. 하지만 부모나 자녀는 아무도 이런 과정의 문제를 모른다. 따라서 투사의 대상이 되는 아이는 부모의 불안에 많이 관여되어 분화수준이 낮은 상태로 성장하게 된다. 가족투사과정은 자녀의 진짜 욕구보다 부모의 민감성에 의해 더 작동된다. 따라서 이 투사 과정의 정도는 부부의 미분화 정도와 비례적 관계를 가진다(Becvar & Becvar, 2013). 이런 예는 성경 인물인 사울에게서도 나타난다. 다윗에게 화가 난 사울은 요나단과 미갈에게 화를 내고, 요나단에게 단창을 던져 죽이려고까지 하는 가족투사과정의 모습을 보인다.[9]

감정단절

감정단절(emotional cut off)은 세대 간의 불안을 해결해 가는 방식 중 하나다. 어떤 사람은 감정적으로 거리를 둠으로써 정서적 단절을 하려고 하고, 어떤 사람은 물리적으로 멀리 이사 가서 감정을 단절하려고 하기도 한다. 그러나 실제 감정단절은 융해관계(fused relationship)를 시사한다(김용태, 2000). 부모나 원가족과의 융해가 심할수록 심리적으로 불편하기에 감정단절을 하려고 한다(Nichols, 2015). 부모가 정서적으로 붙어서 떨어지지 않고 밀착되어 있어서,

---

9) 보다 자세한 사울의 가족투사과정은 '06 힘을 추구하다 죽은 사울'을 참고하라.

나 자신으로 살아가기가 너무 힘든 자녀는 단절을 한다.

하지만 단절은 곧 융해를 의미하는 것이므로 물리적 단절을 할지라도 정서적 융해는 그대로 있기 때문에 융해를 자신의 자녀와의 관계로 그대로 옮겨 간다. 즉, 부모와 단절하면서 그 융해를 자녀에게로 옮겨 자녀에게 집착하고 지나치게 밀착하게 된다. 그러면 자녀는 자신이 부모에게 느꼈던 것처럼 부모의 지나친 밀착으로 인해 자기 자신으로 살아가기 힘들어서 자신의 부모와 단절을 시도하게 될 것이고, 정서적 융해로 인해 또 그 아래 자녀에게 옮겨 갈 것이다. 이렇게 감정단절은 세대를 거쳐 나타나게 된다.

결국 단절은 융해의 또 다른 모습이다(Becvar & Becvar, 2013). 분화는 앞서 말했듯이 정서적으로 붙었다 떨어졌다를 잘할 수 있는 상태인데 단절은 떨어지기만 하려고 하는 것이기 때문에 분화가 된 것이 아니다.

다세대 전수과정

가족 내에 정서적 체계(심리적 문제 또는 불안과 같은 감정, 신념, 분화수준 등 모두 포함)가 한 세대에서 다음 세대로 전수되거나 더 강화되는 것을 **다세대 전수과정**(multigenerational transmission process)이라고 한다. 한 예로, 어떤 아이가 고양이에 대한 공포가 있다. 이 생각이 어디서부터 왔을까 거슬러 올라가다 보면 그 아이의 엄마 역시 고양이에 대한 만성불안이 있다. 아이의 엄마는 고양이를 볼 때마다 놀랐고, 자신의 아이가 고양이에게 갈 때마다 소리 지르고 가지 말라고 했다. 그런데 더 거슬러 올라가면 이 공포는 그 아이의 외할머니의 고양이에 대한 공포 경험으로부터 시작된다. 외할머니가 어렸을 때 고양이에게 할큄을 당하고 고양이에 대한 공포가 생겼던 것이 손녀에게까지 전수된 것이다. 즉, 다세대 전수과정은 이처럼 세대 간에 가족들의 분화수준과 기능을 연결하는 행동양식을 말하는데(김용태, 2000: 343), 이는 앞서 설명한 삼각관계와 가족투사과정을 통해서 이루어진다.

부모의 핵가족 감정체계의 강도나 부모의 분화수준을 알 수 있다면 다음 세대의 분화수준은 예견이 가능하다. 대체적으로 다세대 전수과정을 통해 세대가 거듭될수록 분화수준이 더욱 낮아지는 경향이 있다(Becvar & Becvar, 2013). 자녀는 가족투사과정을 통해 부모의 감정과정을 배우고 부모수준의 감정반사행동을 하기 때문에 자녀의 분화수준은 부모의 분화수준을 넘어설 수 없게 된다. 특히 삼각관계에 연루된 자녀는 부모의 분화수준보다 약간 더 낮은 분화수준을 가지고, 덜 관여된 자녀는 부모의 분화수준과 유사하거나 다소 높은 분화수준을 발달시킨다.

부모와 정서적 단절을 이룬 사람은 결혼해서 배우자와 융해관계를 만들고, 부부의 정서적 융해는 긴장과 갈등을 유발하며 그 불안이 자녀에게 전수될 것이다. 이렇게 다세대 전수과정은 미해결된 정서적 애착과 단절이 성공적으로 해결될 때까지 계속될 것이다(Becvar & Becvar, 2013). 이런 다세대 전수는 성경 인물들에게도 나타난다. 대표적으로 아브라함과 이삭, 야곱, 요셉의 세대를 거쳐서 나타나는 특징을 볼 수 있다. 위협 앞에서 사라를 누이라 속이고 회피하는 아브라함의 모습은 이삭 세대를 거쳐(창세기 26:7) 야곱에게

까지 전수되었다. 야곱의 인생은 형 에서와 대면하여 해결하려고
하지 않고 도망가는 행동, 아들들이 대살육을 저지른 죄에 대한 책
망은 없고 자신의 목숨, 가정, 땅, 소유물에 염려 불안으로 회피적
이고 책임 전가적인 반응을 하는 더 많은 회피적 모습을 보이는 등
아브라함의 회피적 행동이 세대를 거쳐 전수되어 계속 이어지는
것을 볼 수 있다.

자녀위치

　우리는 '어떻게 같은 부모 아래에서 자랐는데 이렇게 다른지 모
르겠다'는 말을 자주 듣고 말한다. 그러나 자녀 입장에서 보면 다른
가정환경에서 자란 것과도 같다. 부부 둘만 있는 가정에서 태어난
첫째와 이미 자녀가 한 명 있는 집에 태어난 둘째가 만나는 가족 환
경은 완전히 다르다. 자녀위치(sibling position)는 누군가 어느 역할
의 자리를 잡으면 다른 자녀는 그 자리를 못 잡는다. 장남 · 장녀가
성실한 자녀로 부모의 인정을 받으면, 차남 · 차녀는 성실로는 경
쟁에서 지기에 성실하게 살지 않는다. 오히려 주목받고 인정을 받
기 위해 껄렁거리고 특이하게 행동한다. 그래서 첫째가 성실하면
둘째는 계속 어깃장을 놓는 쪽으로 가서 반사회성이 나타난다. 첫
째가 아주 성실하고 지혜롭고 일처리를 잘하면, 둘째는 비교하는
부모를 부정하고 아예 말을 안 듣고, 셋째는 이 둘을 지켜보며 자라
서 첫째와 둘째의 특징을 합쳐 재수정해서 수정된 중간 정도의 역
할을 한다. 이 모든 것이 자기 자리를 잡기 위해서다.

보웬은 자녀위치를 불안과 연결하여 보았다. 자신의 자리와 역할이 명확하게 없으면 불안해지기 때문에 자신만의 위치와 역할을 잡고 싶어 한다는 것이다. 보웬은 이 자녀위치 개념을 통해 어떠한 가족 패턴이 다음 세대로 전수될 것인지와 아이가 가족의 정서적 과정에서 어떤 역할을 수행할지를 예측할 수 있다고 보았다(Becvar & Becvar, 2013). 예를 들어, 성실하게 자란 장남은 불안하면 더 권위적이고 규칙에 집착하는 성향을 나타내고, 이에 반해 둘째는 불안이 많아지면 반사회적으로 아예 아무것도 안하는 행동을 보이며 책임을 회피하는 경향을 보일 것을 예측할 수 있다.

이런 자녀위치는 분화수준과 관련이 있다(Margaret, 1991: 111). 부모의 기대수준과 출생 순위에 따라 달라지기도 하는데, 부모의 기대수준이 높은 자녀위치를 가지고 있는 장남·장녀일수록 분화수준이 떨어질 가능성이 높다. 왜냐하면 장남과 장녀들이 좀 더 자주 부모들과 쉽게 삼각관계를 형성하고 부모와 강한 감정체계를 가지게 되기 때문이다. 그 예로, 성경 인물인 마르다와 마리아 자매의 자녀위치를 볼 수 있다. 마르다는 전통적인 가치관과 역할에 충실하고, 타인의 요구와 인정에 맞춰 행동하고, 인정받고자 하는 타인지향성을 지닌 여성이었다. 이로 인해 자기의 행동과 마리아의 행동을 비교하고 비난하는 낮은 분화수준을 가지게 되고 질투하는 감정반사행동을 하게 된다. 그에 비해 마리아는 언니와 달리 자신의 관심사에 집중하여 행동함으로써 분화수준이 마르다 보다 높게 나타나는 것을 볼 수 있다.[10] 이렇게 원가족에서 차지하는 자녀위

---

10) 보다 자세한 마르다의 이야기는 '08 얄미운 동생을 시기하는 언니 마르다'를 참고하라.

치는 결혼 후 새로운 핵가족에서의 감정체계와 투사과정에도 영향을 미친다. 장남·장녀 위치를 가지고 있던 사람이 결혼하면 배우자와 밀착되는 경향을 갖게 되고, 서로에 대해 감정반사행동을 할 가능성이 많아진다. 그러나 자녀위치가 변하는 경우도 있다. 예를 들어, 대가족에서 자란다든지, 자녀 수가 많은 가족에서 자란다든지, 부모의 자녀위치, 자녀들의 사이의 나이차, 재혼가정에 따른 출생 순위 변경 또는 종교적 신념과 사회에서의 기능에 따라 자녀위치가 변화하는 경우도 있다(김용태, 2000).

사회적 감정과정

보웬은 분화수준에 영향을 미치는 것을 가족에서 사회로까지 확대시켰다. 사회에서의 관계가 가족 구성원들의 감정과정에 미치는 영향을 **사회적 감정과정**(societal emotional process)이라고 한다(김용태, 2000). 이는 두 가지 방향으로 나타나는데, 하나는 사회생활과 대인관계에서 친밀감을 유지하고 개별적 행동이 가능할 때 분화수준은 올라가게 된다. 반면, 사회에서 지속적으로 스트레스를 받고 자신의 독립된 생각과 활동을 못하게 되면 분화수준이 낮아지게 돼서 감정반사행동이 더 많아질 수 있다. 이처럼 사회 내에서의 역할이 사람들의 기능분화수준에 영향을 줄 수 있다.

만일 불안을 유발하는 전쟁에 참전용사로 참가하거나, 획일화된 사고를 요구하고 강압적인 회사나 단체에 노출되면 기능분화수준이 떨어질 수 있다. 그리고 장기간 이런 상황에 노출되면 기본분화수준도 동시에 떨어질 수 있다(김용태, 2000: 350). 불안한 사회는 불안한 가족처럼 문제, 단절, 상호 과잉기능과 과소기능 등의 분화수준을 낮추는 문제를 야기할 수 있다. 사울의 경우도 이스라엘의 첫 번째 왕으로 블레셋과 전쟁 국면이라는 대치 상황의 사회정치적 불안 속에서 있었다. 그런 상황으로 인해 사울은 더욱 기능분화수준이 떨어졌고 감정적으로 백성들의 눈치를 보며 불안해하였다.[11]

한편, 원가족에서 안정적 돌봄과 지지가 아닌 불안한 가정에서 자라 기본분화수준이 낮을지라도, 사회에서 인정과 칭찬을 받으면서 안정적인 환경에 지속적으로 노출되면 개별성과 분화수준이 높아질 수도 있다. 그리고 영적으로 확장했을 때 성경말씀이나 하나님의 언약을 통해 분화수준을 높이는 것도 사회적 감정과정에 포함된다고 할 수 있겠다.

가족의 역기능

만성불안

보웬은 가족의 역기능의 원인을 가족들의 감정적 융해에 따른 만성불안으로 본다. 만성불안은 실제 위협에 대한 급성불안과 달리 상상 위협에 반응하는 불안이다(김용태, 2000; Kerr & Bowen, 2005). 주로 부모의 만성불안은 자녀에게 세대 전수가 된다. 불안이 증가

---

11) 보다 자세한 사울 이야기는 '06 힘을 추구하다 죽은 사울'을 참고하라.

하면 연합성에 의한 압력이 강해져서 더욱 밀착하려는 욕구가 커진다(김용태, 2000; Kerr & Bowen, 2005). 그러나 상대방은 부담을 느껴서 회피하고 단절하고자 한다. 이렇게 불안이 가중될수록 밀착하려는 욕구와 단절하려는 욕구를 점점 더 크게 경험하게 되면서 서로 관계에 더 매이게 된다. 기본분화수준이 낮을수록 만성불안이 높으며, 만성불안이 높으면 타인의 시선을 의식해서 자신을 쉽게 포기하는 등의 행동을 하는 가짜자기와 감정에 따라 감정반사행동을 하는 감정체계의 특성을 나타낸다. 만성불안으로 가짜자기로 살아가며 감정반사행동을 하면 기본분화수준은 떨어진다(김용태, 2000).

융해된 삼각관계

가족 구성원들이 서로 강하게 의존·밀착된 관계를 융해관계(fused relationship)라고 한다(김용태, 2000). 융해관계에서는 연합성 욕구가 개별성 욕구보다 강하게 나타나서 관계에서 서로 감정반사행동을 더 많이 하게 되고, 상대의 눈치를 보다 보니 상대의 감정에 압도되어 불안과 두려움을 더 경험하게 된다. 이때 그 불안이 견디기 어려울 정도로 위협적이면 불안을 줄이기 위해 제3자를 관계에 끌어들인다. 이로 인해 부모의 불안은 자녀에게 투사되고 자녀의 발달은 방해받게 된다. 그래서 그 자녀도 부모의 눈치를 보며 진짜자기가 아닌 가짜자기로 살아가며 자신의 삶을 독립적으로 유지하지 못하게 된다(김용태, 2000). 그래서 융해된 삼각관계에서 한 사람은 증상을 발달시키고, 이는 불안을 야기하여 또 다른 융해된 삼

각관계를 형성하게 하는 복잡한 양상을 띠게 되며, 이러한 병리적
증상은 체계를 유지해 간다.

보웬 이론에 따른
이상적 가족, 결혼 그리고 이상적 사람

　보웬 이론에 따르면 이상적 가족, 이상적 결혼, 이상적 사람은 어
떤 모습일까? 이상적 가족은 가족 구성원이 분화가 잘 되어 있고,
불안수준이 낮고, 부부가 각자 자신의 원가족들과 정서적으로 건강
한 관계를 맺고 있을 때 가능하다. 그래서 가족 구성원들이 친밀한
관계를 맺으면서도 독립적일 수 있도록 서로 인정하고 허용한다.
불안한 상황에서도 상황에 동요되어 서로 예민하게 반응하고 갈등
을 겪는 것이 아니라 침착하게 이성적으로 문제를 해결해 가며 서
로를 탓하거나 의존하려고 하기보다 서로를 존중하고 격려한다.
　그리고 이상적 결혼은 부부 둘 다 분화수준이 높아서 자율성을
잃지 않고 정서적으로 친밀할 수 있는 결혼생활로, 자녀에게 자신
의 모습을 투사하지 않고, 자신의 감정에 대한 책임을 다른 가족원
에게로 투사하지 않는다.
　이상적 사람은 내면 지향적이고 목표를 스스로 설정하고 자신의
삶에 책임을 진다. 감정반사행동을 하지 않고 감정과 사고를 구별
하여 이성적이고 객관적으로 사고하며 지적체계에 따라 진짜자기
로 살아가는 사람이다. 그리고 원가족을 멀리하지는 않지만 독립
성을 유지할 수 있는 사람이 보웬 이론에 따른 분화수준이 높은 이

상적인 사람이다(Becvar & Becvar, 2013).

> **보웬 이론의 치료적 기법**
>
> - **탈삼각화**: 체계를 변화시키기 위해서 삼각관계를 재수정하거나 해체한다.
> - **질문하기**: 가족 내에서 자신의 역할을 생각할 수 있도록 다양한 질문을 한다.
> - **관계실험**: 가족 내 삼각관계를 변화시키기 위해 가족 구성원에게 새로운 관계 역할을 시도해 보게 한다.
> - **가계도 그리기**: 보웬은 세대 간 전수를 중요하게 보기에 가족을 이해하기 위해 그리는 주로 가족의 3세대에 관한 지도가 가계도다. 이 가계도를 통해 가족의 패턴과 관계를 볼 수 있으며, 이 도표에 가족의 전기적 자료와 가족의 갈등관계, 단절, 삼각관계 등의 관계가 열거되어 한눈에 가족을 이해할 수 있다.
> - **나-입장취하기(I-position)**: 상대 견해에 대해 감정적으로 치우치지 않고 관찰하고 진술하는 것으로, 내 입장에서 차분하고 분명하게 말하는 것이다.

 참고문헌

권석만(2012). 현대심리치료와 상담이론. 서울: 학지사.

김용태(2000). 가족체계이론. 서울: 학지사.

Becvar, D. S., & Becvar, R. J. (2013). 가족치료: 체계이론적 통합[*Family therapy : a systemic integration*]. (정혜정, 이형실, 윤경자, 이동훈 역). 서울: 시그마프레스. (원전은 2012년에 출판).

Kerr, M. E., & Bowen, M. (2005). 보웬의 가족치료이론[*Family Evaluation*]. (남순현, 전영주, 황영훈 공역). 서울: 학지사. (원전은 1988년에 출판).

Margaret, H. C. (1991). *The Bowen Family Theory and Its Uses*. Northvale and London: Jason Aronson Inc.

Nichols, M. P. (2015). Nichols의 가족치료 이론과 실제[*The Essentials of*

Family Therapy, 6th Edition]. (김영애 역). 서울: 시그마프레스. (원전은 2013년에 출판).

Papero, D. V. (2012). **보웬가족치료를 위한 짧은 이론서**[The Bowen Family System Theory]. (남순현 역). 서울: 시그마프레스. (원전은 1988년에 출판).

Part 2
보웬 이론으로 본 성경 가족

가족의 갈등을 회피하는 가장 아브라함[1]

"집안에 갈등이 생기면 마음이 불안해요.
차라리 안 보고 말래요."

아브라함은 모든 그리스도인의 믿음의 조상이다. 우리가 아는 아브라함은 자기의 소중한 자식인 이삭을 번제물로 바치기까지 하나님의 명령에 순종한 위대한 믿음의 사람이다. 의심할 나위 없이 아브라함은 신실한 사람이었고 하나님의 선택을 받은 자였다. 그러나 믿음의 조상이 아닌 평범한 사람으로서 아브라함은 어떤 사람일까? 우리가 일반적으로 생각하는 것처럼 그렇게 신실한 남편이자 훌륭한 아버지였을까? 우리는 성경 인물들을 대할 때 연단의 결과로 나타난 성숙한 모습에만 집중하는 경향이 있다. 그들도 현시대를 살고 있는 우리처럼 미숙하고 연약하며 실수를 거듭하

---

1) 이 장은 2014년도 이은미, 황혜숙, 김용태의 소논문 '보웬이론으로 본 아브라함과 사라 이야기'를 참고하여 서술하였다.

는 사람들이라는 것이 성경에 기록되었어도 우리는 그 부분은 쉽게 간과하고 넘어간다. 그러나 성경 인물들이 아무리 하나님의 선택을 받은 자라고 할지라도 처음부터 성숙한 성품을 지닌 것이 아니라 반복되는 시행착오를 통해 하나님 앞에서 성장하였다는 것을 주목할 필요가 있다.

아브라함은 자신의 가족 안에서 실제로 연약한 모습을 자주 보이곤 했다. 예를 들어, 아브라함이 기근 때문에 애굽으로 갔을 때 자신의 목숨을 염려하여 아내에게 "애굽 사람들이 그대를 볼 때에 이르기를 이는 그의 아내라고 하고 나는 죽이고 그대는 살리리니, 원컨대 그대는 나의 누이라 하라. 그러면 내가 그대로 인하여 안전하고 내 목숨이 그대로 인해 보존하겠노라."라고 말했다(창세기 12: 10-13). 아브라함은 죽음에 대한 불안과 두려움으로 아내 사라를 여동생이라고 속이고 거짓말을 했을 뿐만 아니라 아내가 다른 남자와 함께 동침할 수 있는 상황을 묵인했다.[2] 현 시대에서 이런 일이 발생한다면 아브라함은 마땅히 남편으로 큰 비난을 받았을 것이다. 자신의 아내를 지키지 못하고 가족을 책임지지 못하는 이기적이며 무능력한 남자로 지탄받지 않았을까?

이렇게 불안하고 두려울 때 현실을 회피하고 우유부단했던 아브라함임에도 불구하고 그는 하나님을 믿는 모든 그리스도인의 조상이 되었다. 그리스도인들이 순종의 태도를 언급할 때마다 대표적으로 등장하는 사건 중 하나가 아브라함이 기적처럼 얻은 소중한 아들인 이삭을 하나님께 기꺼이 제물로 바친 사건이다. 그는 어떤

---

2) 하나님의 개입으로 동침이 이루어지지 않았으나 아브라함은 동침이 예상 가능한 상황을 허용하였다.

과정으로 적극적인 순종의 사람으로 변화되었을까? 도대체 어떤 과정과 사건들이 있었기에 그렇게 불안으로 두려워하던 아브라함이 믿음 안에서 담대한 행동을 하게 되었을까?

만약 이 글을 읽는 독자도 이런 질문을 가지고 있거나 갈등과 불안으로 인해 복잡한 가족관계를 경험하고 있다면 함께 이러한 궁금증에 대한 답을 찾아가 보자. 우선, 가족상담 이론인 보웬 이론을 바탕으로 하여 아브라함이 지닌 미분화된 모습을 알아보고 아브라함의 3대 가족 배경을 살펴볼 것이다. 다음에는, 갈등과 불안을 해소하기 위한 아브라함의 역기능적인 태도와 회피적 태도가 핵가족의 갈등 문제를 어떻게 자식 세대의 갈등으로까지 확대시켰는지 다세대 전수과정을 살펴볼 것이다. 마지막으로, 아브라함의 미숙한 자기분화, 가족 간의 삼각관계, 감정반사행동, 정서적 단절, 만연된 회피적 태도에도 불구하고 아브라함이 어떤 과정으로 자기분화를 이루어 가는지, 그리고 하나님의 언약은 자기분화에 어떤 영향을 미쳤는지 함께 알아볼 것이다.

아브라함의 미분화된 특징

아브라함에게는 어떤 미분화된 특징들이 있을까? 우선 미분화 특징들은 어떻게 행동으로 나타나는지 알아보자. 미분화 행동은 타인의 평가나 반응에 민감해지므로 자신의 불안을 줄이기 위해 즉각적이고 감정적인 반응을 보이는 것이다. 예를 들면, 무시당할까 봐 큰 소리로 먼저 화를 내는 행동, 버림받을까 봐 지나치게 상

대의 기분을 맞추려는 행동, 비난이 두려워 다른 사람에게 책임을
전가하는 행동, 갈등이 주는 불안을 피하려고 아예 관계를 끊어 버
리는 행동 등을 말한다. 회피, 분노, 비난, 융해, 단절 등이 있다.

아브라함은 불안과 두려움을 느낄 때마다 가짜자기로 반응하며
거짓말로 상황을 모면해 보려는 회피적 태도를 지니고 있었다. 또
한 아브라함은 아내 사라와의 결혼생활 중 외부로부터 오는 생명
의 위협을 경험하는 두려움, 자녀를 얻지 못하는 불임의 스트레스,
후손과 관련되어 갈등이 높은 가족 상황에서 남편과 가장으로 진
실되고 신중하며 지적인 결정을 내리지 못하고 불안과 갈등을 일
시적으로 해소하려는 감정반사행동을 하였다. 아내 사라도 낮은
자기분화수준으로 질투와 책임 전가, 비난과 경쟁의 감정반사행동
을 하며 아브라함과 밀착하였다.

부부 모두 가족관계가 불러오는 불안과 갈등 앞에서 문제를 해
결해 가는 목표 지향적인 지적 반응을 하지 못했다. 이성적으로 생
각하고 가족의 의사소통을 위해 노력하거나 관계 안에서 연합하지
못했다. 오히려 개별적인 독립성 없이 서로 의존하거나 삼각관계
를 형성하여 밀착되고 융해되므로 안정감을 얻고자 하였다. 하갈
과 이스마엘의 문제가 발생했을 때도 효과적으로 해결하기보다 쉽
게 정서적 관계를 단절하였다. 아브라함은 아들 이삭과 이스마엘
의 관계에서도 아버지와 가장의 역할을 보여 주지 못하고 문제와
갈등에 침묵하고 회피하며 집안의 경쟁과 편애의 갈등에 개입하지
않으려 하였다. 거짓말과 회피, 편애와 경쟁을 반복하며 미분화된
감정덩어리들이 이삭과 그의 아들 에서와 야곱에게 다세대 전수되
었다. 그러면 아브라함은 왜 이런 회피적 태도를 가지게 되었을까?

아브라함의 원가족을 살펴보면서 그의 미분화 행동들의 기원을 좀
더 이해해 보도록 하자.

아브라함 원가족의 영향

성경은 가족의 역사를 중요하게 말한다. 아브라함의 이야기는
부모, 부부의 이야기를 주로 다루고 있다(Westermann, 1998). 아브
라함의 이야기도 데라의 족보, 가족이야기로부터 시작하고 있다
(창세기 11:27-32). 보웬 이론에 따르면 개인의 감정과 사고, 행동은
원가족의 영향을 받으며 형성된다. 이런 의미에서 아브라함의 분
화수준에 영향을 미친 원가족의 상호작용이 어떠했는지 살펴보면
서 아브라함이 지닌 회피적 태도의 기원을 알아보기로 하자.[3]

아브라함의 아버지 데라는 가족의 안전과 후손의 번영에 관심이
많고 안정감을 중요하게 여기는 사람이었다(창세기 11:27-32). 데라
는 세 아들을 두었다. 아브람과 나홀과 하란이다(창세기 11:27). 데
라의 부인이자 아브라함의 어머니 이야기는 성경에 나오지 않는
다. 데라는 유프라테스강과 티그리스강 근처의 비옥한 땅인 갈대
아 우르 출신이며 족보상으로는 노아의 10대 장손이다. 노아의 후
손이라면 아브라함의 가족도 하나님을 믿는 경건한 집안이었을 것
이라고 생각할 수 있다. 그러나 아브라함의 아버지 데라는 다른 신
을 섬기는 일, 즉 달의 신을 위한 우상을 만드는 직업을 가졌다(여

---

3) 성경에는 아브라함의 원가족에 대한 자료가 많지 않은 것이 아쉬운 부분이다.

호수아 24:2). 그러나 데라는 자신의 선조들로부터 노아의 방주 이야기, 홍수와 무지개로 상징되는 하나님의 존재와 언약에 대해 전해져 내려오는 많은 이야기를 들었을 것이다. 그래서 아마도 노아의 후손으로서 하나님의 존재에 대한 막연한 신앙적인 부담감을 가지고 있었으리라 짐작된다(왕대일, 1995).

데라는 각각 다른 부인들에게서 세 아들을 얻었다. 셋째 아들인 하란이 손자인 롯을 낳고 일찍 죽게 되자 예상치 못한 불행이 주는 슬픔으로 데라는 불안과 두려움을 느끼고 두 아들 나홀과 아브람을 이복 여동생들과 서둘러 함께 결혼시켰다(창세기 11:28-29). 아직 젊은 셋째 아들이 아버지인 자신보다 먼저 죽는 슬픔을 겪었다면 아버지 데라에게 나머지 아들과 가족, 후손에 대한 염려와 집착이 있었으리라 충분히 짐작할 수 있다. 당시의 족장 문화로 보면 자녀를 출산하지 못하는 불임은 한 세대가 다음 세대로 대를 잇지 못하여 노년에도 돌봐 줄 사람이 없음을 의미하는 최고의 불행으로 받아들여졌다. 그 때문에 데라는 나머지 가족을 잘 지키고 후손을 많이 두어 번성하는 데 당연히 큰 관심이 있었을 것이다(Walton, Mattews, & Keener, 2010: 58).

그런데 둘째 나홀은 결혼 후 자녀를 여럿 두고 잘 사는 데 반해, 큰 아들인 아브라함의 아내이자 며느리 사라는 아이를 낳지 못했다(창세기 11:30). 부모 없는 손자 롯을 돌보는 할아버지 데라는 손자를 낳지 못하는 큰 며느리 사라가 마음속으로 커다란 고민이었고, 사라는 아마도 시아버지와 남편에게 미안하고 불편한 마음을 가지고 살았을 것이다.

아브라함은 후손에 대해 큰 관심이 있는 아버지의 불안한 마음도 이해가 되고, 불임으로 인해 주변의 눈총을 받는 아내의 불안과 근심도 이해가 되었을 것이다. 그래서 아버지의 불안과 걱정을 감소시키고 아내 사라의 약점을 덮어 주려는 마음으로, 죽은 동생인 하란과 아버지 데라를 대신하여 조카 롯을 자식처럼 돌보며 가족 간의 긴장과 불안을 낮추려는 시도와 반응을 했으리라 짐작된다. 데라의 불안은 아들들과 자손의 무한한 번성이 사라로 인해 이루어지지 못하면 어쩌나 하는 후손과 융해된 불안과 두려움이다.

　아브라함은 아버지 데라와 사라 사이에서 조카인 롯을 양육하는 행위를 통해 가족관계의 긴장과 불안, 사라가 해결하지 못하는 불임에 대한 책임이 불러오는 부담감을 감소시키고자 하였다. 이러한 롯을 통한 아브라함의 삼각관계는 이후의 아브라함이 갈등을 회피하는 성향, 관계에서 오는 부담을 피하는 모습과 상당히 일치한다. 아버지 데라의 후손에 대한 불안과 긴장을 롯과의 관계를 통해 해소하려 하였고, 불임의 불안과 초조감을 갖는 아내 사라에게 밀착하는 감정반사행동을 하였다.

　그런데 어느 날 하나님께서 아브라함에게 나타나서서 갈대아 우르 땅, 함께 모여 살던 고향 땅과 친척들을 떠나 전혀 알지 못하는 땅, 새로운 곳으로 떠나라고 명령하셨다(사도행전 7:2-3). 아브라함은 안정형이고 가족과의 갈등을 일으키는 것이 싫었기 때문에 혼자서 떠날 수 없었을 것이다. 성경을 보면 지시하는 땅으로 떠나라는 하나님의 음성은 아브라함이 들었지만, 가족을 데리고 떠나는 것은 아버지 데라가 결정한 것으로 묘사된다(창세기 11:31). 그렇다면 아버지 데라는 아브라함의 신적 체험을 이해하였고 하나님에 대한 선조대의 부담으로 인해 아브라함을 이끌고 갈대아 우르를 떠난 것으로 보인다. 가족을 이루고 나름대로 그곳에서 잘 살고 있는 나홀은 그대로 두고, 결함이 있는 가족들, 고아인 손자 롯과 불임인 아브라함 가족을 데리고 익숙하고 안전한 고향 땅, 이웃의 걱정 어린 눈총과 시선을 벗어나 새로운 세상으로 가는 결단을 한다(왕대일, 1995: 12-14).

아브라함에게 하나님과의 만남은 강렬한 체험이었고 눈에 보였던 확실한 증거였기 때문에 아브라함은 하나님의 분명한 명령과 지시를 거부하지 않았다(사도행전 7:2-4). 마음속에는 두려움과 불안이 있었겠지만 아브라함은 하나님의 명령에 순종했다. "믿음으로 아브라함은 부르심을 받았을 때에 순종해 장차 유업으로 받을 곳으로 나갈 새 갈 바를 알지 못하고 나갔으며"라고 기록되어 있다. 히브리서 11장 8절에 의하면 떠남은 분명 하나님의 지시에 대한 순종이었지만 그럼에도 의지적이고 확실한 결단은 아니었다. 떠남에 대한 아브라함의 순종은 하나님이 직접 나타나시고 지시를 내리시는 놀라운 경험, 주변의 강력한 사건, 크게 영향력 있는 사건을 통해 이루어졌다. 그러므로 이 현상은 사회적 감정과정이며 일시적인 기능분화라고 볼 수 있다.

하나님의 나타나심은 아브라함에게는 아주 큰 사건이었기 때문에 공간적 · 혈육적 · 안정적 환경과 관계를 버리고 떠나는 큰 결단을 내릴 수는 있었지만 그것이 바로 성숙한 자기분화로 연결되지는 못하였다. 그래서 아브라함이 하나님의 지시를 따르는 중에도 아버지를 거스르지 못하고 하란에서 많은 지체를 하였고 가나안으로 떠나는 결단을 속히 내리지 못하였다. 아버지 데라 입장에서는 하란의 분위기, 달의 신을 섬기는 그 땅의 익숙함이 그에게 편했고 오랜 시간의 떠돌이 여정에 지쳤을 것이다. 그래서 아브라함이 하나님의 지시를 따라 다시 가나안으로 떠날 때에도 데라는 자신에게 안정감을 느끼도록 해 주는 하란에 혼자 남게 되었다.

성경을 통해 보면 하나님은 아브라함을 가나안으로 부르시고 창세기 12장 3절의 축복들을 약속해 주셨지만 아브라함은 사실 그 약속의 의미에 대한 인식이 미약했다. 그러나 결국 하란에서의 하나님의 부르심은 그를 결단하도록 도우셨고, 순종하도록 이끄셨다. 드디어 아브라함은 아버지를 하란에 남겨 두고, 롯을 데리고 가나안으로 떠나는 결단을 한다(창세기 12:4). 이 결단은 주변 사람들과의 갈등을 싫어하는 아브라함으로서는 쉽지 않은 선택이었을 것이다.

아비와 친척까지도 포함한 모든 익숙한 관계도 떠나라는 명령에 비추어 본다면 아브라함이 지리적으로는 가나안을 향해 떠나도 엄밀히 보아 롯의 동행은 온전한 순종으로 보기에 미흡하다. 하나님의 명령에 어긋남에도 아브라함이 롯을 하란에 남겨 두지 못하고 함께 떠나는 모습을 통해 아브라함의 미분화를 잘 이해할 수 있다. 아브라함이 가지고 있는 동생의 아들에 대한 연민과 불쌍한 마음의 감정반사일 수 있고, 혹은 사라의 불임으로 인한 아버지 데라와의 지속적인 갈등이 주는 긴장과 불안을 낮추고자 롯을 자식처럼 여기고 동행하는 삼각관계의 미분화 반응으로 볼 수 있기 때문이다.

아브라함의 핵가족 감정체계와 가족투사과정

아브라함과 사라는 가나안 땅에 도착하고 세겜에서 그 땅을 주시겠다는 하나님께 제단을 쌓아 예배를 드리며 하나님에 대한 신실한 순종의 태도를 보였다(창세기 12:6-7). 그러나 기근으로 먹고 사는 것이 힘들어지자 자기에게 나타나신 하나님께 감사하며 여호와의 이름을 부르며 단을 쌓던 그 땅을 미련 없이 버리고 다시 길을 떠난다(창세기 12:6-10). "내가 이 땅을 네 자손에게 주리라."(창세기 12:7)고 말씀하신 약속의 땅을 믿음으로 지키지 못하고 생존에 대한 불안을 해결하기 위해 남쪽으로 내려가는 감정반사행동을 보였다. 갈대아 우르에서부터 하란을 거쳐 먼 길을 거치며 드디어 가나안에 도착하여 감사로 예배를 드린 아브라함이었는데 어떻게 그렇게 쉽게 다시 떠날 수 있었을까? 하나님의 지시에 따라 가족을 떠나 알지 못하는 곳으로 나아가는 큰 결단과 순종의 태도를 보였음에도 그 땅을 버리고 그리 쉽게 애굽으로 내려갔을까? 아브라함이 갈대아 우르를 떠난 것이 하나님 앞에서 자기분화되어 목표 지향적인 행동을 한 것이라면, 우리는 그가 가나안을 다시 떠나는 행동을 어떻게 이해할 수 있을까?

기본분화와 기능분화의 차이

여기서 기본분화와 기능분화의 차이를 발견할 수 있다. 기본분화는 일정 수준의 분화가 이미 형성되면 관계과정에 의존하지 않으며 환경이나 불안수준에 따라 크게 영향을 받지 않는 일관성 있는 기능이다. 그러나 기능분화란 여전히 관계과정에 의존하며 불안수준에 영향을 받는다. 그럼에도 어떤 적합한 환경이 조성되면 기본분화수준이 높은 사람들과 같이 목표를 이룰 수 있는 기능을 보일 수 있다. 즉, 자기분화가 덜 된 사람도 일정 기간 목표 지향적인 반응을 할 수 있지만 시간이 지나거나 불안한 환경이 증가하면 본래 자기의 낮은 기본분화수준으로 돌아오게 되는 것이다(김용태, 2000). 아브라함은 일시적으로 기능분화를 얻었다. 아브라함은 하나님의 지시와 인도하심이라는 강한 사회적 감정과정을 통해 불안과 두려움을 극복하고 알지 못하는 곳으로 떠나는 믿음과 순종의 선택을 할 수 있었다. 그래서 환경이 주는 영향, 즉 기근이라는 현실의 어려운 상황을 만나자 다시 불안과 두려움에 따라 감정반사 행동을 하게 되는 것이다.

때로 많은 사람은 기능분화와 기본분화를 구분하기 어려워한다. 이 두 가지는 겉으로 보기에는 모두 목표 지향적인 행동으로 보일 수 있지만 동기와 원동력은 차이가 있다. 우리 주변에는 불안을 해소하기 위한 동기로 특정한 성과를 올리지만 목표를 이룬 뒤에는 다시 불안과 두려움으로 어려움을 겪는 사람들을 많이 볼 수 있다.

인내와 끈기로 공부를 잘하여 좋은 성과를 올리지만 조금이라도 성적이 떨어지면 낙담과 좌절로 자살을 선택하는 경우를 볼 수도 있고, 큰 성과를 올린 기업인이나 운동선수가 부담과 긴장, 불안을 이기지 못해 여러 각종 중독 증세를 보이는 모습도 주변에서 찾아볼 수 있다.

이렇듯 겉으로 보기에 잘 기능하는 사람일지라도 그것은 기능분화가 높은 것일 뿐이지 기본분화수준은 여전히 낮을 수 있는 것이다. 신앙생활을 하는 것도 마찬가지다. 하나님과의 친밀한 관계를 바탕으로 주변 사람들을 섬기는 헌신의 모습은 기본분화수준이 높다고 볼 수 있다. 그래서 보이는 결과나 사람들의 평가와 인정에 심하게 흔들리지 않는다.

그러나 외형적으로 나타나는 모습이 동일한 헌신이나 섬김으로 보여도 사람들의 평가나 처벌에 대한 두려움과 불안이 행동의 동기라면 실제로는 낮은 분화수준으로 그의 행위는 기능분화로 볼 수 있다. 그래서 이런 사람들은 주변의 평가나 비교에 집착하며 헌신의 보상과 결과에 따라 크게 실망하고 낙담하고 때로 원망하거나 흔들리게 된다. 이는 지켜보는 사람들도 오해할 수 있지만 행위자 스스로도 분화수준과 기능분화를 착각할 수 있다.

아브라함과 사라의 만성불안

애굽에 이르자, 아브라함은 아름다운 사라의 외모에 사람들이 관심을 갖는 것을 보며 사라를 차지하려고 남편인 자신을 죽이지 않을까 하는 생명에 대한 두려움과 불안을 느낀다(창세기 12:12-13). 그래서 그는 사라를 이복동생이라고 소개하며 아내임을 숨기는 거짓말을 한다. 물론 사라는 이복동생이여서 100%의 거짓말은 아니다. 그러나 아브라함은 남편, 가장으로서의 의무와 책임에 대한 분명한 지적 반응, 지적인 사고를 하는 것이 아니라, 두려움에서 일시적으로 벗어나고자 거짓말을 하고 가짜자기로 반응한다. 즉, 미분화된 감정반사를 하면서 아내를 여동생이라고 속였다. 두려움은 거짓말을 하게 되는 가장 큰 원인이다. 이렇게 불안과 두려움에 대응하는 아브라함의 일관된 모습은 회피이다. 아브라함은 하나님이 자신을 돌보신다는 확신이 없었고 자기 목숨을 위해 사라에게 자신들의 관계를 거짓말하도록 요구하고 있다.

여기에서 아브라함과 사라의 감정이 강하게 얽혀 있는 핵가족 감정체계를 볼 수 있다. 사라의 미분화는 아브라함과 밀착되어 아브라함의 요구를 거부하지 못하고 아브라함을 돕기 위해 자신을 희생하는 것처럼 보인다. 그러나 희생으로 보이는 사라의 침묵이 성숙한 사랑이라고 보기 어려운 이유는 불안과 두려움, 공포를 잘 통제하면서 합리적인 결정을 내리는 모습과는 거리가 멀기 때문이다. 사라는 아브라함처럼 자신의 감정을 억압하고 순응하는 모습으로 불안과 위험을 피하고자 하였다. 독립적으로 자기 생각을 담대히 밝히는 진짜자기로 반응하지 못한다. 자신은 분명히 아브라함의 아내임에도 불구하고 아브라함의 두려움에 밀착되어 진실을 숨기고 거짓말에 동조하여 여동생으로 거짓 행세한다. 이런 사라의 모습은 불안과 두려움에서 일시적으로 벗어나고자 하는 아브라함의 회피적 모습과 유사하다. 또한 이때 사라는 남편이 책임 있고 진실하게 반응하는 리더십이 없음을 확인하는 계기가 되었을 것이다. 이후 아브라함을 향해 보이는 사라의 지시적인 태도를 이해할 수 있을 것이다.

아브라함과 사라는 살아 계신 하나님을 만나고 약속에 대한 말씀을 직접 들었지만 언약에 근거하여 믿음으로 반응하지 못하였다. 불안과 두려움 앞에서 지적인 판단을 하며 진실하고 일관적인 모습을 유지하지 못했다. 즉, 진짜자기의 삶을 살지 못하고 상황에 따라 일시적으로 적응하면서 불안과 긴장을 줄이려는 가짜자기의 삶을 살며 책임과 친밀함을 잃어버린 모습이었다. 일시적으로 사회적 감정과정을 얻거나, 외부의 중요한 자극이 개인의 기능적인 분화수준을 높여 줄 수는 있지만 그 경험이 지속적인 자기분화로 이어지지 않는다.

그렇다면 생명을 잃을지 모르는 위험한 상황에서 불안과 두려움을 느끼는 아브라함과 사라가 잘못된 것일까? 그 누구도 생명의 위협 앞에서 불안과 두려움을 느끼지 않는 사람은 없을 것이다. 모두가 순간적으로 또는 오랫동안 무섭고 불안할 것이다. 갈등을 하며 아브라함과 사라처럼 염려한다. 그래도 그 갈등과 불안 속에서 진짜자기의 모습을 잃지 않고 다른 사람들과의 관계에서 진실하고 합리적인 지적 반응을 보이는 태도가 성숙한 사람이라고 보웬은 정의한다. 그러한 사람은 높은 분화수준으로 환경과 감정이 주는 영향력에서 벗어나 자신의 진실된 삶을 영위할 수 있다. 다른 사람과 관계를 지속하면서도 타인의 감정에 융해되지 않는 독립적인 반응을 보이는 것이 자기 분화된 모습이다. 이런 의미에서 아브라함과 사라는 자기 분화된 성숙한 반응이 아니라 서로 거짓말과 회피, 상황에 따라 위장하는 가짜자기로 반응하는 감정반사행동을 하였다. 그리고 핵가족 안에서 서로 융해되고 밀착됨을 통해 일시적이고 강요된 안정감을 느끼고자 하였다.

이집트 왕 바로는 사라가 여동생이라고 거짓말을 한 아브라함에게 "네가 어떻게 내게 이럴 수 있느냐? 그녀가 네 아내라고 왜 말하지 않았느냐?"(창세기 12:19)라고 아브라함의 거짓말을 비난했다. 그러나 그 이후 아브라함과 사라는 아비멜렉에게도 동일한 거짓말을 하고 같은 비난을 듣는다. "네가 우리에게 어찌 이럴 수 있느냐? 내가 무슨 잘못을 했기에 네가 나와 내 왕국에 이렇게 엄청난 죄를 불러들였느냐? 네가 해서는 안 될 짓을 했다."(창세기 20:9) 이전의 실수를 되풀이하지 않을 것 같음에도 불구하고 아브라함은 같은 상황에서 같은 행동, 같은 거짓말을 반복했다. 왜 그런 것일까? 이 것이 바로 아브라함이 불안과 두려움을 느낄 때마다 보이는 일관된 반응이기 때문이다.

이때 아브라함의 아내 사라의 감정을 생각해 보자. 아무리 남편의 생명이 위급해 보이는 상황이고, 자신도 어쩔 수 없이 동의하였다 하더라도 남편이 자기 목숨을 잃을까 봐 불안과 두려움에 휩싸여 아내를 다른 남자의 품에 안기도록 허용하였다면 이런 상황에서 사라의 마음속에는 남편에 대한 실망과 분노, 배신감을 느끼지 않았을까?(창세기 12:15)

아마도 사라는 그래서 더욱 자기 자식을 얻고 싶은 마음이 간절했을 것이다. 빨리 자식을 낳아 그 자식을 통해 아내로서, 엄마로서 자신의 위치를 더욱 견고하고 안정되도록 만들고 싶었을 것이다. 이렇게 자녀를 통해 자기의 위치를 굳건히 하려는 마음도 미분화된 모습이다. 이런 환경에서 자라난 자녀 또한 부모로부터 분화되는 것이 쉽지 않다.

가족 구조 안의 만성불안

유교의 영향을 받은 한국 사회문화에서 남편이 효도라는 명목으로 부모와 밀착되고 융해되어 정작 자신의 배우자인 아내와는 그리 친밀하지 못한 것이 오히려 당연한 시절들이 있었다. 농사가 핵심적인 경제 구조에서 힘이 세고 강한 남자가 더 필요한 것도 부모와 아들 위주의 가족 구조를 갖게 만들었다고 볼 수 있다. 자신의 친정집을 떠나 낯선 시댁에서, 아내는 새로운 가족관계가 주는 소외감과 외로움을 경험하며 힘든 적응의 시간을 가진다. 며느리로, 아내로 사회적 풍습에 따라 남존여비의 상황을 어쩔 수 없이 받아들이지만 그들의 마음에는 서운함과 분노, 억울함으로 갈등하는 모습이 당연하게 있었으리라. 이렇게 소외된 가족관계에서 외롭고 불안해진 아내는 자신을 대변해 줄 아들과 또 다른 삼각관계를 만들어 시부모와 남편으로 연결된 기존의 삼각관계에 대응하려 한다. 우리가 흔히 듣는 고부갈등이나 시댁과의 갈등, 남아 선호 현상이 바로 여기에서 시작되었다.

결혼을 한 부부가 자신들의 부모에게서 정서적·관계적 독립을 이루지 못하면, 결혼을 했어도 부부가 가족의 주체로 연합되는 것이 아니다. 부부의 가족관계에서 원부모, 본인, 자식과 밀착, 융해되는 역기능적인 삼각관계를 만들게 된다. 그 가운데 가족의 긴장, 불안과 갈등을 일시적으로 해소하고자 하는 모습이 다세대 전이로 반복되고 확대되어 후대에까지 이어진다. 우리의 역사에서 익숙한 가족 구조라고 생각한다.

하나님께서는 가족의 시작을 창세기 2장 24절에서 "이러므로 남자가 부모를 떠나 그의 아내와 합하여 둘이 한 몸을 이룰지라."라고 말씀하셨다. 원가족과의 관계에서 정서적 독립을 이루고 스스로를 분리시킬 수 있는 남자와 여자가 만나 한 몸을 이루는 것이 성경적인 가족의 출발이다. 각자 개별성을 지니면서 사랑으로 연합

되는 것이 하나님이 만드신 원래의 가족이지만 대부분은 보웬의
언급대로 제대로 분리되지 못한 원가족의 감정덩어리를 지닌 채
또 다른 감정덩어리를 지닌 배우자와 연합하려고 한다. 이 연합은
개별성을 얻지 못한 상태이기 때문에 융해로 나타나기가 쉽다. 이
런 경우 갈등의 상황을 만나면 언제든지 문제가 불거져 나올 수밖
에 없는 긴장과 불안을 지닌 가족이 되고, 이러한 불안한 갈등관계
는 안정감과 소속감을 얻기 위해 서로 융해되거나 아예 단절하는
역기능적인 가족 모습을 보이게 된다.

　아브라함 가족의 미분화 모습이 사라와의 결혼생활에서 어떤 형
태로 나타났는지 살펴보도록 하자.

후손으로 인한 사라와 하갈의 갈등

　아브라함 이야기의 주요 주제 중 하나는 아내 사라가 자녀를 낳
지 못하는 불임 상황과 하나님의 약속 사이의 긴장으로 볼 수 있다
(하경택, 2011: 35-62). 사라는 자신의 불임으로 인해 고향 땅을 떠
날 때 받은 약속들이 실현되지 못할까 봐, 또한 자기로 인해 후손
이 이어지지 못할까 봐 만성 불안과 두려움을 지니고 있었다. 그
래서 당시의 풍습에 따라 여종 하갈을 통해 자녀를 얻기로 결정한
다.[4] 그렇게라도 불안을 해소·완화시킬 수 있다고 스스로 판단하

---

4) 당시 고대 중동 문화에서 아이를 낳지 못하는 것에 대한 이해를 돕기 위해서 독일성서공
　회 해설 『관주·해설 성경전서』 창세기 16장 1절의 해설을 참고하라. "아이가 없다는 것
　은 옛날에는 아주 심각한 일이었다. 왜냐하면 사람은 그 후손을 통해서 계속 산다고 믿었
　기 때문이다. 아이를 낳지 못하는 여인은 멸시당했다(창세기 16:4; 사무엘상 1:1-17 참조)

였다. "여호와께서 나의 생산을 허락지 아니하셨으니 원컨대 나의 여종과 동침하라. 내가 혹 그로 말미암아 자녀를 얻을까 하노라 하매 아브라함이 사라의 말을 들으니라."(창세기 16:2) 불임과 후손에 대한 만성적이고 지속적인 불안에 대하여 사라는 감정반사의 해결책을 제시하였고 갈등 상황에 대해 회피로 일관해 온 아브라함은 자신의 생각과 믿음을 사라와 나누거나, 대화를 하거나, 설득하는 과정 없이 그대로 순응하였다.

이때 사라는 아브라함에게 자손을 얻기 위해 하갈과 동침할 것을 당당하게 요구하는데 이것은 마치 아브라함이 생명을 지키기 위해 사라에게 자신의 누이가 되라고 요구하는 모습과 상당히 일치한다. 반면, 하갈과의 동침에 대한 아브라함의 침묵과 순응은 애굽에서 아브라함의 요구에 따라 누이로 행세하며 애굽의 왕에게 안내되는 사라의 침묵과 순응과도 겹쳐 보인다. 두 사람 모두 핵가족 안에서 감정적 · 정서적으로 강하게 밀착되어 있어서 생명과 자손이라는 목표에 대해 하나님의 약속과 연관시키는 지적 반응이나 믿음의 반응을 하지 못하였다. 불임으로 인한 두 사람의 만성적 심리적 불안과 갈등은 오랫동안 지속되어 왔기 때문에 피차 의존적이고 희생적인 상호작용이 익숙하다고 볼 수 있다. 한 사람이 요구하면 다른 한 사람이 순응하거나 희생적인 침묵으로 반응하며 체제와 관계를 지속하려고 하였다. 아브라함과 사라는 하나님이 주신 땅과 자손에 대한 하나님의 언약을 들었고 믿음으로 순종하는

…… 옛 중동의 관습에 따르면은 아이를 낳지 못하는 부인은 남편에게 자신의 몸종을 줄 수 있었다(창세기 29:29, 30:30–31 참조). 몸종이 여주인의 무릎에 있는 한, 그 몸종에게서 난 아이는 여주인의 아이로 여겼다(창세기 30:3)."

모습이 있었지만, 거듭되는 불안과 두려움을 해소하기 위해서는 상황과 환경에 따라 즉각적인 감정반사행동을 보인다.

그렇다면 사라에게 선택된 하갈은 어떠한 사람이었을까? 하갈은 종이었고 애굽 출신의 여성이었다. 하갈은 종의 신분에 따라 낮은 자존감과 학습된 무력감을 지닌 여성이었을 것이다(이관직, 2005). 물론 다른 여종도 있었겠지만 그럼에도 자기의 아들을 낳아도 괜찮다고 사라가 생각할 만큼 하갈은 건강하고 매력이 있고 믿을 만하여 사라의 눈에 들었을 것이다. 그러나 아무리 '씨받이' 종이라고 해도 남편을 젊고 건강한 여종에게 잠자리를 하도록 권유하는 사라의 복잡한 마음은 어떠했을까? 또한 하갈은 아기를 낳기 위해 늙은 주인인 아브라함과 동침을 해야 하는 자신의 처지에 대한 원망이 있었을지 모르겠다. 반면, 아이로 인해 오히려 자신의 삶에도 새로운 신분의 변화가 있을지 모른다는 기대감이 있었을 수도 있었을 것이다. 이러한 갈등과 불안, 두려움과 기대의 양가감정이 두 여인 모두에게 있었을 것이다. 사라는 하갈을 통해 자신의 오래된 불임 여성, 불임 아내의 불안을 해결해 보려는 의도로 삼각관계를 만들었다. 아브라함도 사라의 불안에 융해되어 독립적·지적으로 반응하지 못하고 의존적 순응의 모습으로 사라와 하갈 사이의 삼각관계 안에 들어가게 되었다.

> 아브라함이 하갈과 동침하였더니 하갈이 임신하매, 그가 자신
> 의 임신함을 알고 그의 여주인을 멸시한지라(창세기 16:4).

그런데 하갈이 드디어 임신을 하였고, 그것을 알고 태도가 바뀌

어 사라를 깔보았다고 말한다. 여종 하갈은 '씨받이' 신분이었는
데 자신의 임신으로 주인댁에 큰 기여를 했다고 생각하였을 것이
다. 낮은 자존감을 지닌 하갈로서는 그때부터 한 번도 경험하지 못
했던 큰 관심과 대우를 받으며 자기평가에 대한 혼란이 발생하였
을 것이다(이관직, 2005). 반면, 사라는 하갈의 임신으로 인해 기쁨
과 불안을 동시에 느끼는 긴장감 속에서 하갈의 태도를 예의 주시
하였을 것이다. 불임으로 인한 깊은 열등감과 좌절감이 있는 사라
는 임신한 하갈을 질투하고 분노하며 민감하게 경계한다(이관직,
2005:29). 그러다가 하갈의 태도가 자신을 무시하는 것 같은 느낌이
들었을 때 사라는 하갈을 '씨받이' 역할로 들일 때와 동일하게 아브
라함에게 당당하게 지시를 내린다.

> 사래가 아브람에게 이르되 내가 받는 모욕은 당신이 받아야
> 옳도다. 내가 나의 여종을 당신 품에 두었거늘 그가 자기의 임신
> 함을 알고 나를 멸시하니 당신과 나 사이에 여호와께서 판단하시
> 기를 원하노라. 아브람이 사래에게 이르되 당신의 여종은 당신
> 의 수중에 있으니 당신의 눈에 좋을 대로 그에게 행하라 하매 사
> 래가 하갈을 학대하였더니 하갈이 사래 앞에서 도망하였더라(창
> 세기 16:5-6).

이때에도 두 사람은 상호 감정을 소통하며 문제 해결을 위해 시
도하며 지적 반응을 하지 않았다. 사라는 주인으로서, 하갈에게 하
갈의 가족 내 위치와 정체성을 알려 주고 그에 맞는 행동을 요구하
거나 권면하지 않았다. 오히려 이 상황에 대해 남편을 비난하고 책

임을 전가했다. 그런데 이때 아브라함도 지적 반응, 목표 지향적인 반응을 보이지 않았다. 아브라함은 사라의 감정에 밀착되어 사라와 하갈의 상황을 객관화하거나 가장으로 합당한 모색, 질서를 세우려는 노력 없이 가족의 갈등 상황을 회피하였다. 이러한 아브라함의 회피적 태도, 가족관계 안에서의 리더십 부재는 갈등을 무마시켜서 평화를 추구하는 것처럼 보이지만, 오히려 더 큰 어려움과 문제를 불러오고 가족 간의 갈등을 증폭시키는 결과를 가져왔다. 이것이 감정반사, 미분화된 가족이 다세대로 감정덩어리를 전수하게 하는 중요한 요소다.

하갈도 사라의 감정반사행동, 멸시와 학대 앞에서 못 견디고 도망을 간다(창세기 16:6). 하갈 역시 자신이 겪는 힘과 감정의 대결 앞에서 문제를 해결하려는 태도가 없었다. 불안과 두려움에 대한 반응으로 갈등관계를 회피하고 단절하려고 하였다. 그럼에도 하나님은 도망가는 여종 하갈의 두려움을 아시고 그의 불안과 억울함을 만나 주셨다. "사라의 종 하갈아 네가 어디로 와서 어디로 가느냐?"라고 물으신 하나님의 질문은 하갈에게 그녀의 정체성, 문제의 해결, 목표 지향적인 태도에 대한 중요한 관점을 상기시키게 하였다. 이런 질문이 우리에게 지적 활동을 가능하게 한다(김용태, 2000). 이러한 과정적 질문을 통해 자신이 보이는 행동에 대한 상호작용을 깨닫고, 진짜자기를 만나며 투사의 과정을 깨달을 수 있다. 이것이 하나님께서 보여 주시는 사회적 감정과정이다. "그가 이르되 나는 내 여주인 사래를 피하여 도망하나이다."(창세기 16:8)라고 하나님의 질문에 답을 한다. 이러한 솔직한 고백이 진짜자기에 대한 직면이다. 하나님의 개입은 하갈로 하여금 불안과 두려움 속에서도 온전하신 명령을 따르고 자기 자리로 돌아갈 수 있는 수용적 태도를 얻도록 도우셨다. 또한 하나님은 하갈을 위로하시고 축복과 위로의 메시지를 주셨다.

> 여호와의 사자가 또 그에게 이르되 네가 임신하여 아들을 낳으리니 그 이름을 이스마엘이라 하라. 이는 네 고통을 들으셨음이라(창세기 16:11).

하갈이 불안과 두려움 중에도 아브라함과 사라의 집으로 돌아간 것은 하갈이 하나님을 통해 자기분화가 시작되는 것으로 보인다. 하나님의 축복은 궁극적으로 아브라함과 사라를 통해 얻은 후손을 향한 것이지만 그럼에도 하갈을 버리시지 않으시고 돌보시며 위로와 약속으로 인도하신다. 경쟁과 비난, 극심한 갈등의 상호작용이 있는 이런 가족에서 이스마엘과 이삭이 태어나고 자랐다. 이스마엘과 이삭은 부모들의 낮은 문제해결 능력과 감정적 반응, 미분화 행동, 회피와 단절의 역기능적 해결 방법을 어릴 때부터 보고 자랐다. 이런 가족 구조 안에서 자연스럽게 습득되고 몸에 밴 비난과 회피, 편애와 경쟁의 감정체계는 세대 전수과정을 통해 다음 세대에 전달되었다. 이러한 현상은 이 시대 우리의 가족 모습과 상당히 비슷하다. 부모 세대의 상처들이 미해결되어 자식에게도 전수되는 모습을 상담현장에서 얼마나 흔히 볼 수 있는가?

자녀들에게 투사된 아내들의 갈등

이스마엘은 아브라함이 86세에 태어나고, 이삭은 아브라함이 100세에 태어났다. 이스마엘과 이삭의 나이 차이는 14세 정도다. 이스마엘이 청소년이 될 때까지 아브라함 가계의 상속자는 당연히 외아들 이스마엘이었다. 아마도 이스마엘은 상속자에 걸맞는 교육과 대접을 받으며 성장했을 것이다. 그러나 이스마엘의 아버지 아브라함은 여전히 아내 사라의 눈치를 보며 아들과의 상호작용에서 돌봄과 사랑의 소통을 충분히 나누지는 못했을 것이다. 그러나 아브라함의 마음속에는 혈연관계인 아들 이스마엘이 유일한 아들로이미 자리 잡고 있었다. 이런 아브라함의 마음은 하나님이 사라에게 아들을 주시겠다고 말씀하실 때 "이스마엘이나 하나님 앞에 살기를 원하나이다."(창세기 17:18)라는 응답에서 잘 나타난다. 아브라함은 이스마엘을 자신의 유일한 후사로 인정하고 그의 축복을하나님께 구했다.

그런데 본처인 사라가 하나님의 도움으로 이삭을 얻는 기적 같은 놀라운 일이 일어났다! 이 상황은 아브라함 가족에게 다시 긴장과 갈등을 일으켰다. 사라는 당당하게 "사라가 자식들을 젖먹이겠다고 누가 아브라함에게 말하였으리요마는 아브라함의 노경에 내가 아들을 낳았도다."(창세기 21:7)라고 외쳤다. 사라는 그동안 아이를 낳지 못하는 불임의 고통 때문에 긴장과 불안이 극심했었으나이제 이삭을 출산하면서 떳떳하고 의기양양해진 아내가 되었다. 하지만 극적으로 변화된 상황 앞에서 감사하고 겸손하기보다는 사라는 교만, 힘과 자랑으로 감정 반응을 하였다. 이삭의 출생으로 하

갈과 이스마엘은 불안해졌고, 사라는 그동안 자기 불임의 수치를
가렸던 하갈 모자의 존재가 더 이상 필요 없게 되었다. 그래서 사라
는 부부관계에 자신이 낳은 아들 이삭을 끌어들여 새로운 삼각관
계를 만들고 하갈 모자와는 대립하는 구도를 만들었다. 그런데 이
삭이 젖 뗀 것을 축하하는 잔칫날, 사라는 하갈의 아들 이스마엘이
그토록 귀한 자신의 아들 이삭을 놀리는 장면을 목격했다(창세기
21:18). 사라는 아이들의 놀이 상황에 대한 이해나, 배다른 형제 사
이의 조정과 화해 없이 또다시 아브라함에게 관계단절을 강력하게
요구했다.

> 아이가 자라매 젖을 떼고 이삭이 젖을 떼는 날에 아브라함이
> 큰 잔치를 베풀었더라. 사라가 본즉 아브라함의 아들 애굽 여인
> 하갈의 아들이 이삭을 놀리는지라. 그가 아브라함에게 이르되
> 이 여종과 그 아들을 내쫓으라. 이 종의 아들은 내 아들 이삭과
> 함께 기업을 얻지 못하리라 하므로 아브라함이 그의 아들로 말미
> 암아 그 일이 매우 근심이 되더니(창세기 21:18-11).

이 상황에서 주목할 말은 "하갈의 아들이 이삭을 놀리는지라"다.
'놀린다'라는 말을 자세히 보면 헬라어로 된 성서는 이삭을 '데리고
놀고 있었다'로 번역되어 있고, 그리고 공동번역성서도 '데리고 놀
고 있었다'고 번역하였다(왕대일, 1995). 그냥 형이 동생을 데리고
놀고 있는 장면일지도 모르는 일이었다. 하지만 이 장면이 사라에
게는 희롱이라고 해석되었다. 사라는 가족관계 안에서 계부, 계모,
이복형제 간이지만 가정의 질서를 세우고 상황을 적절하게 통제하

고 훈육하고 교육시킬 수도 있었다. 하지만 사라는 이제 막 젖을 뗀 어린아이 이삭에 비해 덩치 큰 이복형제에 대한 경계심, 출생 순서에 대한 위협, 불임으로 인해 당했던 수치심을 떠올리며 목표 지향적인 행동을 하지 못했다. 오히려 분노와 경쟁심으로 감정반사행동을 하였다. 당시 고대 근동 문화에서 한 여인의 미래는 그 아들에게 달려 있었다. 사라는 하갈과 이스마엘을 자기와 이삭의 미래에 대한 위협으로 여기고 쫓아내야 한다고 판단했다(Westermann, 1998: 233). 가족 구조 안에서 사라는 서로의 관계를 생존경쟁으로 여기고 있었다. 보웬은 형제간의 과도한 경쟁 구도는 역기능 가정에서 나타나는 것이라고 했다.

이에 대해 "아브라함이 그의 아들로 말미암아 그 일이 매우 근심되었더니"(창세기 21:11)라고 쓰여 있다. 아브라함은 단지 근심하고 괴로워하기만 하였다. 두 아들을 불러서 자초지종을 듣고 훈육하거나 사라와 의논하며 갈등을 해소해 보려는 시도가 없었다. 아내의 감정에 밀착되고 의존적인 남편이었던 아브라함은 그녀의 지시를 거스르기 힘들었고, 자신의 감정과 염려를 아내에게 적절하게 표현하지 못하고 회피하였다.

고대 근동 지방에 함무라비 법전이나 리핏 이시탈 법전에서는 배 다른 어머니를 문제 삼지 않는다. 아버지가 같으면 모두 적법한 아들로 정당하게 유산을 상속받을 자격이 있다고 말한다. 하지만 아브라함은 사라에게 이것은 반인륜적이고 둘 다 내 아들이므로 그렇게까지 할 수는 없다고 설득하지 못했다.

반면, 하갈은 이전에도 사라의 학대를 피해 자기 혼자 도망치던 아픈 과거의 경험이 있었다. 그런데 또다시 아직 어린 14세 정도의 사랑하는 아들과 함께 사막으로 내쳐져야 하는 운명에 처해졌다. 이런 모진 현실에 하갈 모자는 얼마나 망연자실했을까? 이스마엘은 분명히 아브라함의 후손으로 대접받았고, 할례도 받았고, 아버지의 기대를 모은 아들이었다(창세기 16:15; 17:25-26). 그런데 그런 아버지가 자신의 아들을 하루 아침에 아무런 대책도 없이 광야로 쫓아 버리는 모습을 보며 하갈은 불안과 두려움, 분노와 억울함, 무력감으로 아이와 저만치 떨어져 대성통곡하며 울 수밖에 없었다(창세기 21:16). 가족관계에서 미분화된 감정반사의 결과들은 이렇게 가족을 정서적으로 관계적으로 분리시키고 단절시킨다.

그러나 이렇게 감정적 반응으로 점철된 미성숙한 아브라함 가족에게도 하나님께서는 그가 약속하신 언약들을 이루어 가셨다. "네 아내 사라가 네게 아들을 낳으리니 너는 그 이름을 이삭이라 하라. 내가 그와 언약을 세우리니 그의 후손에게 영원한 언약이 되리라." 이 뿐만 아니라 사라로부터 내어 쫓기는 또 다른 아들 이스마엘에게도 "내가 그에게 복을 주어 그를 매우 크게 생육하고 번성하게 할지라. 그가 열두 두령을 낳으리니 내가 그를 큰 나라가 되게 하려니와"라고 하셨다(창세기 17:19-20). 이렇게 분화되지 못한 가족의 미성숙한 반응들과 잘못된 선택들 속에서도 하나님은 여전히 아브라함 가족의 문제를 돕고 계셨다. 이것이 창세기 가족을 통해 우리에게 말씀하고 계시는 일관된 하나님의 언약과 그것을 이루어 가시는 지속적인 은혜다.

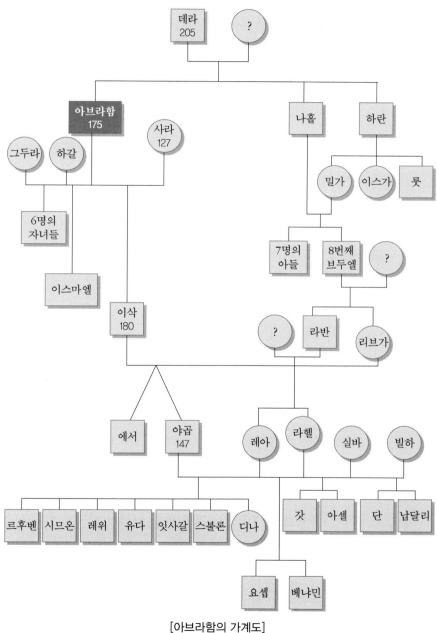

[아브라함의 가계도]

아브라함의 다세대 전수과정

이삭에게 다세대 전수된 감정체계

아브라함과 사라에게 나타난 역기능적인 핵가족 감정체제는 불안과 두려움, 거짓말, 회피, 단절, 편애와 경쟁이다(조난숙, 송조흠, 한영애, 최은영, 2010: 299-326). 이러한 모습이 어떻게 후대로 전수되었을까? 노년의 아브라함은 점차 자기분화를 이루고 믿음으로 견고한 자기를 지니고 언약에 대한 확신으로 행동할 수 있게 되었다. 사랑하는 이삭을 번제물로 바치기까지 하나님의 지시에 순종하려는 목표 지향적인 행동을 한 것이다.

그러나 아들인 이삭은 아브라함과 사라, 하갈과 이스마엘의 갈등과 경쟁, 질투와 긴장의 역동을 그대로 경험하는 미분화된 가족환경에서 성장하였다. 이삭이 태어났을 때의 상황은 14세 위의 배다른 형이 있었고 친모와 계모는 아버지를 가운데 두고 역기능적인 삼각관계를 형성하고 있었다(이관직, 2005: 41). 게다가 자기를 희롱했다는 이유로, 친모가 크게 분노하였고 이복형과 계모는 하루아침에 울며 광야로 내쫓기는 모습을 보았다. 자기로 인해 일어난 갈등이 불러온 가족의 분열과 단절은 어린 이삭에게 두려움과 불안을 주었을 것이다.

또 어느 날은 아버지를 따라 나섰다가 느닷없이 밧줄에 묶이고 장작 위에 올려졌다. 칼을 들고 있는 아버지를 눈앞에 둔 놀라운 상황은 이삭에게 큰 트라우마로 남았을 것이다(이관직, 2005: 41). 이삭은 소신과 적극성보다는 다른 사람을 의식하고 수동적으로 반응하는 사람이었다. 이는 번제 사건 때 아버지가 보이는 모습에 대해 질문이나 의심, 반항을 하기보다 순순히 포기하고 따르는 모습으로도 짐작할 수 있다(이관직, 2005). 이삭의 미분화는 마음속의 불안과 갈등을 잘 표현하지 않고 억압, 회피하는 감정반사를 하였을 것이다. 이삭에 대한 성경의 표현으로 "저물 때에 들에 나가 묵상하는"(창세기 24:63) 것으로 보아 이삭은 소극적이고 섬세한 성격이었다.

반면, 리브가는 하루 만에 먼 곳에 사는 얼굴도 모르는 남자에게로 시집 갈 것을 과감히 결정하는 적극적인 성격이다(창세기 24:55–58). 성장과정 중 감정 융해되어 있던 어머니 사라를 잃고 외로웠던 이삭은 리브가를 아내로 맞이한다. 그러나 신기하게도 이 가정 역시 부모 세대인 아브라함과 사라처럼 리브가의 불임으로 불안을 경험한다. 그리고 "두 국민이 네 태중에 있구나. 두 민족이 네 복중에서부터 나누이리라. 이 민족이 저 족속보다 강하겠고 큰 자는 어린 자를 섬기리라."(창세기 25:23)라는 하나님의 말씀이 있었음에도 이삭은 큰 아들 에서에게 장자권을 주기 위해 집착한다. 이삭으로서는 형 이스마엘과의 갈등을 통해 장자권의 획득이 중요한 문제로 체득되었지 않았을까? 장자권을 잃고 내어 쫓기는 이복형을 보며 장자의 권리와 축복에 연연할 수밖에 없지 않았을까?

에서와 야곱에게 다세대 전수된 감정체계

이삭과 리브가도 아브라함과 사라처럼 불안과 갈등 상황에서 서

로 의견을 나누고 대화하며 목표 지향적으로 지적 반응을 하지 못
하였다. 아버지인 아브라함의 회피적 태도와 어머니인 사라의 지
시적 태도로 상황을 해결하려는 감정반사행동이 전수되었다. 또한
사라와 이삭, 하갈과 이스마엘이 그랬던 것과 같이 자녀들을 끌어
들여 삼각관계를 형성하여 안정감과 힘을 얻고자 하였다. 이삭은
에서와, 리브가는 야곱과 융해되어 따로따로 역기능적 삼각관계를
형성하며 경쟁하였다. 장자권을 둘러싼 갈등 상황에서 이삭은 아
브라함처럼 회피하고, 리브가는 적극적 속임수로 두 아들이 장자
권을 두고 경쟁을 하도록 부추겼다(창세기 27:13).

부모님 세대가 생존과 후손을 위해 거짓말하고 회피하고 갈등을
경험했다면, 자식 세대는 장자권을 두고 거짓말하고 갈등, 경쟁을
하였고 야곱의 도망으로 형제관계는 단절된다.

더 나아가 이후에 야곱은 외삼촌 라반의 거짓말로 레아와 원하
지 않는 합방을 한다(창세기 29:22-23). 언니 레아도 동생 라헬을 향
한 야곱의 마음을 알면서도 아버지 라반과 함께 속임수에 가담하
였다. 야곱이 결혼을 위해 합방을 하는 과정에서 이들 미분화된 가
족의 가짜자기가 속임수와 거짓말로 반복되고 있다.

또한 야곱은 라헬에게서 태어난 요셉을 지극히 편애하는 모습을
보인다. 어머니 리브가와 융해되었던 야곱은 라헬에 이어 또다시
요셉과 밀착 융해된 모습을 보였다. 그 결과 편애에 분노한 나머지
형제들은 요셉을 향한 시기와 질투로 아버지에게는 요셉이 짐승에
게 물려 죽었다는 거짓말을 하고 구덩이에 던져 죽음에 이를 수도
있는 상황으로 유기한다. 형제끼리 서로 시기하고 경쟁하며 관계
를 단절하는 것이 반복된다(창세기 37:3-4, 33).

요약하면, 아브라함 가정의 후손과 불임, 생명에 대한 불안은 거짓말과 회피, 편애와 경쟁으로 나타나고 하갈 모자를 내어 쫓는 관계의 단절을 가져온다. 그것은 이삭과 리브가에게 전수되어 그들 역시 에서와 야곱을 각각 편애하며 삼각관계를 형성하고 장자권으로 경쟁하며 속임수와 거짓말로 감정반사한다. 속임수로 장자권을 얻은 야곱도 역시 형 에서와 관계를 단절하며, 외삼촌과 레아에게 거짓말과 속임수를 경험한다. 또 라헬의 불임과 그 자녀 요셉에 대한 편애도 동일하게 전수되었는데 이 편애로 인해 형제간의 경쟁과 질투, 유기와 거짓말, 관계의 단절이 다세대 전이되었다.

아브라함의 자기분화

아브라함의 자기분화 모습

> 그 일 후에 하나님이 아브라함을 시험하시려고 그를 부르시되 아브라함아 하시니 그가 이르되 내가 여기 있나이다. 여호와께서 이르시되 네 아들, 네 사랑하는 독자 이삭을 데리고 모리아 땅으로 가서 내가 네게 지시하는 한 산 거기서 그를 번제로 드리라 (창세기 22:1–2).

이스마엘과 하갈은 이삭이 젖을 뗄 무렵 아브라함의 집에서 쫓겨났는데 성경은 이후 이삭이 소년이 되었을 때로 넘어간다. 그리고 또다시 갈등 상황이 발생한다. 차이가 있다면 이전의 갈등은 사라의 감정반사에 따른 요구로 발생하였고, 이번에는 하나님이 직접 상황을 만드신 것이다. 그러나 이번에는 다른 현상이 나타난다. 이전에 이스마엘을 내쫓아야만 하는 상황일 때는 '무척 괴로워하거나' '근심이 되었다'고 감정을 그대로 드러내던 아브라함이었는데, 이번에는 어떠한 감정의 표현도 성경에 나타나지 않는다. 내어 쫓는 것과 번제물로 드리는 것은 큰 차이가 있다. 번제물은 생명을 담보로 하는 것이다. 번제로 드리라는 하나님의 말씀이 그토록 귀하게 얻은 아들, 이스마엘을 버리면서까지 지킨 소중한 아들인 이삭의 생명을 향한 직접적 위협임에도, 아브라함에게 불안과 두려움이 표현되지 않는다. 애굽에서 자기 목숨을 잃을까 봐 아내를 누이라 거짓말하고 다른 남자의 침실에 들어가는 것을 허용한 아브라함이었다. 그런데 이번에는 자기 자신보다 더 사랑하는 아들인데도 감정반사행동이 나타나지 않았다.

아브라함은 사라에게 고민과 두려움을 표현하거나, 아들 이삭에게 자신의 불안을 드러내지 않았다. 단지 하나님의 지시에 따라 차분히 준비만 하였다. 그렇다면 아브라함은 전혀 고통을 느끼지 않았을까? 아브라함에게도 당연히 불안과 갈등이 있었을 것이다. 하지만 이전과 다르게 눈에 띄는 변화는 갈등과 불안, 무섭고 두려운 마음을 해소하고 싶은 욕구와 충동에 휩싸이지 않고 오히려 하나님이 지시하신 목표에 순종을 위해 지적 반응으로 목표 지향적인 행동을 하는 것이다.

아브라함이 아침 일찍 일어나 나귀에 안장을 지우고 두 종과 그의 아들 이삭을 데리고 번제에 쓸 나무를 쪼개어 가지고 떠나

하나님이 제시하시는 곳으로 가더니, 제 삼일에 아브라함이 눈을
들어 그곳을 멀리 바라본지라(창세기 22:3-4).

성경은 이삭과 함께 길을 떠나는 아브라함의 모습만 보여 주고
있다. 이런 아브라함의 모습은 이전처럼 무서워서 거짓말을 하거
나, 가족의 갈등 상황에서 가장으로서의 책임을 회피하던 모습이
아니었다. 이전의 아내의 지시와 감정에 따라 반응하던 미분화되
고 미성숙한 모습도 아니었다.

이는 기본분화수준이 높아진 사람일수록 내적인 불안을 잘 인내
할 수 있고 다른 사람에게 불안을 전염시키거나 전염되지 않는다
고 보웬이 말한 것과 일치한다(Kerr & Bowen, 2005).

자기분화가 높은 사람은 목표 행동을 하기 위해 지적인 결정을
하고, 관계에서도 독립성을 유지하면서도 적절한 교류를 통해 연
합하는 특징이 있다. 그러나 주목할 만한 것은 아브라함은 보웬이
말하는 분화수준의 향상을 스스로의 노력으로 이루지 않았다는 것
이다. 아브라함의 높아진 자기분화는 먼저 분화된 다른 가족의 도
움으로 얻은 것이 아니었다. 아브라함의 분화는 하나님과의 관계
에서 얻게 된 것이다. 하나님은 아브라함을 직접 찾으시고 언약을
맺고 그 언약을 스스로 이루어 가시며 아브라함의 삶을 이끌어 주
셨다. 이것이 하나님의 치료 방법이다. 하나님은 아브라함의 수준
에 맞게 하나님의 시간에 적절한 방법으로 개입하신다.

아브라함의 자기분화과정

그러면 지금부터 어떤 사건들과 과정들이 아브라함을 변화시켰는지 돌아보자. 사라가 이삭을 낳았을 때 그는 큰 놀라움과 기쁨과 감사를 경험했다. 남편인 자신이 아내가 임신이 불가능하다는 것을 확실하게 알고 있었음에도(창세기 18:11) 하나님이 약속하신 대로 그의 인생에 놀라운 기적이 일어났을 때, 아브라함은 아기를 낳을 수 없는 사람이 임신과 출산을 한 것만으로도 충분히 놀라운 일이었지만 그는 더 큰 깨달음을 얻는다. 그것은 지금껏 하나님이 반복해서 말씀하신 후대를 향한 약속이 무엇을 의미하는지 드디어 이해하게 된 것이다(창세기 17:19-22). 하나님은 스스로 자신의 언약을 지키시는 분이고, 생명의 주관자이며, 인생의 참된 권위자라는 것을 깨달았을 것이다. 아브라함은 이삭의 기적 같은 출생 경험으로 이미 하나님의 약속과 명령에는 인간의 신체 조건, 불안한 환경, 갈등과 의심을 뛰어넘는 놀라운 능력과 은혜가 있다는 것을 경험하였다. 그동안 의심과 두려움으로 불안하여 가짜자기로 반응해온 자신의 미분화와 미성숙한 모습을 확실하게 깨달았을 것이다.

그러나 아브라함에게는 하갈와 이스마엘에 대한 감정반사가 아직 정리되지 못한 상태로 남아 있었다. 하나님의 말씀을 믿지 못하고 불안으로 스스로 후손을 만들고자 해결책을 만드는 사라에 밀착된 감정반사의 결과들인, 또 다른 가족 하갈과 이스마엘을 향한 괴로움이었다. 그러나 자세히 보면 여기에서도 이브라함의 달라진 모습을 발견할 수 있다. 이스마엘과 하갈을 내쫓으며 마음이 무척 괴로웠지만 회피하지 않고 하나님의 명령에 순종하는 아브라함

의 지적 반응에서 우리는 아브라함의 자기분화수준이 높아지는 과
정을 볼 수 있다. 아브라함은 하갈과 이스마엘을 둘러싼 사라와의
관계에서는 여전히 독립되지 못하고 사라의 감정에 밀착되어 있었
다. 그러나 이제는 감정반사가 아닌 지적 반응을 하게 된다. 계기
는 하나님의 인도하심이다. 이스마엘을 내어 쫓으라는 사라의 요
구로 괴로움과 고통에 쌓인 아브라함에게 하나님은 부드러운 말씀
으로 인도하셨다. 아브라함은 불안한 상황에서도 하나님의 지시에
따른 지적 행동을 하는 선택을 하였다.

> 하나님이 아브라함에게 이르시되 네 아이나 네 여종으로 말미
> 암아 근심하지 말고 사라가 네게 이른 말을 다 들어라. 이삭을 통
> 해 난 자라야 네 씨라 부를 것임이니라. 그러나 네 여종의 아들
> 도 네 씨니 내가 그로 한 민족을 이루게 하리라 하신지라(창세기
> 21:12-13).

그런데 얼마 후에 아브라함은 광야로 내쫓긴 하갈과 이스마엘이
하나님의 도움으로 생명을 구하게 되었다는 소문을 듣게 되었다.
하나님께서 하갈에게 "아이를 일으켜 네 손으로 붙들라. 그가 큰
민족을 이루게 하리라."(창세기 21:18)는 언약을 주셨다는 것을 듣
고 아브라함은 자신에게 주신 약속이 동일하게 하갈에게도 선포된
것을 알게 되었다(창세기 17:20). 이 시간들을 통해 아브라함은 자
신의 불안과 염려를 극복하며 점차 눈에 보이는 상황에 흔들리지
않고 하나님을 신뢰하는 견고한 진짜자기로 반응하게 되었다. 후
손에 대한 불안으로 하나님을 신뢰하지 못하고 감정반사하며 하갈

을 통해 이스마엘을 얻은 아브라함의 실수를 징계치 않으시고 은
혜로 반응하시는 하나님, 잘못된 선택과 실수의 결과들을 직접 보
완하시며 이스마엘을 돕는 하나님을 통해 아브라함은 두 번째 확
신을 얻게 되었다. 언약을 반드시 지키시는 하나님, 인간의 한계를
뛰어넘는 능력을 가지신 하나님, 잘못된 행위라 할지라도 은혜로
회복시키시는 생명의 주관자이신 하나님을 통해 인간으로서의 불
안과 두려움을 극복하고 주변 상황에 흔들리지 않는 견고한 진짜
자기, 자기분화를 얻게 된 것이다.

진짜자기와 자기분화

불임으로 인한 만성적인 불안, 가족 간의 갈등 때문에 괴로워하
는 아브라함을 향한 선한 도우심, 버려질 수밖에 없는 자신의 또 다
른 후손들에게도 하나님이 허락하신 은혜의 약속들이 성취되어 가
는 것을 보면서 아브라함은 하나님을 더 깊이 알게 되었고 견고한
진짜자기를 찾게 되었다. 진짜자기는 자신에 대한 확신이 있고 다
른 사람의 반응에 따라 흔들리지 않고 원하는 바를 일관성 있게 수
행해 나가는 사람의 특징이다(김용태, 2000). 이런 진짜자기를 가진
사람에 대해서 히브리서 1장 1절은 "믿음은 바라는 것들의 실상이
요, 보이지 않는 것들의 증거이니"라고 그 특징을 말하고 있다. 이
런 사람들은 아직 이루어지지도 않았고, 보이지 않아도 상황에 관
계없이 지속적으로 언약에 대해 확신하고 반응하는 태도를 견지하
고 믿음으로 본다. 믿음은 환경과 상황, 관계가 주는 갈등에도 흔들
리지 않고 약속과 말씀에 집중하면서 일관되고 지속적이고 독립된

결정을 할 수 있도록 이끈다. 사건과 상황에 맞추기 위해 거짓말을 하거나 합리화하거나 회피하지 않고 문제 해결을 위해 지적인 결정과 독립된 자신의 확신으로 반응하는 것을 가능하게 한다. 이러한 특징이 바로 자기분화가 된 사람의 특징이고, 보웬이 말하는 성숙한 인간이다.

하나님과 긍정적이며 친밀한 상호작용관계를 경험하는 것은 인간의 역기능적 삼각관계를 깨뜨리는 치료적인 개입이다(이은미, 황혜숙, 김용태, 2013). 아브라함은 하나님이 이스마엘도 친히 돌보아 주심을 보면서 하나님에 대한 신뢰로 인해 아내 사라의 감정으로부터 자신의 감정을 분리시키는 탈삼각화, 독립적 반응을 얻게 되었다. 이는 가장으로, 족장으로, 그리고 하나님을 믿는 자로 스스로의 역할과 책임을 독립적으로 이해하고 받아들이는 것이었다. 동시에 이것은 가족 구조 안에서 하나님이 부여하신 리더십의 회복을 의미한다.

> 이삭이 그 아버지 아브라함에게 말하여 이르되 내 아버지여 하니 그가 이르되 내 아들아 내가 녀기 있노라. 이삭이 말하되 불과 나무는 있거니와 번제할 어린 양은 어디 있나이까. 아브라함이 이르되 아들아 번제할 어린 양은 하나님이 자기를 위하여 친히 준비하시리라(창세기 22:7-8).

이삭과 함께 모리아산으로 가는 3일 동안 아브라함은 일관성 있는 모습과 안정된 태도를 보였다. 아들 이삭이 어디로 가는지, 번제물은 어디 있는지 물어올 때도 거짓말로 회피하거나 불안을 전가하지 않았다. 담대한 아버지의 대답에 이삭도 더 이상 질문을 하지 않았다. 아브라함에게는 사랑하는 아들 이삭이 죽을지도 모르는 두려움과 불안을 넘어서는 하나님의 언약에 대한 믿음이 있었다. 그래서 인생을 앞서 돌보시는 은혜에 대한 확신을 가지고 목표 행동에 대한 지적 반응을 할 수 있었고, 하나님의 지시에 적극적으로 순종할 수 있었다. 이로 인해 아브라함은 하나님이 약속하신 대로 세상 모든 믿는 자의 조상이 되었다. 하나님의 약속은 한순간에 이루어지는 것이 아니다. 하나님의 약속은 신뢰와 믿음이 동반된 순종이 함께하는 삶의 과정들을 통해 구체화된다(하경택, 2011: 35-62). 이러한 과정들이 아브라함에게 자기분화와 진짜자기, 견고한 자신을 얻게 하는 통로였다.

하나님의 개입으로 불안을 직면하지 못하고 거짓이나 단절로 회피하던 아브라함의 연약한 실수는 보완되었다. 아브라함은 하나님의 언약에 기초한 신앙적 경험으로 점차적으로 불안한 환경과 감정에 흔들리지 않는 반응을 하게 되었다. 결국 소중한 아들 이삭을 번제물로 하나님께 드리는 과정은 하나님 안에서 신뢰를 기반으로 자발적인 선택과 지적 반응을 하는데, 이는 성장하고 성숙해진 아브라함을 보여 준 사건이었다.

이 장을 마치며

지금까지 본 것처럼 믿음의 조상 아브라함은 처음부터 신실하고 순종적인 성숙한 사람, 건강한 가장이 아니었다. 하나님은 그의 성숙한 행위를 보고 그를 모든 그리스도인의 조상으로 선택하신 것이 아니다. 그는 우리와 다를 바 없이 가족 간의 갈등과 아내와 자식의 문제로 골치가 아픈 사람이었다. 리더십을 가지고 문제를 적극적으로 잘 해결해 보고자 이성적으로 판단하거나 합리적으로 의사소통하는 남편, 아버지도 아니었다. 오히려 두려움과 불안에 대해 견디는 힘이 약하여 갈등과 다툼, 문제가 생길 때마다 은근슬쩍 회피하거나 거짓말로 위기를 모면하고자 하던 사람이었다. 아내에게 밀착되어 눈치를 보며 나머지 가족을 돌보지 못하고 방치하기도 하였다. 시기와 경쟁으로 갈등하는 아내를 돕지 못했고, 배다른 자식들의 문제에서도 적절한 교육과 훈계를 통해 화합을 이루는 아버지의 역할을 보이지 못하고 회피하는 태도를 보였다. 하나님의 지시와 약속을 직접 여러 번 들었음에도 하나님을 신뢰하지 못하고 의심하였다. 반복해서 환경과 육체와 현실적인 문제 앞에서 불안과 두려움으로 굴복하기도 했다.

우리는 창세기의 아브라함 가족이 겪은 가족관계의 갈등과 불안은 현재 우리 시대의 가족들에게도 별다를 것이 없는 모습으로 여전히 반복되고 있다는 것을 확인한다. 교회나 사회에서는 칭찬과 인정을 받는데 가족 안에서는 리더십을 발휘하기 힘든 부모들, 신앙생활을 하지만 그럼에도 여전히 불안한 사람들, 문제가 많아 골치 아픈 가족 구성원들로 인해 여러 종류의 어려움과 고통을 겪는 사람들의 사례를 주변에서 많이 찾을 수 있다. 아브라함의 사례가 바로 나의 이야기가 된다면 성경은 현재의 우리에게도 아브라함처럼 자기분화를 통해 견고한 진짜자기를 얻고 성숙해 갈 수 있는 좋은 가족 분화의 모델을 보여 준다.

지금 우리의 시대는 일부다처가 허용되지 않는다. 그렇다고 아브라함이 겪은 것과 같은 가족 구조의 갈등 문제가 줄어든 것은 아니다. 늘어 가는 이혼과 재혼으로 오히려 아버지, 어머니의 역할이 더욱 복잡해지는 양상을 보이고 있다. 한지붕 세 가족의 갈등 유형이 드물지 않다.[5] 친부모를 떠나 계부모와 살게 되는 자녀, 계자녀를 양육해야 하는 계부모들도 증가한다. 단지 집안의 가장들뿐 아니라, 자녀들도 다툼과 갈등이 골치 아파서 가족관계를 외면하거나 회피, 단절하므로 복잡한 문제 상황을 벗어나고 싶을 수도 있다. 하지만 우리가 아브라함처럼 하나님이 어떤 분인지 경험한다면, 성경이 주는 치료적 개입과 통찰, 분화의 모델링을 통해 미분화 행동들을 목표 지향적인 사고와 행동으로 변화시키고 가족관계를 균형 있게 유지할 수 있는 자기분화를 얻을 수 있으리라 생각한다. 자기분화과정에서 하나님의 말씀과 언약이 주는 의미가 크다. 아브라함의 사례를 통해 가족과의 상호작용에서 발생하는 갈등과 불안, 두려움은 인간 스스로의 노력으로 해결할 수 있는 것의 한계를 깨닫게 한다.

우리도 불안을 해결하고자 다세대 전이된 미분화 감정반사를 하던 모습들, 즉 가짜자기를 내려놓고 상황과 관계없이 하나님의 언약과 말씀을 신뢰하는 상호관계 안에서 견고한 진짜자기를 얻을 수 있을 것이다. 물론 자기분화는 단기간에 이루어지는 일은 아니다. 아브라함조차도 25년 정도의 긴 세월이 필요했다고 성경은 말

---

5) 계부 혹은 계모로 이루어진 가족, 따로 살지만 여전히 혈연관계로 유지되는 친부 혹은 친모, 친조부모 혹은 계조부모 등 친자녀와 계자녀를 둔 가정은 복잡한 가족 구조를 지닐 수밖에 없다.

하고 있다. 그러나 지속적인 지적인 선택, 지적 반응으로 점차적인 분화수준의 향상을 얻을 수 있을 것이다. 가장으로 혹은 가족의 일원으로 불안하고 골치 아픈 가족 문제들 앞에서 상호 의사소통을 위해 노력하고 연합하면서도 주변 사람들의 평가와 비난에 휩쓸리지 않고 독립적인 존재로서 스스로를 받아들일 수 있다면 분화수준의 향상을 얻을 수 있을 것이다. 자신의 미분화된 감정반사와 다세대 전이를 인지하고 이성적이고 지적인 의사결정과정을 지속적으로 추구해 간다면 가족과 함께하는 연합성뿐 아니라 가족 안에서도 독립적인 존재인 개별성을 서로 인정하므로 변화를 얻게 될 것이다. 이렇게 아브라함처럼 하나님이 언약과 말씀이 주시는 치료적 개입을 얻는다면 우리도 가족관계 안에서 보다 건강한 가정, 영적 가정의 훌륭한 모델을 얻게 될 것이라 기대한다.

 참고문헌

김용태(2000). 가족치료 이론. 서울: 학지사.

대한성서공회(2004). 관주 · 해설 성경전서(개역개정판–독일성서공회 해설).

왕대일(1995). 아브라함의 믿음, 아브라함의 실수. 서울: 종로서적 출판부.

이관직(2005). 성경인물과 심리분석. 서울: 생명의말씀사.

이은미, 황혜숙, 김용태(2013). 보웬이론으로 본 아브라함과 사라이야기. 신앙과 학문, 18, 71-92.

조난숙, 송조흠, 한영애, 최은영(2010). 창세기 가족의 보웬 가족상담학적 분석 및 성경적함의. 한국기독교 상담심리학회, 20, 299-326.

하경택(2011). 아브라함의 소명과 이스라엘의 사명. 장신논단, 41, 35-62.

Kerr, M. E., & Bowen, M. (2005). 보웬의 가족치료이론[*Family Evaluation*]. (남순현, 전영주, 황영훈 공역). 서울: 학지사. (원전은 1988년에 출판).

Walton, J. H. & Mattews, M. W., & Keener, C. S. (2010) IVP성경 배경 주석: 구약[*The IVP Bible Background Commentary: Old Testament*]. (정옥배 역). 서울: IVP. (원전은 2000년에 출판).

Westermann, C. (1998). 창세기 주석[*Genesis*]. (강성열 역). 서울: 도서출판 한들. (원전은 1987년에 출판).

돈과 사람에 눈멀어 죽을 뻔한 야곱[1]

"장자가 아니어서…… 돈도 없고…… 사람들이 거들떠도 안 봐요.
…… 장자가 아닌 나는…… 아무것도 아니에요."

창세기의 반을 차지할 만큼 사연 많은 인물이 야곱이다. 야곱을
생각하면 '경쟁자'라는 수식어가 쉽게 떠오른다. 더불어 하나님의
은혜, 언약 그리고 순종은 야곱을 설명할 때 빠뜨릴 수 없는 단어들
이다(변재봉, 이관직, 2016: 95). 경쟁자, 하나님의 은혜, 언약 그리고
순종이라는 단어들로 우리는 야곱의 인생을 말할 수 있지만, 정작
야곱은 자신의 삶을 뭐라고 평가할까. 조상들이 산 세월에 비하면
얼마 안 되지만 자신이 '험악한 세월'(창세기 47:9)을 살았다고 애굽
왕 앞에서 야곱은 말했다. 야곱 자신의 평가대로 그는 파란만장한
삶을 살다 147세에 생을 마감했다. 그가 말한 '험악한 세월'은 한마

---

1) 이 장은 이수미, 김용태(2014)의 '야곱의 심리적 변화과정에 대한 연구: Bowen 이론을
　　중심으로'를 참고하여 서술하였다.

디로 '산전수전 다 겪은 세월'이다. 그는 혈연단신으로 고향을 떠나 타지에서 네 명의 아내, 열 명이 넘는 자녀 그리고 엄청난 돈을 벌어 성공한 사람, 자수성가한 사람이다. 창세기 32장 10절에 보면, 야곱은 자신이 지팡이만 들고 요단강을 건너갔지만 하나님께서 복을 주셔서 소유가 두 무리나 되었다고 고백한다. 에서의 마음을 풀려고 보낸 선물이 다섯 종류의 가축 550마리니 무일푼으로 떠난 야곱이 부자가 되었다는 말이 실감난다(Ross, 2001: 172). 이렇듯 거부가 된 야곱을 조금 자세히 들여다보면, 그의 인생에 얽힌 굵직한 사건들과 여러 번 죽을 고비를 넘겼던 일들을 만날 수 있다. 이것들이 그대로 녹아진 세월, 그것이 바로 그가 말한 '험악한 세월'일 것이다.

그렇다면 야곱은 무엇 때문에 여러 번 죽을 고비를 넘겨야 했을까? 야곱을 생각하면 떠오르는 몇 가지 사건이 있다. 장자권과 축복권으로 인해 생명의 위협을 느껴 도망간 사건, 그로부터 20년을 외삼촌 라반 밑에서 일하고 도망치듯 떠난 사건, 그 후 형 에서와의 만남을 앞두고 두려워 얍복강가에서 홀로 남아 기도하고 씨름했던 일, 딸 디나의 성폭행 사건에 관한 위기의 순간들, 아끼는 아들 요셉을 잃어버린 일 등은 야곱의 고달픈 인생을 잘 말해 준다. 야곱은 왜 이렇게 생명의 위협을 느끼며 도망치는 고달픈 인생을 살았을까? 결론부터 말하자면, 야곱은 돈과 사람에 눈이 멀어 사선(死線)을 여러 번 넘었다. 그런데 무엇이 야곱을 돈과 사람에 눈이 멀게 했을까? 야곱이 산 147세의 삶을 '하나님의 언약과 순종'이 아닌, '험악한 세월'에 담긴 그의 심리내적인 '불안과 두려움'이라는 관점으로 본다면 그 답을 찾을 수 있을 것이다. 만약 이 질문을 가족체계이론(Family System Theory)의 대가인 보웬(Murray Bowen)에게 한다면, 아마 그는 가족 안에서 그 답을 찾으려 했을 것이다. 아마도 보웬은 장자의 축복권을 중심으로 발생된 가족 내 경쟁에서 오는 불안으로 인해 야곱이 돈과 사람에 '융해'되었고 자기분화수준이 낮아졌다고 답변할 것이다. 조부인 아브라함 때부터 있던 장자권의 문제, 그로 인해 발생된 갈등과 불안이 야곱을 돈과 사람에 집착하는 삶을 살게 만든 원인이라고 보웬은 말할 것이다. 또한 상담장면에서 내담자인 야곱은 "장자가 아니어서 돈도 없고 사람들이 거들떠도 안 봐요. …… 장자가 아닌 나는…… 아무것도 아니에요."라고 호소 문제를 말할 것이다. 이처럼 돈과 사람에 융해된 야곱의 삶은 그의 호소 문제에서도 잘 드러난다.

그런데 성경을 읽다 보면, 새로운 국면을 맞는 야곱을 볼 수 있다. 야곱이 얍복강가에서 하나님과 씨름하여 이기고 '야곱'이라는 이름 대신, '이스라엘'이라는 이름을 얻는 놀라운 경험을 했다(창세기 32, 33). 이 사건은 야곱의 삶에 큰 전환점을 가져올 것이 분명하다는 확신을 갖게 하는데, 이런 야곱의 변화를 반기는 독자들은 기대를 안고 창세기 34장을 넘긴다. 그런데 창세기 34장에 나오는 딸 디나가 성폭행을 당하는 사건에서, 가장인 야곱은 한마디 언급도 없이 회피하며 무책임한 행동을 보여 독자들에게 의아심과 실망을 안겨 준다. 분명히 하나님을 만나 '이스라엘'이라는 이름을 얻어 변화되리란 기대를 했는데, 딸 디나 사건에서 보인 무책임한 아버지의 모습은 실망스럽다. 그런데 보웬의 자기분화 개념은 야곱의 태도에 실망한 독자에게 야곱의 삶(디나 사건을 포함하여)을 한발 물러나 재조명할 수 있는 여유를 준다. 분화(differentiation)의 관점으로 보면, 딸 디나 사건에서 보인 야곱의 회피적인 태도는 야곱의 분화수준이 올라가는 과정에서 나타날 수 있는 일시적인 기능분화의 약화로 볼 수 있으며, 분화수준의 향상은 평생에 걸쳐 일어난다(이수미, 김용태, 2014: 187). 이런 관점은 딸 디나 사건에서의 야곱의 모습을 분화수준 향상과정의 일부로 이해하도록 돕는다.

이 장에서는 보웬의 렌즈로 야곱의 심리내적인 '불안과 두려움'을 그의 역기능 가족 속에서 살펴볼 것이다. 역기능 가족 속에 나타난 야곱의 낮은 자기분화 그리고 얍복강가 사건 이후 높아진 야곱의 자기분화가 어떻게 나타났는지를 제시할 것이다. 자기분화가 높아진 이유와 그 과정에서 하나님의 개입이 어떻게 이뤄졌는지 살펴볼 것이다.

역기능 가족에 나타난 야곱의 낮은 자기분화

'돈과 사람에 눈이 멀었다'는 표현만으로도 우리는 야곱의 삶을 짐작할 수 있다. 우리는 흔히 어떤 것에 너무 빠져 주변의 것이 보이지 않는 상태를 '눈이 멀었다'고 한다. 우리는 돈 때문에 가족을 버리거나 패륜을 일삼는 일들을 뉴스, TV 드라마 그리고 영화에서 종종 접한다. 어떤 대상에 눈이 멀면 그것이 목적이 되고 결국 판단력이 흐려진다. 우리는 창세기를 통해 돈과 사람에 눈이 멀어 하나님에 대한 거짓말도 서슴지 않을 뿐 아니라 형과 아버지를 속여 결국 생명의 위협에 쫓겨 도망가는 야곱을 발견할 수 있다. '돈과 사람에 눈이 먼' 야곱의 모습은 그의 역기능적인 가족 안에 그대로 드러나 있다.

장자의 축복권에 눈먼 야곱

야곱 가족의 역기능적인 모습은 팥죽 한 그릇으로 형 에서의 장자권을 뺏은 사건에서 시작된다. 배고픈 형에게 팥죽 한 그릇쯤 기꺼이 내줄 수도 있을 법한데 야곱은 기다렸다는 듯 허기진 형에게 팥죽 한 그릇을 주며 장자권을 넘기라 한다. 그는 형에게 장자권을 넘긴다는 맹세를 요구했고 에서가 맹세하자 팥죽을 주었다(창세기 25:33-34). 마치 때를 엿보던 사람처럼 야곱은 이 기회를 놓치지 않았다. 야곱은 장자권을 거저 얻은 것이 아니고 팥죽과 맞바꾼 것이니 형 에서가 두렵기는 했겠으나 크게 죄책감을 느끼지는 않았을 것이다. 우리는 여기서 장자권에 눈이 먼 야곱을 만난다. 에서의 표현에 의하면, 야곱은 속여서 장자의 명분을 빼앗은 것이다(창세기 27:36). 장자권을 스스로 넘긴 것이니 빼앗겼다는 에서의 해석은 자의적이라는 견해도 있다(강병도, 1989: 522). 하지만 팥죽 한 그릇과 장자권이라는 거래는 정당한 거래라고 보기 어렵고 장자권을 소홀히 여긴 에서의 무지한 태도를 야곱이 이용한 것이니 억울한 에서가 빼앗겼다고 말하는 것도 어느 정도 타당하다. 어떻든 이 당시 장자권이 어떤 것이기에 야곱은 장자의 명분을 빼앗았을까?

그 후 야곱은 에서의 축복권도 빼앗는다(창세기 27). 늙고 눈이 잘 보이지 않게 된 이삭은 죽기 전에 장자인 아들을 축복하려 에서를 부른 후, 사냥해서 만든 맛있는 요리를 먹고 마음껏 장자를 축복하겠다고 말했다(창세기 27:1-4). 이삭이 시키는 대로 에서가 사냥을 하러 간 사이, 어머니 리브가는 야곱을 에서처럼 변장시키고 이삭이 즐기는 별미를 만들고는 야곱이 축복을 받도록 했다. 이삭은 눈이 잘 보이지 않아 야곱을 에서로 잘못 알고 축복을 빌어 주었다(창세기 27:22-23). 야곱은 축복권에 눈이 멀어 아버지 이삭을 속였다. 자신을 에서로 속인 후 하나님이 도와주셔서 사냥이 쉽게 되었다는 거짓을 말하면서까지 야곱이 받으려던 축복권은 어떤 것일까?

당시 장자권과 축복권이 어떤 것인지에 대한 역사적인 설명도 중요하겠지만 장자권과 축복권이 야곱에게 어떤 의미였는지 알아보는 것은 야곱을 심리내적으로 이해하는 데 도움이 될 것이다. 쌍둥이 중 첫째로 태어난 에서는 태어나면서 '장자의 권리'를 가지고 있었지만 둘째로 태어난 야곱은 아무리 노력해도 얻을 수 없는 장자의 권리가 부러웠을 것이다. 먼저 세상에 나왔다는 이유로 '장자의 권리'를 갖게 되었다는 것은 야곱의 입장에서는 억울했을 것이다. 장자로 태어나야만 주어지는 권리니 아무리 궁리해도 방법을 찾을 수 없던 야곱은 기회를 엿보다 결국 거래를 가장하여 에서의 장자권을 빼앗았다. 그리고 에서의 축복을 가로챌 때 이삭의 "네가 누구냐?"라는 질문에 야곱은 "아버지의 맏아들 에서로소이다."라고 대답했다(창세기 27:18-19). 둘째인 야곱으로는 얻을 수 없는 축복이기 때문에 그는 형이 되어야만 했다. 어려서부터 야곱 안에는 형이 되고 싶은 마음이 있지 않았을까. 여기에 부모들이 보인 편애(창세기 25:28)는 쌍둥이 형제의 경쟁 심리를 더 부추겼고 자신이 장자가 아니어서 아버지의 인정을 받을 수 없다는 야곱의 불안감은 높아졌다. 야곱에게 있어서 장자권은 아버지의 인정을 받는 중요한 도구였을 것으로 보인다. 만약 야곱이 장자라면 그는 아버지 재산의 2/3를 받을 것이니(신명기 21:17), 둘째인 야곱의 입장에서는 당연히 부당할 것이다.

장자권과 마찬가지로 축복도 일반적으로 장자에게 돌아가는데, 축복은 하나님의 약속이 전달되는 영적인 특성을 지니고 있었다 (Dyer & Merrill, 2003: 43-44). 축복이 지닌 신적 권위 때문에 한번 선포되면 취소할 수 없었으며 당시 족장의 축복과 유언은 유효성이 있을 뿐 아니라 사회가 인정하고 있었다(강병도, 1989: 522). 따라서 이삭이 야곱을 축복했을 때, 하나님께서 그의 조부인 아브라함, 아버지 이삭과 맺으신 축복의 언약이 야곱에게 계승된 것이며, 그는 이제야 비로소 하나님과 맺은 언약의 계승자가 된 것이다(이동순, 2004: 105). 그래서 에서가 대성통곡하며 다시 자신을 축복해 달라고 간청했지만 이삭은 이를 거부한다. 당시 사회구조로 볼 때 야곱에게 있어서 장자권과 축복권은 아버지뿐 아니라 세상에서 인정받는 도구였을 것이다. 장자가 아닌 자신은 아무것도 아니고 인정받을 수 없다는 불안감 때문에 결국 야곱은 속여서 빼앗는 감정반사 행동을 했다. 우리는 여기서 사람(아버지 이삭)의 인정에 눈이 먼 야곱을 만나는데, 그는 어머니 리브가와 융해된 삶을 살았다.

어머니 리브가와 융해된 야곱

성경에는 리브가가 야곱을 편애한 이유에 대해서는 언급되어 있지 않지만, 그들의 이야기를 따라가면 그들의 융해관계를 이해하는 것이 그리 어렵지 않다. 어쩌면 리브가와 야곱은 아버지 이삭과 장자인 에서처럼 가족의 중심 인물이 아니어서 소외감을 느꼈을지 모른다(변재봉, 이관직, 2016: 103). 그런 소외가 그들을 융해되게 만든 것은 아닐까. 게다가 리브가는 창세기 25장 23절에서 "형이 동생을 섬길 것이다."라는 말을 하나님께 들었고, 야곱은 성격이 차분하여 주로 집에서 살았으며 리브가의 사랑을 받았으니, 야곱이 이것을 몰랐을 리 만무하다. 그래서 야곱은 팥죽 한 그릇과 장자권 거래를 망설임 없이 할 수 있었던 것이 아닐까. 야곱의 이런 거래는 좀 과장한다면 당당하게 느껴지기도 한다. 팥죽 한 그릇과 장자권의 거래는 야곱의 입장에서는 얼른 해치워야 할 일인데, 야곱은 철저하게 할 심산인지 형 에서에게 맹세를 요구한다(창세기 25:33). 이런 야곱의 당당함과 철저함은 리브가로부터 이미 들었기 때문일 것이다.

또한 리브가는 이삭이 에서를 축복하려는 것을 듣자, 야곱에게 형 에서처럼 꾸며 축복을 가로챌 것을 지시한다. 그러나 야곱은 에서로 변장한 것을 아버지가 알게 되면 자신이 저주를 받을 것 같아 두려워했다(창세기 27:12). 그러자 리브가는 야곱이 받을 저주는 자신이 받겠으니 자신의 말대로 하라고 한다. 마치 리브가는 전쟁터에 나가는 군인처럼 단호하며 거침이 없다. 그러자 야곱은 별말 없이 어머니 리브가의 계획에 따른다. 축복을 빼앗겼다는 사실을 에서가 알게 되자, 리브가는 야곱에게 외삼촌 라반의 집으로 가라고 말했고 야곱은 그대로 따랐다. 결국 생명의 위협을 느껴 하란으로 도망가게 되는데 이런 결정을 한 것은 바로 야곱 자신이 아닌 어머니 리브가였다(창세기 27:43). 아버지 이삭의 축복을 받게 하려는 것도 어머니 리브가였고 죽을 고비를 맞자 도망갈 길을 제시한 것도 어머니 리브가였다. 야곱의 결정이 아니었다. 어머니 리브가는 창세기 27장 45절에서 "네 형의 분노가 풀려 네가 자기에게 행한 것을 잊어버리거든" 야곱을 불러오겠다고 말한다. 형 에서와 그 아버지를 속인 잘못에 대해서 어머니 리브가는 반성의 기미도 없이 회피적인 방법으로 해결하려 했다. 그리고 야곱도 형 에서와 대면하여 용서받으려는 것이 아니라 도망가서 에서의 분노가 잠잠해질 때까지 기다리면 문제가 해결될 것이라는 회피적인 태도를 취했다.

자신의 어떤 의견도 제시하지 않고 그대로 따르는 그의 태도에서 야곱은 어머니 리브가와 융해되었고 분화수준이 낮았다는 것을 알 수 있다. 이것은 그의 성장과정에서 이삭이 장자인 에서를 편애한 것의 영향일 수 있다. 성경은 이삭과 야곱의 관계에 대해 특별한 언급을 하지 않지만, 이삭이 에서를 사랑했고 리브가는 야곱을 사랑했다는 표현(창세기 25:28)과 '이삭과 그의 아들 에서' '리브가와 그의 아들 야곱'이라는 창세기 27장의 표현을 통해 부모의 편애를 알 수 있다. 이것으로 이삭과 야곱의 관계가 소원했음을 미루어 짐작할 수 있으며 자연스럽게 리브가와 야곱은 융해되었을 것이다. 부모의 편애로 인해 쌍둥이 형제는 경쟁하는 관계가 되었고 종국에는 원수지간이나 다름이 없게 되었다. 결국 야곱은 형이 자신을 죽일까 두려워 빈 몸으로 도망가기 바빴고 그야말로 집안은 풍비박산이 되었다.

보웬이 말하는 분화는 양육자와의 관계에서 형성되는데(변재봉, 이관직, 2016: 105), 어머니인 리브가와 융해된 야곱은 감정적 압박이나 불안에 기초하여 선택하는 가짜자기의 비율이 높았다고 볼 수 있다. 가짜자기의 비율이 높은 사람은 타인과의 관계에서 얻은 지식과 믿음에 따라 행동하기 때문에(Kerr & Bowen, 2005: 131), 자기분화수준이 낮아 자신의 생각이나 신념에 따라 살기 어렵다. 그리고 자신과 다시 융해될 수 있는 사람을 찾아 결혼하려는 경향을 보이며 야곱의 경우는 그 대상이 바로 라헬이었다. 이런 과정은 결혼을 통해 다음 세대로 전수된다.

가족(부인들, 자녀들)에게 편애를 보인 야곱

에서를 피해 근 20년 동안 외삼촌 라반의 집에서 일을 한 야곱은 레아와 라헬을 아내로 얻었다. 라헬을 사랑한 야곱은 그녀의 자녀들을 편애했으며 이것은 레아와 라헬 사이의 갈등뿐 아니라 자녀들 간의 경쟁과 갈등을 유발시키고 심화시켰다. 야곱이 라헬의 아들인 요셉을 더 사랑하여 채색옷을 입혔다는 성경 기록을 통해 요셉을 편애했음을 알 수 있다(창세기 37:3). 야곱의 요셉 편애는 결국 형들의 질투를 사게 되어 요셉이 노예로 팔리는 일을 초래했다. 그리고 야곱은 죽을 날이 가까워오자 다른 아들이 아닌 요셉을 불러 자신의 유언을 남겼다(창세기 47:29). 자녀들에 대한 야곱의 편애와 무관심은 그의 부모인 이삭과 리브가가 그의 자녀들에게 보인 모습이었다. 이삭은 야곱과 에서의 갈등에 대해서 알고 있었지만, 성경 어디에서도 그가 야곱을 야단쳤거나 반응을 보였다는 부분은 찾을 수 없다. 아버지 이삭은 가족 내 갈등에 대해서 철저히 무심한 반응을 보였다. 장자권 사건 이후에 어떤 반응도 보이지 않은 아버지 이삭은 여전히 장자인 에서만 축복하려 했고 여전히 리브가는 모든 수단을 동원하여 야곱이 축복을 받게 했다. 이것은 장자권에 대해 다른 생각을 가진 부부 사이의 불안으로 인해 나타난 감정단절(emotional cutoff)의 영향이었다(조난숙, 송조흠, 한영혜, 최은영, 2010: 312). 부모인 이삭과 리브가의 편애, 무관심 그리고 회피는 야곱의 삶에 그대로 전수되었다.

　야곱은 딸 디나 사건에 대해서는 철저히 외면하다가 아들들이 복수극을 펼치자 자신의 불안과 두려움을 표출하며 그 원인을 아들들에게 돌렸다(창세기 34:30). 불안과 두려움 때문에 딸인 디나 문제에서 회피적이었던 야곱은 반면 요셉과 베냐민에겐 사랑을 쏟았다. 결국 자녀들에게 있어 야곱은 자기중심적이었으며 외부 환경에서 오는 자극에는 감정반사행동으로 대처했다. 이렇듯 편애는 가족 구성원의 융해관계를 낳게 되는데, 이것은 또한 세대를 지나 계속 전수되었다.

불안에 의한 삼각관계를 형성한 야곱

　삼각관계는 두 사람 간에 불안이 높아질 때 이를 감소시키기 위해 제3자를 관여시키는 것으로(Kerr & Bowen, 2005: 168), 이를테면 부부 사이에 불안과 갈등이 생겼을 때 제3자인 자녀를 끌어들이는 것이다. 부부 사이에 갈등이 생길 때 직접 소통하여 해결하려는 것이 아니라 자녀를 끌어들여 삼각관계를 형성해서 자녀가 부모의 불안을 흡수하게 되어 일시적 안정을 찾는다. 하지만 일정 기간이 지나면 그 삼각관계는 더 이상 가족 불안을 해결하지 못하게 된다(조난숙 외, 2010: 310). 이런 경우 자녀는 심리적 독립이 어려워지고 분화수준도 낮아지며 감정반사행동을 한다.

　야곱의 가족은 여러 형태의 삼각관계를 형성했다. '이삭-야곱-리브가'의 삼각관계를 시작으로 '에서-장자권(복)-야곱'의 삼각관계가 형성되었으며, 그 후 '라반-소유물(양떼)-야곱' '레아-야곱-

라헬' '라헬 가족-야곱-레아 가족' 그리고 '야곱-자녀들-레아'의 삼각관계가 형성되었다(변재봉, 이관직, 2016: 118; 이수미, 김용태, 2014: 201).

부모와 자녀 간의 삼각관계로는 '이삭-자녀(에서, 야곱)-리브가'와 '야곱-자녀들-레아'를 들 수 있다. '이삭-자녀(에서, 야곱)-리브가'는 부부의 갈등, 불안 때문에 부모가 서로 다른 자녀를 편애해서 안정을 찾으려는 삼각관계다. 이삭은 리브가와의 관계 속에 에서를 끌어들였고, 리브가는 이삭과의 관계 속에서 둘째 아들인 야곱과 감정적으로 융해되어 자신의 불안을 해결하려 했다. 이삭과 리브가는 아마도 장자권에 대해 다른 생각을 가지고 있었고 이것이 가족 내 불안을 가져왔을 것이다. 그들의 불안은 삼각관계를 형성했고 이로 인해 일시적인 안정 상태를 보였으나 장자권 사건으로 안정된 삼각관계는 무너졌다(조난숙 외, 2010: 312). '야곱-자녀들-레아'의 경우, 레아는 야곱의 사랑을 받지 못하는 불안을 해결하기 위해 자녀들을 부부 사이에 끌어들였다. 창세기 29장에 보면 레아가 낳은 자녀의 이름들이 나온다. 르우벤은 '여호와께서 나의 괴로움을 돌보셨으니 이제는 내 남편이 나를 사랑하리로다.'라는 뜻이며, 시므온의 이름은 '여호와께서 내가 사랑받지 못함을 들으셨으므로 내게 이 아들을 주셨도다.'라는 뜻이고, 레위는 '내가 그에게 세 아들을 낳았으니 내 남편이 지금부터 나와 연합하리로다.'라는 뜻이다. 르우벤이나 시므온의 이름에서 알 수 있듯이 레아는 남편인 야곱의 사랑을 원했으며 아들의 탄생으로 인해 남편의 사랑을 받게 될 것이라고 생각했다. 이것은 야곱의 사랑을 받지 못할까 불안한 레아가 자녀를 통해 그 불안을 해결하려는 것이다.

라헬에게 보인 야곱의 편애와 레아에 대한 야곱의 소원한 태도
는 '레아-야곱-라헬'의 삼각관계를 만들었다. 그리고 이것은 그의
자녀들에게도 확장되어 결국 '라헬 가족-야곱-레아 가족'의 삼각
관계로 이어졌다. 야곱은 불안과 긴장을 해소하기 위해 다양한 삼
각관계를 형성했는데, 이것은 야곱의 낮은 분화수준을 말해 준다.

가족투사과정(family projection process)을 통해 이미 형성된 삼각
관계가 다음 세대로 전수되기 때문에 이삭과 리브가 사이의 삼각
관계는 다음 세대인 에서와 야곱의 관계를 갈등과 경쟁으로 악화
시켰다(변재봉, 이관직, 2016: 108). 그리고 이것은 야곱의 부인들, 자
녀들의 삶에서 절정을 이룬다.

불안에 의해 속이고 회피적인 태도를 취한 야곱

불안에 의해 나타난 속이고 회피하는 야곱의 감정반사행동은
'다세대 전수과정'을 통해 이해될 수 있다. 윗세대의 분화되지 않은
감정이 융해나 삼각관계를 통해서 다음 세대로 계속 전해지게 된
다. 그 예로, 사라를 누이라 속이고 애굽왕(바로)과 그랄왕(아비멜
렉)의 위협 앞에서 회피하는 아브라함의 모습은 이삭에게 전수되
었고, 야곱의 삶에서는 더 많은 회피와 속임이 반복되었다(창세기
12:12, 20:2, 26:7).

축복권을 얻고자 에서를 속이고 아버지 이삭을 속인 야곱은 하
란으로 도망가 생명을 보존하지만 라반에게 도리어 속았다. 레아
는 아버지 라반과 협력하여 첫날밤 야곱을 속였고 라헬도 후에 아
버지를 속였다(창세기 31:35). 속고 속이는 사건은 야곱의 세대에서

그다음 세대로 이어졌다. 딸 디나 사건에서, 야곱의 아들들은 세겜과 그 아비 하몰을 속여 할례를 행할 것을 요구한 후 할례의 고통이 심한 제삼일에 시므온과 레위가 칼을 가지고 몰래 성을 쳐들어가 남자들을 모두 죽이고 모든 재산을 빼앗고 약탈했다(창세기 34). 또한 야곱의 아들들은 요셉을 팔아 버리고 죽었다는 거짓말로 야곱을 감쪽같이 속였다. 야곱은 얍복강가에서 하나님이 새 이름을 주시기 전까지 남의 것을 속여 빼앗는 자로 살았고 속이는 그의 삶은 자녀들에게까지 전해졌다.

　돈과 사람에 눈이 먼 야곱은 회피적이고 소극적인 관계 방식을 보이는데, 에서의 분노를 피해 도망간 야곱은 재물과 부인들을 외삼촌 라반에게 빼앗길까 불안해지자 외삼촌과 대면해서 해결하지 않고 도망간다(창세기 31:20-21, 31). 이런 태도는 딸 디나 사건에서도 볼 수 있다. '레아가 야곱에게 낳은 딸 디나'라는 성경의 소개가 무안할 정도로(이수미, 김용태, 2014: 201), 야곱은 딸 디나가 성폭행을 당한 엄청난 사건이 일어났을 때 아무런 반응도 하지 않았다(창세기 34:4). 야곱은 어떤 반응도 보이지 않고 외면했다. 또한 아들들이 누이 디나 일로 살육(殺戮)을 감행할 때도 어떤 책망도 하지 않은 채 오로지 자신의 목숨, 가족 그리고 재산을 잃을까 불안해서 회피했다.

야곱의 낮은 자기분화의 특징

　앞에서 살펴본 야곱 가족의 역기능적인 모습은 야곱의 낮은 자기분화의 특징들을 잘 보여 준다. 그것을 정리하는 것은 뒤에서 보게 될 야곱의 높아진 자기분화를 이해하는 데 도움이 될 것이다.

첫째, 분화수준이 낮은 사람은 심리적으로 독립된 정도가 낮기 때문에 분명한 자신의 입장을 취하지 못하고 타인의 말에 영향을 받는 의존적이며 융해된 삶을 산다. 야곱이 아버지 이삭을 속여 축복권을 받아 낸 일, 그리고 에서가 알게 되자 외삼촌 라반의 집으로 도망간 일 모두 자신의 생각에 따라 결정한 것이 아니라 어머니 리브가의 결정에 따른 것이었다. 또한 결혼생활 중에 레아와의 거래에서 합환채를 얻은 라헬이 야곱을 레아에게 들여보낼 때조차도 야곱은 그 이유를 묻지 않는다(창세기 30:14-15). 야곱은 이처럼 자신의 의견을 말하지 않고 다른 사람의 말에 따라 행동했고 40세 이전의 그의 삶은 주로 어머니 리브가의 뜻에 휘둘린 삶이었다고 할 수 있다(변재봉, 이관직, 2016: 106). 라반을 떠나 고향으로 돌아갈 때 야곱은 풍족한 재산을 소유했다. 에서와의 만남을 목전에 두고 야곱은 심부름꾼을 보내 소식을 전하는데, 그 내용에 보면 마치 많은 재산들이 에서의 마음을 돌이키고 관계를 바꿔 줄 수 있는 것처럼 자신의 근황과 소유의 풍족함을 에서에게 전한다. 형 에서에게 줄 선물들을 나누어 보내며 돈으로 문제를 해결해 보려고 한다. 그리고 얍복강가에서 씨름할 때도 야곱은 '축복'을 받을 때까지 놓아줄 수 없다며 버텼다. 이것은 돈과 융해된 야곱을 잘 드러내 준다.

둘째, 분화수준이 낮은 사람은 불안할 때 감정반사행동을 한다. 야곱의 삶에는 불안이 끊이지 않았다. 장자권의 상속과 에서, 경쟁하는 두 아내인 레아와 라헬, 그리고 장인 라반과의 관계에서 드러난 야곱의 불안은 아들들의 갈등와 딸 디나의 강간 사건 등에서도 여전히 나타났다. 야곱은 장자권을 팥죽 한 그릇과 맞바꾸는 행동을 했으며 아버지의 축복을 얻기 위해 아버지를 속였다. 자신이 얻고 싶은 것이 있을 때 야곱은 속이거나 잔꾀를 써서 가지려고 했으며 위기의 순간이 닥치면 도망가는 회피적인 태도를 보였다. 그는 형 에서가 400명을 거느리고 온다는 소식에 몹시 두려워 밤에 두 아내와 두 여종과 열한 아들이 얍복강을 건너도록 한다(창세기 32:22-23). 요단 동편 험준한 산악지대를 흐르는 얍복강은 물살이 세기 때문에 잔잔하고 얕은 곳을 골라서 가족과 가축을 이동시켰겠지만(강병도, 1989: 597), 그럼에도 밤에 이런 행동을 한 것은 위험천만한 일이다. 이것은 야곱이 밤에 잠을 못 이룰 정도로 불안하기 때문에 더는 기다리지 못하고 내린 감정반사행동이다(이수미, 김용태, 2014: 200). 딸 디나 사건에서도 야곱은 침묵으로 일관하며 외면하다가, 아들들의 복수극 때문에 자신에게 위험이 찾아올 것이 두려워지자 그들에게 강한 분노를 드러냈다(창세기 34:30). 야곱은 자녀들의 일에는 전혀 나서지 않은 채 오로지 융해된 자신의 소유에 대한 걱정을 표현하는 자기중심적인 태도를 보였다. 야곱이 시므온과 레위에게 한 말을 보면, '내게 화를 끼쳐' '나로 하여금' '나는 수가 적은즉' '나를 치고' '나를 죽이리니' '나와 내 집이 멸망하리라'라는 표현들이 나온다. 이런 표현들은 야곱이 얼마나 자기중심적인지를 보여 준다.

셋째, 분화수준이 낮을 때 삼각관계 형성이 두드러진다. 삼각관계는 불안할 때 그것을 해소하기 위해 타인을 갈등에 끌어들이는 관계 형태로 분화수준이 낮은 사람에게서 나타난다(김용태, 2017: 193). 장자권과 축복권을 둘러싼 불안 때문에 형성된 야곱의 삼각관계는 가족투사과정을 통해 세대 전수되어 가족 내 다양한 삼각관계 형성을 가져왔다. 이러한 삼각관계는 불안을 감소시키기 위해 형성된 것으로 부모의 낮은 자기분화가 자녀에게 영향을 주어 자녀 또한 분화수준이 낮아질 수 밖에 없다. 부모인 이삭과 리브가 사이에 형성된 삼각관계는 야곱에게 전수되어 야곱은 그의 부인들 뿐 아니라 자녀들과 다양한 삼각관계를 형성했다. 삼각관계의 형성은 야곱의 낮은 분화수준을 반영한다.

야곱의 가족체계 속에 나타난 역기능적인 증상들은 다양하고 심각하다. 야곱이 취한 여러 감정반사행동들, 자신의 신념이나 생각이 아닌 타인에게 휘둘린 의존적인 모습, 라헬과 요셉에 대한 야곱의 편애, 가족 안에 형성된 다양하고 복잡한 삼각관계, 불안을 회피하려는 거짓말과 속임수, 과도한 경쟁의식 등은 야곱의 낮은 분화수준을 보여 준다. 이런 모습을 TV 드라마로 본다면 야곱 가족이 겪었을 고통을 공감하기는 그리 어렵지 않을 것이다.

야곱의 높아진 자기분화

앞에서 언급했듯이 야곱은 돈과 사람에 융해되었고 외부 자극에 따라 자동적으로 나오는 감정반사행동(김용태, 2017: 192)을 하는 낮은 자기분화수준을 가졌다. 야곱은 불안할 때 경쟁과 속임수 그리고 회피하는 행동을 취했다. 그런데 창세기 32장의 얍복강가에서의 씨름 사건과 창세기 34장의 디나 사건을 겪은 후 야곱의 분화수준이 높아지는 것을 볼 수 있다. 보웬이 말하는 자기분화가 잘된 사람은 진짜자기의 비율과 지적체계의 비율이 높고 개별성과 연합성이 균형을 이룬 사람이다(조난순 외, 2010: 303). 한마디로 말하면, 다른 사람의 의견에 휘둘리지 않고 충분히 생각해서 자신의 의견에 따라 결정하고 행동할 수 있는 목표 지향적인 행동을 하는 사람이다. 또한 스트레스를 받는 상황에서도 지적 능력을 활용하여 행동할 수 있는 사람이다. 이런 기준에 근거해서 야곱의 변화를 살펴보자.

목표 지향적인 행동을 하는 야곱

분화수준이 높은 사람은 스스로 자신의 생각에 따라 결정하는 독립된 행동, 즉 목표 지향적인 행동을 할 수 있다(김용태, 2017: 193). 창세기 34장은 야곱이 딸 디나에 대한 아들들의 복수를 알게 되자, 두려움에 떨며 화를 내는 것으로 끝이 난다. 그런데 창세기 35장에 넘어가면, 하나님이 등장하시면서 '벧엘로 올라가라'고 하신다. 이것은 야곱이 벧엘에서 서원했던 내용들(창세기 28:20-22)을 이제 이행할 때가 되었다는 의미일 것이다. 야곱에게 있어서 벧엘은 괴로울 때 자신을 찾아오신 하나님을 만난 장소이며 하나님이 말씀하신 대로 이뤄진다면 하나님을 자신의 하나님으로 섬기겠다고 서원했던 곳이었다(창세기 28:10-12). 그래서 하나님이 야곱에게 '벧엘로 올라가라'고 명령하실 때 야곱은 그의 서원을 떠올렸을 것이다. 여전히 야곱 안에는 불안과 두려움이 있겠지만, 하나님의 명령은 그의 지적체계를 자극할 뿐 아니라 활성화시켰다. 디나 사건에 대한 형제들의 복수극에 놀라고 두려운 나머지 아들들을 탓하고 자신의 안위만 생각하는 감정반사행동을 하던 야곱은 이제 '벧엘로 올라가라'는 하나님의 명령이 떨어지자, 그 명령에 순종하는 목표 지향적인 행동을 한다. 이전의 야곱이라면 세겜 사람들이 쳐들어올까 두려워하며 도망갈 궁리를 했겠지만, 지금의 야곱은 불안에 따른 감정반사행동을 하지 않고 벧엘로 올라갈 준비를 한다. 이전까지는 외부 환경에 흔들려 자동적으로 감정반사행동을 하는 가짜자기로 살았다면, 이제 야곱은 "생각을 통해 만들어진 관계 형태인 지적체계"(김용태, 2017: 194)를 가지고 결정하는 진짜자기의 모습을 보인다. 생명의 위협을 느끼는 불안과 두려움의 순간에도 야곱은 하나님의 명령에 따라 생각하고 결정을 내려 벧엘로 올라가는 목표 지향적인 행동을 하는 것이다. 이것은 야곱의 분화수준이 이전에 비해 높아졌음을 나타낸다(이수미, 김용태, 2014: 209).

불안하지만 회피가 아닌 주도적인 태도를 취하는 야곱

하나님이 야곱에게 '벧엘로 올라가라'는 명령을 하시자, 야곱은 그의 집안 사람 모두에게 명령한다. 어머니 리브가의 말에 따라 행동하며 회피하고 딸 디나의 문제에서도 외면하던 야곱이 생명의 위협을 받고 있는 상황임에도 불구하고 전면에 나서 가족들에게 명령한다. 더는 회피하지 않고 당면한 문제를 해결하려는 아버지 야곱의 주도적인 모습이 엿보인다.

야곱은 벧엘로 올라가기 전에 세 가지 조치를 한다. 먼저 이방신상을 버리고 정결하게 하고 의복을 바꾸어 입으라고 명령한다. 라헬이 라반의 드라빔을 훔쳤던 것(창세기 31:19)을 보면, 어떻게 야곱 가족 내에 이방신상이 존재하는지 납득할 수 있다. 드라빔은 "가족의 수호신"(Walton & Matthews, 2000: 76)으로 드라빔을 소유한 자가 가장 많은 유산을 상속받고 지도권도 행사할 수 있기에 라헬은 여행에서의 안전을 기원하고 라반이 죽은 후 야곱에게 상속권이 있음을 보증하기 위해 드라빔을 훔쳤을 것이다(강병도, 1989: 580). 이런 이해를 바탕으로 보면, 이방신상은 야곱이 거부가 되는 과정에서 나타난 것이다. 물론 적극적으로 이방신상을 섬긴 것은 아니지만, 야곱은 돈과 사람에 눈이 멀어 자기가 사랑하는 라헬이 드라빔을 챙겨왔을 때도 그것을 묵과했다. 그랬던 야곱이 이제 이방신상을 가져오라는 지시를 하고 그것들을 상수리 나무 아래 묻었다. 이과정에서 어느 누구도 항변하지 않는다. 누이 디나 사건에서 보인 아버지의 회피적이고 무책임한 태도를 꼬집던 아들들은 이제 아무 말도 하지 않는다. 위급한 이 상황에 도망갈 방법을 찾아야 하는데, 벧엘로 올라가자며 이방신상을 땅에 묻고 정결하게 하고 의복을 바꿔 입는 일을 하는 야곱의 행동에 아들들은 매우 놀랐을 것이다. 주도적으로 지시하는 아버지의 모습에 너무 놀란 그들은 아무 말도 하지 않고 야곱의 명령에 따랐다.

야곱은 하나님의 명령을 듣자 자신이 버려야 할 것이 무엇인지 깨달았다. 그래서 하나님이 명령하지 않은 것, 아니 하나님의 명령을 따르는 데 방해가 되는 것들을 버렸다. 이것은 확실히 지적체계에 따른 야곱의 행동이라 볼 수 있다. 생명의 위협을 받는 순간에도 야곱은 아들들의 질문과 하나님의 명령을 듣고 생각하고 결정했다. 외부로부터 오는 불안과 두려움이라는 정서적 압력에 자동적으로 반응하지 않고 생각하며 결정을 내리는 야곱의 모습을 볼 수 있다. 어머니 리브가의 명령에 따라 회피하고 도망가던 야곱과는 사뭇 다른 모습이다.

하나님의 명령을 그대로 전달하고 벧엘로 올라가기 위해 준비하는 야곱은 불안해서 회피하고 도망가는 것이 아니라 주도적으로 행동하며 불안에 맞서고 있다. 분화수준이 높은 사람은 지적체계에 따라 사고하며 독립적으로 의사를 결정하고 주도적으로 일을 수행한다(변재봉, 이관직, 2016: 108).

감정반사행동을 하지 않는 야곱

창세기 35장에는 야곱이 하나님께 순종하는 것으로부터 새로운 시작을 알리는 반면, 몇 가지 슬픈 사건이 등장한다. 그 첫째는 어머니 리브가의 유모가 죽은 사건이다. 어머니의 유모인 드보라가 죽자, 야곱은 상수리나무 밑에 묻고는 그 이름을 '알론바굿(통곡의 상수리나무)'(창세기 35:8 새번역)이라고 명명했다. 야곱은 어머니와 함께 하지 못한 그 긴 시간 동안 어머니의 유모인 드보라를 많이 의지했을 것이다. 백발 노인이 되었을 드보라의 죽음은 야곱에게 큰 상실감을 주었다(하용조, 2014: 369). 그리고 둘째는 사랑했던 아내 라헬이 아들 베냐민을 낳다가 죽은 사건으로 야곱이 느꼈을 슬픔과 상실감은 이루 말할 수 없을 것이다. 세 번째 사건은 맏아들 르우벤과 첩 빌하의 동침 사건이다. 창세기 35장에 나오는 이 세 가지 슬픈 사건은 야곱의 감정반사행동을 끌어내기에 좋은 조건들이다. 그런데 야곱은 감정반사행동을 하지 않는다.

아들을 낳고 마지막 숨을 거두는 라헬은 아들의 이름을 '베노니(내 고통의 아들)'라고 불렀지만, 야곱은 '베냐민(복된 아들)'이라고 불렀다(Peterson, 2016: 109). 이전의 야곱이라면 사랑하는 아내의 죽음으로 슬퍼서 감정반사행동을 했을 것이다. 그런데 그는 아들의 이름을 '내 고통의 아들'이 아닌 '복된 아들'로 바꿔 부르는 지적인 반응을 보였다(이수미, 김용태, 2014: 208). 라헬의 죽음과 맞바꾼 아들의 탄생은 그에게 큰 상실과 슬픔이었겠지만, 야곱은 아들의 이름을 바꿈으로써 희망을 담았다. 이것은 마치 하나님이 야곱의 이름을 이스라엘로 부른 것과 비슷한 느낌을 준다. 야곱은 하나님이 자신의 인생을 이스라엘로 만들어 가시길 기대하는 마음으로 아들의 이름을 베냐민이라고 부르며 희망을 담았을 것이다.

라헬을 잃은 것에 이어 야곱은 맏아들 르우벤이 첩 빌하와 동침한 사건을 경험하고 고향에 돌아와서는 아버지 이삭의 죽음을 맞이한다(창세기 35:29). 하지만 이런 사건에 대한 야곱의 반응은 창세기 35장에 언급되어 있지 않다. 불안 때문에 감정반사행동을 해 왔던 야곱의 반응과는 많이 다르다. 맏아들 르우벤의 사건에 대해 아무 말도 하지 않은 야곱의 행동을 회피적 태도를 취한 감정반사행동으로 볼 수도 있을 것이다. 그런데 이것은 딸 디나 사건에서 보인 야곱의 회피적인 태도와 비교한다면 차이가 있다. 딸 디나 사건에서나 르우벤의 사건에서도 야곱이 아무 말도 하지 않은 것은 동일하지만, 딸 디나 사건에서 침묵했던 야곱이 아들들의 복수극에서는 자신의 불안을 드러냈다. 이것으로 야곱의 침묵은 회피적인 태도였음을 알 수 있다. 그러나 르우벤 사건에서 야곱은 아무런 반응이 없고 그 후에도 감정반사행동을 했다는 성경의 예가 없다. 창세기 35장의 정황으로 보면, 리브가의 유모인 드보라의 죽음, 라헬의 죽음이라는 슬픈 사건을 경험하고 심리적으로 상심이 컸을 것이니 르우벤의 사건은 불난 곳에 기름을 붓는 격으로 야곱의 분노를 자극하기에 충분했을 것이다. 그럼에도 그는 아무런 반응을 보이지 않았다. 디나 사건에 대한 아들들의 복수극에서 보인 그의 불안과 두려움을 떠올린다면, 그의 회피는 금방 들통이 나는 것이다. 그런데 르우벤의 경우는 그렇지 않았다. 침묵을 하던 야곱은 그 후 죽음을 앞두고 르우벤이 빌하와 동침했기 때문에 장자로서의 권리를 잃었다고 말했다(창세기 49:3, 4).

창세기 35장 21절에 보면, 호칭이 야곱에서 이스라엘로 갑자기 바뀌는 것을 볼 수 있다. 라헬의 죽음과 장사를 지내는 모습에서는 '야곱'이었는데, 갑자기 21절에서 '이스라엘'이라는 호칭으로 바뀐다. 이것은 창세기의 기록자인 모세가 야곱이 비극적인 사건들을 겪으면서도 흔들림 없이 견디는 모습에 경의를 표하기 위해서라고 강병도(1989)는 유대 랍비들의 의견을 빌어 해석했다. 이런 견해는 야곱이 여러 비극적인 사건을 겪고도 감정반사행동을 하지 않은 것을 뒷받침하는 근거라고 할 수 있다.

하나님의 직접적인 개입과 야곱의 변화
(창세기 28, 32, 35장)

우리는 앞에서 야곱의 삶을 자기분화의 관점으로 살펴보았다. 오늘로 말하면 돈 많고 인맥 관리 잘하면 인정받을 줄 알고 살던 낮은 분화수준의 야곱이 외부의 정서적 압력에도 불구하고 하나님만 섬기는 목표 지향적인 행동을 하는 높은 분화수준의 야곱으로 바꿔었다. 어떻게 이런 변화가 일어났을까? 지금부터 야곱의 변화가 어떻게 일어났는지 창세기 28장, 32장, 35장을 바탕으로 생각해 보자. 눈에 띄게 야곱의 분화수준이 향상된 것은 창세기 32장의 얍복강가의 씨름 사건과 창세기 34장의 디나 사건의 영향이다. 창세기 32장 사건은 야곱의 불안이 극대화된 상황이다. 형 에서를 만날 준비를 하며 자신의 불안을 잠재우기 위한 전략을 세웠지만 압도하는 불안을 감당하지 못하는 절체절명의 시점에 하나님이 찾아오셨다. 야곱의 변화에 있어서 창세기 32장의 사건은 결정적이지만, 그것은 하나님이 야곱의 분화수준을 높이기 위해 세운 계획 중 일부라고 볼 수 있다. 하나님은 최소한 세 번의 만남을 통해 그의 분화수준을 높이셨다. 첫 번째 사건은 창세기 28장에 나타난 '야곱의 사다리 사건'이다. 두 번째 사건은 창세기 32장의 '얍복강가의 씨름 사건'이고, 세 번째 사건은 창세기 35장의 '벧엘로 올라가라'는 하나님의 명령과 그것에 야곱이 순종하는 사건이다. 이 세 번째 사건은 창세기 34장과 연결해서 이해해야 한다. 왜냐면 창세기 34장에서는 감정반사행동을 보이는 야곱이 등장하고 35장에 가면 하나님의 명령이 나오기 때문이다. 이 세 가지 사건에서 하나님이 어떻게 개입하셨으며 야곱은 어떤 반응을 보였는지 살펴볼 것이다.

세 가지 사건에서 여전히 감정반사행동을 보인 야곱

창세기 28장, 32장 그리고 34장에서 야곱은 동일하게 불안에 의한 감정반사행동을 했다. 첫 번째 사건에서 야곱은 생명의 위협을 느껴 형 에서로부터 도망갔다. 그는 형과의 문제를 해결하기 위해 어떤 태도를 취한 것이 아니라 어머니 리브가의 권유대로 도망쳤다. 두 번째 사건에서 야곱은 앞에서 언급한 대로 형 에서가 400명과 함께 자신을 치러 온다는 소식에 놀라 소유를 나눈 후 물살이 센 얍복강을 날이 밝을 때까지 기다리지 못하고 한밤에 가족을 건너보내고는 홀로 남았다. 그것은 불안이라는 감정체계에 따른 감정반사행동이었다(이수미, 김용태, 2014: 200). 여기서도 야곱은 돈으로 해 보려고 필사적으로 노력했지만 그의 불안을 잠재울 수 없었다. 세 번째 사건에서 야곱은 딸 디나에 대한 아들들의 복수 때문에 자신과 소유의 위협을 받자 놀라고 두려운 나머지 욱하는 마음으로 아들들에게 화를 내며 자신의 두려움과 불안을 드러내고 말았다(창세기 34).

이 세 사건에서 야곱은 그의 지적체계에 따른 행동을 한 것이 아니라 불안과 두려움에 근거한 감정반사행동을 했다. 스스로 결정하는 삶이 아닌 어머니에게 휘둘리고 그 결정에 따라 행동하고, 형과의 대면을 앞두고도 문제를 직면해서 해결하려는 것이 아니라 자신이 가치를 두었던 돈으로 해결해 보려고 했으며, 창세기 34장에서 야곱은 자신의 불안과 두려움을 드러내며 회피적인 태도를 취했다. 시간이 지나도 야곱은 문제가 있을 때마다 여전히 감정체계에 따른 감정반사행동으로 일관된 가짜자기로 살았다. 야곱은 불안하면 도망가고 돈으로 해결하려 하고 분별력을 잃어 이기적이며 자기중심적인 태도를 보였다.

야곱의 삶의 단계에 맞춰 개입하신 하나님

그렇다면 하나님은 어떻게 하셨을까. 감정반사행동으로 일관되게 반응한 야곱과 다르게 하나님은 야곱의 분화수준을 향상시키기 위해 그 수준에 맞게 개입하셨다. 창세기 28장, 창세기 32장 그리고 창세기 35장을 통해 하나님이 가짜자기로 사는 야곱의 삶에 어떻게 단계적으로 개입하셔서 그의 분화수준을 높이셨는지 알 수 있다.

두려움을 실낱같은 기대감으로 바꾸신 하나님(창세기 28장)

창세기 28장을 보면, 야곱은 도망가다 해가 저물어 하룻밤을 지내게 되었는데, 하늘까지 닿아 있는 사다리 위를 하나님의 천사들이 오르락내리락하는 꿈을 꾸었다. 도망가다 해가 저물어 잠시 머문 그에게 하나님은 꿈을 통해 자신이 누구인지를 먼저 말씀하시고 네 가지의 축복을 약속하셨다(창세기 28:13-15). 첫째, 땅에 대한 복, 둘째, 자손에 대한 복, 셋째, 야곱과 그 후손 때문에 땅의 모든 민족이 복을 받게 될 것임을 약속하셨다. 넷째, 하나님이 함께하시며 그를 지켜 주시고 보호하셔서 다시 돌아오게 하신다는 약속을 하셨다. 하나님은 야곱의 행위에 대해 묻지도 따지지도 않고 축복의 약속을 하셨다. 그곳이 바로 그 유명한 '벧엘'이다. 조상의 하나님으로만 알았던 하나님이 야곱에게 무사 귀환을 약속하셨다. 오늘로 말하면, 모태신앙으로 교회만 다니던 야곱이 돈과 사람을 쫓다가 처한 위기의 순간에 하나님을 만나게 되는 장면이다. 잘못을 하고 도망가는 현장에서 만났으니, 맥락상으로는 잘못을 꼬집고 설명하고 돌이키게 해야 맞는 것 같은데, 하나님은 전혀 예상치 못한 태도를 취하셨다. 일방적으로 만나 주신 것이다. 불안의 현장에 하나님은 찾아오셔서 불안한 야곱을 수용해 주시고 함께해 주셨고 안전에 대한 약속을 하셨다. 그게 끝이다. 야곱은 잘 이해하지 못했겠지만, 그의 조부 아브라함과 아버지 이삭에게 약속하신 것을 하나님은 다시 야곱에게 되풀이하시면서 확인시켜 주고 계신 것이다(Ross, 2001: 157).

　여기서 야곱은 하나님에 대해 어떤 마음을 갖게 되었을까? 두려운 자신의 미래에 대해 그는 어떤 마음을 가졌을까? 두려운 감정에 따라 움직이고 반응하는 그 자리에 하나님은 찾아오셔서 그에게 약속하심으로써 그의 지적체계를 자극하셨다. 형의 위협에 대한 두려움이 하나님을 향한 다른 종류의 두려움으로 바뀌었다(창세기 28:17). 하나님이 주신 약속, 축복 때문에 미래에 대한 두려움이 실낱같은 기대감으로 바뀌었을 것이며 하나님이 주신 격려는 앞으로 다가올 불안을 견딜 심리적 힘을 야곱에게 주었을 것이다(김태형, 2017: 76). 그리고 하나님은 퇴장하셨다. 다음 날 아침 일찍 일어난 야곱은 돌을 가져다가 제단을 쌓고 그곳 이름을 '벧엘'이라고 지었다. 그리고 꿈속에서 말씀하신 대로 자신을 무사히 돌아오게 해 주신다면 하나님을 섬기겠다고 서원했다. 꿈에서 깬 야곱은 자기를 찾아오신 하나님에게 놀랐을 것이다. 그리고 막연한 기대감을 가졌을 야곱은 아침에 일찍 일어나 그 기대감을 행동으로 표현했다. 야곱은 아무런 준비도 없이 빈 몸으로 도망쳤고 자신 앞에 무엇이 펼쳐질지 알 수 없으며 무엇보다 혼자였다. 늘 상의하던 어머니 리브가가 없다. 장자의 축복을 받았지만 도망자 신세였고 다시 가족을 보게 될지 아무것도 장담할 수 없는 상황에 놓였다. 그런 상황에서 찾아오신 하나님, 그분이 주신 안전에 대한 약속은 야곱에게 기대감, 희망, 가능성이라는 문을 열어 주었으며 불안과 두려움을 견딜 힘을 제공해 주었다.

하나님의 통치권을 인정하게 하신 하나님(창세기 32장)

두 번째 사건인 창세기 32장에서, 돈으로 형의 마음을 돌이키려는 시도가 막히자, 두려움에 떨며 혼자 있는 야곱을 하나님은 또 찾아오셨다. 창세기 32장 1, 2절에 보면, 야곱은 하나님의 천사들을 보았고 하나님의 진이라며 '마하나임'이라는 이름도 지었다. 이것의 의미는 형 에서의 보복이 두려운 야곱에게 하나님의 군대가 친히 지켜 줄 것을 확신시키는 하나님의 뜻이었을 것이다. 그럼에도 그는 형의 마음을 돌리기 위해 하나님을 의지한 것이 아니라 돈으로 해 보려고 했다. 돈을 위해 살았고 돈으로 문제를 해결해 보려는 야곱, 돈과 융해된 야곱의 모습이 나타나 있다.

야곱은 먼저 심부름꾼을 보내 자신의 소식을 전하는데 자신이 거부가 되었음을 알린다. 그런데 에서가 꿈쩍도 않고 400명과 함께 야곱을 치러 온다는 소식을 듣자, 야곱은 불안하고 두려워 좀 더 구체적인 계획을 세운다. 두 떼로 나눠 도망갈 궁리를 하는 기도한다. 그리고 창세기 32장 13절에 보면, 형 에서에게 줄 선물로 다섯 종류의 가축(염소, 양, 약대, 소, 나귀) 암수 550마리를 따로 고르고(목회와신학 편집팀, 2008: 361), 이것을 몇 떼로 나누어 먼저 보내고 거리를 두고 또 보내기를 여러 번 하며 당부한다. 누구 것이냐고 묻거든 '당신의 종 야곱'의 것이며 '그의 주 에서' 형께 드리는 선물이며 야곱은 뒤에 오고 있다고 반드시 말하라고 종에게 지시한다. 이렇게 하는 이유는 '당신의 종 야곱'과 '그의 주 에서'에게 보내는 선물이라는 메시지를 여러 번 들어서 분노하는 에서의 마음이 서서히 풀어지고 결국 자신을 반갑게 맞아 줄 것이라고 야곱이 생각했기 때문이다(창세기 32:20).

그러나 야곱은 자신의 기도가 응답되고 형 에서의 분노가 가라앉을지 불안했다. 하나님은 창세기 28장에서 무사귀환을 약속하셨고 하나님의 군대를 보여 주시면서 그를 안심시키려 하셨는데, 불안한 야곱은 형에게 보낸 선물들로 형의 마음이 풀려 자신을 받아 줄 것을 기대하며 계획을 세워 불안을 달랬다. 그는 하나님의 말씀 약속에 근거해서 형과의 관계가 해결되고 자신이 안전할 것이라고 기대한 것이 아니다. 자신의 불안에 근거한 계획과 행동을 취해 해결해 보려고 했다. 두렵고 불안한 야곱은 결국 잠을 이루지 못하고 한밤중에 일어나 자신의 가족과 자기 소유들이 얍복강을 무사히 건너게 하고 혼자 남았다.

야곱 인생의 축소판 씨름, 시작된 탈삼각화   자신이 할 수 있는 모든 방법, 나름 치밀히 계산된 모든 방법을 다 동원하여 대비를 한 후 더는 아무것도 할 수 없는 순간이 오자, 하나님이 등장하셨다. 성경은 어떤 인물인지 밝히지 않은 '한 사람'과 야곱이 씨름을 했다고 표현하지만, 야곱은 그를 '하나님'이라고 말하고 있다(창세기 32:30). 야곱이 하나님과 씨름하는 장면은 신비적인 요소들이 많아 논쟁이 많다(목회와 신학 편집팀, 2008: 362). 그런 논쟁은 뒤로하고 씨름을 통해 하나님과 야곱이 어떻게 상호작용했는지 보도록 하겠다.

창세기 32장의 씨름 장면은 창세기 28장을 연상시킨다. 돈과 사람에 집착해 살아온 야곱이 다 잃어버리게 될 순간에 하나님이 찾아오셔서 그를 만나셨다는 것이 창세기 28장의 사건을 다시 연상시킨다. 그때는 야곱을 안심시키는 약속을 주고 가셨지만, 지금은 야곱과 씨름을 하신다. '왜 하나님은 씨름을 선택하셨을까?' 하는 궁금증이 생기는데, 씨름을 통해 하나님과 야곱이 어떻게 상호작용했는지를 보면 그 의미를 짐작할 수 있다. 하나님은 경쟁하며 산 야곱의 인생을 씨름판에 옮겨 두시고 그대로 재현하셨다. 그리고 새벽을 맞을 정도로 오랜 시간 승부가 나지 않는 이 씨름 시합에서 야곱의 끈질긴 승리에 대한 욕구가 여실히 드러났다. 당시에 야곱의 나이를 40대로 생각한다면, 40년을 이기기 위해 살아온 인생을 그는 하나님 앞에서 그대로 재현하는 셈이다. 하나님은 씨름을 통해 야곱이 자신의 인생을 반추해 보기를 원하셨을 것이다. 하나님은 씨름 시합을 통해 그의 인생을 돌아보게 하심으로써 두려움에 쌓여 살 궁리에 급급했던 야곱의 지적체계를 건드리셨다.

야곱은 인정을 받지 못할까 두려워 여러 형태의 삼각관계를 형성해 왔다. 하나님은 그의 인생 전반에 걸쳐 형성된 삼각관계를 씨름이라는 매개체를 통해 보여 주셨다. 경쟁과 속임을 통해 유지해 왔던 '야곱-축복(소유)-에서'로 형성되었던 삼각관계를 하나님은 씨름판에서 '야곱-축복-하나님'으로 바꾸려고 하셨다(이수미, 김용태, 2014: 205). 권석만(2017)은 자기분화란 결국 자신의 삼각관계를 인식하고 그것에서 벗어나야 성취될 수 있는 것이라고 했다. 하나님은 씨름 시합을 통해 야곱의 삼각관계를 인식하게 하셨으며 하나님의 치료적 개입인 탈삼각화를 시작하신 것이다.

야곱의 어긋난 엉덩이뼈, 무력화된 경쟁과 속임   새벽이 되어도 승부가 나지 않던 이 씨름에서 하나님은 야곱을 도저히 이길 수 없어 엉덩이뼈를 쳤다고 성경은 말하고 있다. 엉덩이뼈를 다친 야곱은 씨름을 할 힘이 없었을 것이다. 엉덩이뼈가 어긋나서 절뚝거리며 걸었다고 성경이 기록하고 있으니(창세기 32:31, 새번역), 야곱은 똑바로 서 있을 힘도 없었을 것이다. 그러니 씨름인들 제대로 할 수 있었을까. 그런데도 야곱은 놓지 않고 있다. 씨름을 하는 것이 아니라 놓지 않고 붙들고 있는 꼴이다. 몹시 고통스러웠을 야곱은 무엇 때문에 붙들고 있었을까? 축복을 받기 전까지는 씨름을 포기하지 않겠다는 그의 대답이 이유를 말해 준다.

하나님이 이기고자 했다면 엉덩이뼈뿐 아니라 그의 생명도 취하셨을 것이다. 그런데 하나님은 그의 엉덩이뼈를 치는 정도로 멈추고 그의 욕구가 무엇인지 드러나게 하셨다. 축복받고자 했던 그의 욕구가 드러났고 야곱은 축복을 위해 경쟁하며 살았다는 것을 인식했을 것이다. 자신이 이긴 것 같았는데 결국 절뚝거리며 걷게 된 것을 보면, 야곱은 결코 이긴 것이 아니다. 하나님이 야곱의 엉덩이뼈를 쳤다는 것은 야곱이 초인적인 존재와 씨름했다는 것을 말해 주며 동시에 야곱이 씨름을 계속할 힘을 무너뜨렸다고 볼 수 있다(변재봉, 이관직, 2016: 111). 야곱의 경쟁하는 삶은 인정받으려는 욕구에서 시작되었다. 그것을 위해 장자의 축복권이 필요했으며 결국 돈과 사람에 휘둘린 삶을 살았다. 뒤집어 말하면, 인정받지 못할까 봐 불안해서 그는 경쟁하며 속이고 회피하는 삶을 살았다. 엉덩이뼈를 쳐서 씨름을 수행할 힘을 무너뜨렸다는 것은 경쟁하고 속이는 행위를 하나님이 약화시켜 그 기능을 수행하지 못하게 하셨다고 볼 수 있다. 즉, 삼각관계를 유지해 왔던 방식을 무력화시킨 것이다(이수미, 김용태, 2014: 207). 야곱이 의지했던 수단들을 무력화시키신 하나님은 이제 하나님께 초점을 두도록 하셨다. 하나님은 탈삼각화를 위해 이전 삼각관계를 유지하던 동력을 끊어 놓으신 것이다.

야곱에서 이스라엘로 개명, 가짜자기에서 진짜자기로   축복을 주지 않으면 보내지 않겠다고 떼를 쓰는 야곱의 이름을 하나님은 물으셨다. 야곱이 스스로 자신의 이름을 말하는 순간, 축복을 위해 속이고 다투며 산 인생이 '야곱'이라는 이름에 고스란히 담겨 있었다(창세기 32:27). 무엇을 위해 어떻게 살았는지 그는 알았을 것이다. 창세기 32장 27절에서 야곱이 한 대답에 이어 28절이 너무 빨리 나와서 절과 절 사이에 있을 야곱의 마음을 우리는 놓치기 쉽다. 야곱이 자신의 이름을 말하는 27절과 하나님이 이스라엘이라는 이름을 주시는 28절 사이에 머물러 야곱의 마음을 생각해 보자. 서둘러 28절로 넘어가지 말고 27절에 머물러보자.

27절: 그 사람이 그에게 이르되 네 이름이 무엇이냐. 그가 이르되 **야곱이니이다.**

28절: 그가 이르되 네 이름을 다시는 야곱이라 부를 것이 아니요 **이스라엘이라 부를 것이니,** 이는 네가 하나님과 및 사람들과 겨루어 이겼음이니라.

야곱이라는 이름은 "약탈자라는 의미가 내포된 발뒤꿈치를 붙잡은 자, 걸려 넘어지게 하는 자"라는 뜻이다(하용조, 2014: 27). 그러니 자신의 이름을 말한 야곱의 마음은 어땠을까. 아마도 이름과 함께 몰려온 자신의 인생 때문에 그는 고개를 숙였을 것이고 숨고 싶었을지도 모른다. 후회가 밀려와 시간을 되돌려 형에게 팥죽을 주던 그 자리로 돌아가고 싶지 않았을까. 질문에 답하고 나니 자신의 인생에 그는 힘이 빠졌을 것이다. 씨름을 시작할 때 가졌던 불안과 두려움은 하나님과의 상호작용을 통해 압력이 빠져나가듯 수그러들었다. 자신의 인생 때문에 풀이 죽어 더는 축복을 요구할 수 없을 것처럼 보일 그때 하나님은 '이스라엘'이라는 이름을 주셨다.

'이스라엘'이라는 이름과 관련하여 그 의미를 몇 가지로 생각해 볼 수 있다. 첫째, 성경의 설명을 보면 하나님이 '이스라엘'이라는 이름을 주신 이유는 그가 하나님과 사람과 겨루어 이겼기 때문이다. 즉, '이스라엘'이라는 이름 속에는 '이겼다'라는 의미가 담겨 있다. 평생 돈과 사람에 집착해서 이기는 삶, 인정받는 삶을 위해 속이며 살았던 그의 인생에 하나님이 주신 약속이 이루어질 것이기에 야곱의 인생은 이긴 인생인 것이다. 자신의 방법과 가치관대로 살아 이기는 삶, 인정받는 삶이 아니라 하나님의 약속이 이뤄지는 인생이 바로 이기는 인생인 것이다. 아버지 이삭에게 그토록 인정받고 싶었는데, 그는 이스라엘이라는 이름을 하나님께 받음으로써 하나님께 인정받았다고 볼 수 있다. 하용조(2014)는 '하나님을 이겼다'는 의미는 '하나님께 인정받았다'는 의미라고 했다.

둘째, 이름을 부여받은 자는 부여하는 자의 소유로 인정되기에 '이스라엘'이라는 이름은 그의 인생을 하나님이 통치하신다는 의미가 담겨 있다(목회와 신학 편집팀, 2008: 363). 그래서 야곱은 이름을 알려 달라고 요청했다(창세기 32:29). 이것은 돈과 사람에 집착했던 야곱의 인생을 하나님이 통치하고 다스린다는 의미일 것이다. 돈과 사람을 소유해야만 이기는 야곱의 인생을 하나님이 통치하실 때 그는 진정으로 이기는 인생인 것이다.

셋째, 개명은 약속의 성취를 의미한다. 아브람의 이름이 아브라함으로, 사래의 이름이 사라로 바뀐 개명은 아들이 태어날 것이라는 약속의 성취를 나타낸다(목회와 신학 편집팀, 2008: 363). 이런 의미로 볼 때, 야곱의 이름이 이스라엘이라는 이름으로 바뀌는 것은 하나님의 약속이 이뤄진다는 의미이다. 야곱은 형의 공격에 두려워 두 떼로 나눠 도망갈 궁리를 하면서 기도했다(창세기 32:12). 형 에서의 손에서 구원해 주시길 기도했고 하나님께서 약속하신 대로 이뤄 달라고 벧엘에서의 약속을 기억했다. 그런데 하나님은 '이스라엘'이라는 이름을 주심으로 사람도 이기고 하나님도 이겼다고 말씀하셨다. 형 에서의 손에서도 살아날 것이며 하나님의 약속도 이뤄지는 승리자가 될 것이라는 증표로 '이스라엘'이라는 이름을 주셨다.

속이고 경쟁하며 살았던 가짜자기(pseudo self)의 모습을 대변해 주었던 '야곱'이라는 이름 대신, 하나님이 부여하신 새로운 삶을 보여 주는 '이스라엘'이라는 이름을 가지고 진짜자기(solid self, 흔들리지 않는 나)로 살라고 하나님은 그를 이끄셨다. 그리고 하나님의 직접적인 또는 간접적인 질문은 야곱이 자신을 객관적 입장에서 보는 데 도움을 주었고(김용태, 2011: 368), 이것은 야곱의 사고를 자극해 지적체계를 활성화시켰다. 질문을 받은 야곱은 자신의 인생을 돌아보며 무엇을 위해 어떻게 살았는지 회고하며 생각하는 시간을 가졌을 것이다. 야곱은 이전에 융해되었던 대상인 사람이나 돈이 아닌 하나님께 초점을 두었다. 이런 과정을 통해 하나님은 새로운 삼각관계를 형성해 역기능적인 삼각관계가 제기능을 발휘하지 못하도록 무력화시켜 탈삼각화를 주도하셨다.

하나님이 하신 직접적이거나 간접적인 질문을 몇 가지로 요약해 보자. 첫째, 야곱의 인생 축소판과 같은 '씨름'이라는 매개체를 통해 '어떻게 살았는가?'라는 질문을 하신 것과 같으며, 야곱은 경쟁하며 산 자신의 인생을 보게 되었을 것이다.

둘째, 끝까지 놓지 않는 그의 모습 속에서 '무엇 때문에 이렇게 경쟁하며 놓지 못하고 살았는가?'라는 질문을 하신 것으로 볼 수 있으며, 축복을 위해서 살았다는 야곱의 대답은 자신이 무엇을 위해 살았는지 인식하도록 촉진했을 것이다.

셋째, 하나님은 '네 이름이 무엇이냐?'(창세기 32:27)라는 직접적인 질문을 하고 대답하게 함으로써 마침표를 찍게 하셨다. 이스라엘 백성에게 이름이란 전인격을 대표하는 것이기에 하나님은 야곱에게 새 이름을 주기 전에 경쟁과 속임수로 산 옛 이름을 고백시켜 가짜자기를 직면하고 '이스라엘'이라는 새 이름의 의미와 가치를 부각시키려는 것이다(강병도, 1989: 598).

야곱은 아마 자신의 이름을 말하면서 축복을 위해 경쟁하며 속이고 산 자신의 인생, 돈과 사람을 추구하던 자신의 인생이 지나갔을 것이다. 그러자 하나님은 새로운 이름을 주셔서 야곱 인생의 새로운 방향을 제시하셨고 이것은 야곱의 사고에 큰 전환을 가져왔을 것이다. 하나님의 질문은 야곱이 자신의 불안한 감정을 인식하고 지적으로 조절하도록 촉진시켰으며(권석만, 2017: 421), 간접적

인 질문들은 직접적인 질문이 지적체계를 자극하도록 돕는 역할을
했다.

직접 명령하신 하나님과 순종하는 야곱(창세기 35장)

세 번째로 세겜 족속들을 다 죽인 것 때문에 보복당할까 두려운
야곱을 하나님은 찾아오셔서 이전과는 전혀 다른 방법으로 말씀하
신다. 이전의 두 사건에서 하나님은 야곱에게 어떤 요구도 하지 않
았는데, 이번엔 그의 행동을 요구하신다. 보웬 이론의 치료 기법 중
"행동 변화를 위한 구체적인 지시와 코칭"(권석만, 2017: 422)이 있
는데, 하나님은 '벧엘로 올라가라'는 구체적인 지시를 하셨다. 야곱
은 당장 도망을 가야 하는데 하나님은 하나님과의 약속을 지키라
고 하셨다. 이제 야곱은 그의 지적체계를 사용하여 목표 지향적인
행동을 할 때인 것이다.

창세기 34장은 아버지 야곱의 격분에 대한 아들들의 "그럼 우리
누이를 창녀 다루듯이 하는데 그냥 있으란 말입니까?"라는 반문으
로 끝이 난다. 이 질문에 대한 답은 당연히 '아니다'인데, 야곱은 아
무 대답도 하지 않는다. 그리고 35장에 넘어가면 하나님이 등장한
다. 아마도 야곱은 아들들의 답변을 듣고 아무것도 하지 않고 두려
움에 싸여 침묵했던 자신이 생각났을 것이다. '아버지의 딸'이 아닌
'우리의 누이'라는 표현을 통해 아들들은 아버지의 침묵과 회피를
책망하고 있다. 딸이 창녀 취급을 당하는데도 아버지인 자신은 아
무것도 하지 않았던 것이 창피하지 않았을까. 그래서 그는 아무런
말도 할 수 없었을 것이다. 아들들의 질문은 세겜이 디나에게 저지
른 강간에 대한 정죄뿐 아니라, 야곱이 그에 대해 침묵하고 결혼에

물들을 받으려 한 것을 책망하는 질문이었을 것이다(목회와 신학 편집팀, 2008: 378). 세겜의 아버지 하몰은 이 일을 해결하려고 야곱을 찾아와서는 어떤 사과도 없이 결혼을 하면 서로에게 큰 이익이 될 것이고 물질적인 보상을 하겠다고 말했으며 야곱은 아무 대답도 하지 않았으니 아들들의 책망은 비수처럼 그의 마음에 꽂혔을 것이다(창세기 34:8-12). 야곱이 자신의 행동을 돌아보고 반성하는 순간, 창세기 35장이 열린다.

그리고 하나님이 등장하셔서 직접 명령하신다. 그래서 야곱은 주저 없이 순종할 수 있었던 것으로 보인다. 아니, 그는 주저했을지 모른다. 그 안에서 스멀스멀 몰려오는 두려움과 불안에 그는 어찌할 바를 몰랐을지도 모르겠다. 그가 여태 겪은 위기의 순간들이 창세기 34장에서 다시 찾아온 것이다. 그러니 야곱이라면 도망가야 한다. 그런데 하나님의 명령은 엉뚱한 것이다. 안전하게 도망갈 계획을 알려 주시거나 전처럼 찾아와 축복을 약속하시는 것이 아니다. 벧엘로 올라가 하나님과 약속한 것을 지키라는 명령은 그가 원하는 안전과 거리가 멀기에 야곱은 당황했을 것이다.

그런데 이전에 하나님과의 만남으로 그의 지적체계가 자극되었기에 야곱은 벧엘에서 한 약속을 떠올릴 수 있었다. 왜냐면 그는 에서와 헤어진 후 바로 벧엘로 올라가 하나님께 한 약속을 지키지 않고 세겜 땅에 머물렀기 때문이다. 그리고 거기서 딸 디나 사건이 발생했다. 자신이 벧엘로 올라가지 않고 세겜 땅에 머물렀기에 딸 디나 사건이 발생했음을 깨달았을 것이다. 그는 이 모든 일이 자신의 잘못된 선택 때문임을 알았기에 벧엘로 올라가는 결단을 할 수 있었다. 그의 순종이 수동적이며 소극적이지 않다는 것을 우리는 성경을 통해 알 수 있다. 올라가서 제단을 쌓으라는 명령이 떨어지자, 야곱은 적극적으로 행동했다. 이 순간에도 야곱은 불안하고 두려웠을 것이다. 만약 야곱이 불안하고 두렵지 않았다면 하나님이 그 문제를 해결하셨다고 성경에 기록되지 않았을 것이다. 야곱은 불안했음에도 불구하고 불안을 안은 채 순종했다. 불안해서 늘 도망가던 야곱이 그것을 견디며 도망가는 행동을 멈추고 벧엘로 올라가는 적극적인 순종의 행위를 했다. 야곱은 불안이라는 정서적 압력에도 불구하고 목표 지향적인 행동을 할 수 있는 상태가 되었기에 하나님은 그에게 명령하셨다.

이를 통해 하나님은 야곱의 수준에 맞게 개입하셨다는 것을 알 수 있다. 처음에는, 두려움과 불안에 떨고 있는 야곱을 찾아오셔서 하나님이 어떤 분인지 얘기하셨고 안전에 대한 약속, 축복에 대한 약속을 주셔서 그의 지적체계가 자극되었을 것이다. 두려움에 쌓인 야곱의 마음에 희망이라는 빛이 들어왔다. 그래서 야곱은 아침 일찍 일어나 돌기둥을 세우고 벧엘이라 이름하며 서원을 한다. 두 번째는, 경쟁과 속임수로 점철된 야곱의 삼각관계를 보여 주시며 탈삼각화를 시작하였다. 씨름 시합을 통해 야곱은 자신이 살아온 인생을 돌아보며 자신의 삶과 마주하게 되었다. 무엇을 위해 어떤 방식으로 살았는지를 깨닫고 생각할 때 야곱은 새로운 삶에 대한 안내를 받았다. 돈과 사람을 움켜쥐며 사는 인생이 아니라 하나님이 통치하시는 인생으로 초대받았다. 세 번째는, 본격적인 목표 지향적인 행동을 할 수 있게 그를 도전하셨다. 야곱이 벧엘로 올라가는 결정을 할 때 야곱 안에는 여전한 불안과 두려움이 있었을 것이다. 야곱은 불안을 품고 지적체계에 따른 순종의 행위를 했다. 그렇게 하자, 하나님께서 그 주변 사람들을 두렵게 하셔서 아무도 야곱의 가족을 추격하는 자가 없게 하셨다(창세기 35:5). 지적체계를 사용해 믿음에 따른 목표 지향적인 행동을 했을 때, 야곱을 흔들던 불안의 문제를 하나님이 해결하셨다. 보웬이 목표 지향적인 행동을 이끄는 지적체계를 중요한 치료적 요소로 보았다면, 기독교적 관점에서 우리의 지적체계를 변화시키는 치료적 동인은 바로 하나님이라는 것을 야곱을 통해 알 수 있다.

야곱의 심리적 여정을 마무리하며

야곱은 자신이 매우 거칠고 험한 인생을 살았다고 자신의 인생을 회고했다. 그의 고백은 자신의 인생이 다사다난했다는 의미만은 아닐 것이다. 주름지고 검버섯 난 얼굴에 담긴 험난한 세월을 가족체계이론가인 보웬의 렌즈로 들여다보았다. 주름지고 노쇠한 노인이 희미한 미소를 지으며 애굽왕 앞에서 "내가 조상들에 비해 많이 살지는 않았지만 험난한 삶을 살았습니다."라고 말하는 장면이 떠오른다. 130세의 야곱이 말하는 험한 인생을 들여다보니, 돈과 사람에 눈이 멀어 죽을 뻔한 인생이었다. 야곱의 이야기를 들으려고 귀를 기울이면, "장자가 아니어서 돈도 없고…… 사람들이 거들떠도 안 봐요. …… 장자가 아닌 나는…… 아무것도 아니에요."라고 말하는 그의 소리가 들릴 것이다.

쌍둥이 중 먼저 태어난 형 에서는 장자로 아버지 유산의 반 이상을 받을 자격이 될 뿐 아니라 하나님의 언약의 계승자다. 야곱보다 먼저 태어났다는 이유로 에서는 아버지 이삭의 편애를 받았으며 아버지 이삭은 둘째인 야곱에게는 무관심했다. 아버지의 인정과 사랑을 받지 못했다고 생각한 야곱은 늘 형이 되고 싶었을 것이다. 자신이 아닌 형 에서가 되어야 아버지로부터 인정받고, 사회적으로도 인정받는 삶을 살 수 있다고 그는 생각했을 것이다. 인정받지 못할까 봐 불안하고 두려운 야곱은 불안에 쫓겨 속이고 경쟁하고 회피하는 삶을 살았다. 장자권만 빼앗고 축복만 받아 내면 야곱은 인정받는 삶을 살 수 있다고 생각했는데, 형 에서의 분노를 사게 되어 쫓겨 도망간다. 불안에 쫓겨 도망가고 회피하는 그의 삶은 그 후에도 계속된다. 이런 야곱의 삶은 장자권으로 인한 가족 내 불안 때문에 감정반사행동을 하고 낮은 자기분화를 지닌 가짜자기의 삶인 것이다. 야곱의 낮은 자기분화수준은 불안으로 인한 어머니 리브가와의 융해된 삶과 자녀들에 대한 편애, 삼각관계 형성 그리고 회피하며 속이는 것으로 일관된 감정반사행동으로 나타났다.

  그런데 하나님은 이런 야곱의 삶 사이사이에 끼어드셨다. 이 장에서는 크게 세 가지 사건으로 나눠 하나님의 개입과 그로 인해 야곱의 자기분화가 어떻게 달라졌는지를 살펴보았다. 하나님은 두려운 그에게 실낱같은 기대감을 심어 주시고 적어도 불안을 마주할 힘을 주셨다. 다 가진 것 같고 이제 된 것 같은 그 순간 야곱은 도망자가 되었고 그때 하나님은 그를 찾아오셨다. 그리고 에서를 만날 두려움에 싸여 있을 때 하나님은 다시 그를 찾아오셨다. 많은 재산과 가족들을 거느리고 거부가 되어 돌아가는 길, 다 된 것처럼 느껴진 순간 형 에서의 위협은 다시 그를 극도의 불안에 휩싸이게 했다.

돈으로 관계를 회복하려는 그 모든 시도가 물거품이 된 바로 그때 하나님은 씨름이라는 매개체를 도구로 경쟁하고 속이며 산 인생, 삼각관계로 얽힌 그의 인생을 보여 주시며 탈삼각화를 시작하셨다. 삼각관계를 지탱하던 경쟁과 속임수를 무력화시키셨고 질문을 통해 가짜자기로 산 인생을 인식하게 하셨다. 그가 축복을 받아내려 아버지를 속였을 때, "네 이름이 무엇이냐?"라는 질문을 아버지로부터 받았다. 형이 되어야만 성공하고 인정받는다고 느낀 그는 "맏아들 에서입니다."라고 대답했다. 얍복강가에서 찾아오신 하나님은 다시 야곱에게 "네 이름이 무엇이냐?"라고 물으셨다. 둘째 야곱으로 살고 싶지 않았던 삶, 속이고 빼앗는 삶인 '야곱'의 삶을 자신의 이름을 말함으로써 고백할 수밖에 없었다. 그러자 하나님은 '이스라엘'이라는 이름을 주셔서 하나님의 통치권을 인정하는 삶으로 초대하셨다. 아버지 이삭에게 인정받지 못한 그를 하나님이 인정해 주셨다. 돈과 사람을 소유해야 이기는 삶이 아닌 하나님이 다스리는 삶이 이기는 삶이라고 하나님은 그에게 도전하셨다. 하나님은 그것이 바로 진짜자기로 사는 삶이라는 것을 깨닫게 하셨다. 두 번째 만남에서의 상호작용은 불안에 의해 반응하던 야곱이 생각하고 반응하도록 그의 지적체계를 자극하고 촉진시키셨다. 또한 소유와 얽힌 삼각관계를 전환시키시며 탈삼각화를 주도하셨다.

야곱은 딸 디나 사건을 겪으며 소유에 대한 융해를 내려놓게 되고 하나님과의 세 번째 만남이 세겜에서 일어났다. 두 번째 만남을 통해 그의 삶에 대해 인식하게 하고 질문을 통해 그의 지적체계를 활성화시키고 탈삼각화를 주도하신 하나님은 이제 변화를 위한 행동을 지시하신다. 두 번째 만남에서 한껏 자극된 그의 지적체계에 따라 야곱은 하나님의 명령에 적극적으로 반응할 뿐 아니라 감정 반사행동이 아닌 목표 지향적인 행동을 한다. 위기의 순간에 도망가느라 바빴던 야곱이 불안을 견디며 하나님의 명령에 순종한다. 위기의 순간에 회피적 태도를 취했던 아버지 야곱이 이제 위기를 직면하며 자녀들을 이끌고 책임지는 태도를 취했다. 이것은 야곱의 분화수준이 이전에 비해 높아졌다는 것을 보여 준다.

야곱의 분화수준이 향상된 것을 한마디로 말하면 '야곱'이 '이스라엘'로 되어 가는 과정이다. 하나님은 야곱의 분화수준 향상을 위해 야곱의 단계에 맞게 개입하셔서 바꿔 가셨다. 첫 단계에서는 두려움에 실낱같은 희망을 심어 주었고, 두 번째 단계에서는 질문과 직면을 통해 탈삼각화를 시도하셨고, 세 번째 단계에서는 불안 가운데서도 목표 지향적인 행동을 하도록 변화를 위한 지시를 하셨다. 이런 하나님의 개입은 상담현장에서 "○○가 아니고 돈도 없고…… 사람들이 거들떠도 안 봐요. …… ○○가 아닌 나는…… 아무것도 아니에요."라고 호소하는 또 다른 '야곱'을 만나는 상담자에게 통찰력을 준다. 야곱의 분화과정을 통해 상담자는 내담자의 문제, 융해된 주제들을 파악하고 내담자의 분화수준을 이해하고 그 수준에 맞게 개입하는 것이 필요하다는 것을 알 수 있다.

어떤 사람의 일생을 쓴 글이 전기문이다. 전기문에는 다양한 종류가 있다. 자신이 스스로 쓴 자서전도 있고 중요한 일들 위주로 쓴 회고록도 있으며 평전도 있다. 저자가 어디에 초점을 두고 쓰느냐에 따라 독자는 다르게 이해하고 평가한다. 이 글은 야곱의 일생을 심리내적으로 보기 위해 보웬 이론을 차용했다. 보웬 이론으로 본 야곱의 일생은 분화과정의 향상으로 볼 수 있으며 '야곱'이 '이스라엘'이 되어 가는 과정이었다. 이 과정을 한 발 한 발 따라가면서 필자는 야곱의 인생 여정, 심리적인 여정에서 하나님이 함께 보조를 맞추어 따라가며 야곱의 변화를 주도하셨다는 것을 볼 수 있었다. 야곱의 심리적인 여정을 함께하면서 그와 함께하신 하나님이 필자의 심리적인 여정에도 함께하실 것을 기대하며 글 문을 닫는다.

 참고문헌

강병도(1989). 호크마 종합주석1 창세기. 서울: 기독지혜사.

권석만(2017). 현대 심리치료와 상담 이론. 서울: 학지사.

김용태(2011). 가족치료 이론. 서울: 학지사.

김용태(2017). 슈퍼비전을 위한 상담사례보고서. 서울: 학지사.

김태형(2017). 보웬의 가족치료에 근거한 자아분화의 시도를 통한 불안극복에 대한 목회상담적연구. 목회와 상담, 28, 67-94.

목회와 신학 편집팀(2008). 창세기 어떻게 설교할 것인가(두란노 HOW 주석). 서울: 두란노 아카데미.

대한성서공회(2001). 성경전서 새번역. 서울: 대한성서공회.

변재봉, 이관직(2016) 야곱 가족의 역기능성과 그 치유 과정에 대한 목회상담학적 이해: Bowen의 가족치료 이론을 중심으로. 성경과 신학, 79, 91-132.

이동순(2004). 구약시대 족장들의 가계도 분석을 통한 목회상담 연구: 보웬의 이론을 중심으로. 한신대학교 신학전문대학원 박사학위논문.

이수미, 김용태(2014). 야곱의 심리적 변화과정에 대한 연구: Bowen 이론을 중심으로. 한국기독교상담학회지, 25, 187-217.

조난숙, 송조흠, 한영혜, 최은영(2010). 창세기 가족의 보웬 가족상담적 분석 및 성경적 함의. 한국기독교 상담학회지, 20, 299-326.

하용조(2014). 다시는 야곱이라 부르지 말라. 서울: 두란노.

Dyer, C. H., Merrill, E. H. (2003). **구약탐험**[*The Old Testament explore*]. (마영례 역). 서울: 도서출판 디모데. (원전은 2001년에 출판).

Kerr, M. E., & Bowen, M. (2005). **보웬의 가족치료 이론**[*Family Evaluation*] (남순현, 전영주, 황영훈 공역). 서울: 학지사. (원전은 1988년에 출판).

Peterson, E. H. (2016). **메시지**[*THE MESSAGE*]. (김순현, 윤종석, 이종태, 홍종락 공역). 서울: 복있는 사람. (원전은 2002년에 출판).

Ross, A. P.(2001). **BKC 강해주석 시리즈 1 창세기**[*The Bible Knowledge Commentary*]. (강성렬 역). 서울: 두란노. (원전은 1983년에 출판).

Walton, J. H., Matthews, V. H. (2000). **IVP 성경배경주석: 창세기—신명기** [*The IVP Bible Background Commentary, Genesis–Deuteronomy*]. (정옥배 역). 서울: IVP. (원전은 1997년에 출판).

불안 속에서 고난을 극복해 낸 요셉[1]

"하나님은 왜 나에게 이런 고난을 주셨을까요?
제가 형들한테 뭘 잘못 한 거죠?"

꿈의 사람으로 불리는 요셉은 이해하기 어려운 고난 속에서도 하나님께서 보여 주신 꿈을 가지고 믿음으로 역경과 시련을 이겨 낸 사람이다. 그리고 결국에는 사회적으로 성공할 뿐만 아니라 자신을 죽이려 했던 가족들을 용서하는 기독교인의 모범적인 인물처럼 인식되어 왔다. 그러나 과연 그의 고난이 아무 이유 없이 당한 고난이었을까? 사실 요셉의 고난이 무고하게 당한 고난으로만 보기에는 총애받는 아들로서 요셉이 가지고 있는 성격의 영향을 간과할 수 없을 것이다.

우리가 아는 꿈꾸는 자 요셉은 많은 신학적 해석을 통해 선하고

---

1) 이 장은 안윤경, 오지희, 김용태(2016)의 '총아로서의 요셉의 심리구조 연구'를 참고하여 서술하였다.

경건한 인물로 알려져 왔다. 하나님께서 주신 꿈을 붙잡고 고난을 이겨 낸, 궁극적으로는 하나님의 뜻에 순종하여 다른 사람들을 구원하는 의지의 인물이자 그리스도를 예표하는 성경 인물로 시사되어 왔다(안윤경 외, 2016). 그러나 요셉의 자기중심적인 태도 때문에 고난이 그에게 일부 책임이 있는 것으로 보는 견해들도 있다. 자신이 꾼 꿈이 어떤 반응을 불러올지 알면서도 서슴없이 꿈이야기를 하는 모습에서 요셉은 부모님과 형들에게 자신의 특별함을 은연중에 드러내고자 하는 모습을 보여 주기도 한다. 요셉의 이런 자만하는 태도는 아버지 야곱에게 형들의 행동을 고자질하는 모습에도 드러나 있다. 요셉의 성품이 경건하고 강직하여 아버지에게 형들의 과실을 고했다고 볼 수도 있겠지만, 사실을 말했다고 해도 요셉의 태도는 형들의 마음을 화나게 하였고, 형들과의 갈등과 미움의 골은 더 깊어지게 되었다. 이러한 요셉의 성격과 태도가 그의 고난의 시발점이 되었다고 보기도 한다.

이와 같은 요셉의 태도를 심리적으로 좀 더 이해해 볼 필요가 있다. 요셉이 성장한 가족 배경을 통해 생각해 볼 수 있을 것이다. 요셉은 역기능적 가족 구조 속에서 자랐다. 요셉의 아버지인 야곱의 편애는 요셉과 형제간의 갈등을 야기했고, 요셉은 이런 갈등으로 가족 안에서 상당한 불안 속에 살았을 것이다. 자신을 특별하다고 생각하는 요셉에게 야곱의 총애는 그의 내면을 과대하게 만들어 적절한 좌절을 겪지 못한 자기애적 성향으로 성장하도록 만들었고, 심리적으로 취약한 모습을 갖게 하였다. 이러한 요셉의 연약함은 결국 형제들과의 큰 갈등을 불러일으키는 요인이 되었으며, 요셉과 형제들 사이에 긴장감과 반발을 형성하는 원인이 되었다.

결국 요셉의 경솔하고 자기애적인 태도는 형들에게 질시와 증오를 가져와 살인을 계획하기에 이르는 결과를 가져오게 하였다(안윤경 외, 2016).

보웬 이론에 따르면 형제들과의 연합에는 관심이 없고 자신의 꿈에만 집중한 채 형들에게 경솔한 태도를 보이며 자만하고 있는 요셉은 상당히 미분화된 모습이다. 이렇게 미분화된 모습을 보여 주던 요셉이 변하였다. 하나님이 주신 꿈을 가지고 온갖 고난과 역경을 이겨 내고 자신을 죽이려 했던 가족들까지 용서하는 모습을 보이며 성숙한 믿음의 사람이 된 것이다. 그 사이에 그에게 어떤 일이 있었던 것일까? 그를 변화시킨 요인은 무엇이었을까? 아버지의 사랑에 취해 있던 요셉은 다른 형제들의 질투와 그로 인한 갈등으로 생겨난 불안마저도 외면한 채 다른 형제들은 안중에도 없이 행동했다. 자기 자신밖에 볼 수 없었던 그가 어떤 과정을 거쳐 이런 변화를 보이게 된 것인지 그 과정에 대해 상당한 궁금증이 생겨난다. 성경에는 여러 가족이 등장한다. 그중에 요셉의 복잡한 가족 안에 있는 불안과 편애와 같은 역기능적인 모습은 현재 우리 시대에 보이는 가족의 모습과도 크게 다를 바 없다. 그래서 요셉과 요셉의 가족의 이야기는 남의 이야기처럼 들리지 않는다. 지금도 어디에 살고 있을 것 같은 그들을 분석해 봄으로써 우리에게 주는 교훈을 탐색해 보고자 한다.

요셉의 역기능 가정과 미분화된 특징

요셉의 역기능적 가정 배경

요셉의 가정은 창세기 37장을 통해 그 관계를 살펴볼 수 있다. 야곱인 아버지를 두고 4명의 어머니와 10명의 이복형제로 구성되어 있는 요셉의 가족은 그 인원수만 보더라도 얼마나 복잡한 갈등 구조가 형성되어 있을 지 짐작해 볼 수 있다. 요셉은 야곱의 11번째 아들로 태어났으며 친어머니는 그가 어렸을 때 세상을 떠났다. 야곱이 사랑했던 아내 라헬의 아들인 요셉은 아버지 야곱에게 특별한 사랑을 받으며 자랐다. 사랑하던 아내 라헬이 세상을 떠난 후 요셉을 향한 야곱의 사랑은 어머니를 잃은 요셉에 대한 안타까움이 더해져 심각한 편애로 이어졌다. 사실 야곱도 편애의 희생자였다! 형에서를 사랑하는 아버지 이삭과 자신을 사랑하는 어머니 리브가 사이에서 장자권 쟁탈 사건 때문에 부모를 떠날 수밖에 없었던 과거를 가지고 있었다. 이러한 편애는 요셉과 야곱 이전 아브라함의 아들인 이삭에서부터 이어져 내려온 것이다. 야곱의 가계에 내려오는 이 편애의 주제는 가족의 대를 이어 전달되는 다세대 전수과정(multigenerational transmission process)이라고 볼 수 있다.

요셉이 십칠세의 소년으로서 그의 형들과 양을 칠 때에 그의 아버지의 아내들 빌하와 실바의 아들들과 더불어 함께 있었더니 그가 그들의 잘못을 아버지께 말하더라. 요셉은 노년에 얻은 아

들이므로 이스라엘이 여러 아들보다 그를 더 사랑하므로 채색옷
을 지었더니 그의 형들이 아버지가 형들보다 그를 더 사랑함을
보고 그를 미워하여 그에게 편안하게 말할 수 없었더라. 요셉이
꿈을 꾸고 자기 형들에게 말하매 그들이 그를 더욱 미워하였더라
(창세기 37:2-5).

요셉의 채색옷만 해도 그렇다. "요셉은 노년에 얻은 아들이므로
이스라엘이 여러 아들보다 그를 깊이 사랑하므로 채색옷을 지었더
니"(창세기 37:3) 보통의 채색 옷이란 단순히 다양한 색깔의 옷이나
예쁘게 장식된 옷으로 볼 수 있으나, 그 당시 요셉이 입었던 채색옷
은 왕족이나 귀족의 자녀들이 입는 옷으로 소매와 발목을 덮을 수
있게 길게 내려오는 옷을 말한다. 다시 말하면, 이런 옷을 입고는
일하기 어려운 상황이 된다고 볼 수 있다. 귀한 신분인 것을 드러내
는 의복인 길고 아름다운 채색옷을 입은 요셉에게 아버지 야곱은
형들처럼 일할 필요가 없다는 것을 암시하며 편애의 모습을 드러
내었다(Swindoll, 2000).

야곱의 라헬과 그 아들들에 대한 편애는 이미 성경 여러 곳에서
드러나고 있다. 삼촌 라반의 집에서 고향으로 돌아가는 길에 형 에
서를 만나게 될 것을 두려워한 야곱은 형의 공격에 대비해 가족들
의 위치를 정한다. 야곱은 형 에서가 공격할지도 모른다는 두려움
앞에 자신의 식구와 가솔들을 세우면서 거기서도 자신이 사랑하는
라헬과 요셉을 맨 뒤에 두어 특별히 보호하는 모습을 보였다. 다른
아내와 자식들은 잃을지라도 라헬과 요셉은 끝까지 보호하겠다는
야곱의 한쪽으로 강하게 쏠린 편애의 모습이 드러나는 장면이다

(이동원, 1989).

> 야곱이 눈을 들어보니 에서가 사백 인을 거느리고 오는지라.
> 그 자식들을 나누어 레아와 라헬과 두 여종에게 맡기고 여종과
> 그 자식들은 앞에 두고 레아와 그 자식들은 다음에 두고 라헬과
> 요셉은 뒤에 두고(창세기 33:1-2).

야곱은 성경 곳곳에서 라헬과 요셉을 향한 애정을 노골적으로
드러내며 그들을 편애하는 모습을 보인다.

> 그의 형들이 아버지가 형들보다 그를 더 사랑함을 보고 그를
> 미워하여 그에게 편안하게 말할 수 없었더라(창세기 37:4).

채색옷을 입고 돌아다니는 요셉을 보면서 다른 형제들의 마음은
어떠했을까? 서로에게 적대감이 가득했던 분위기 속에, 요셉의 형
들은 아버지 야곱이 요셉에게만 보이는 편파적인 편애를 지켜보면
서 질투를 넘어선 미움과 분노가 가득했을 것이다. 요셉이 성장하
던 기간 그 집안은 분노와 질투, 속임수로 가득 차 있었다(Swindoll,
2000). 아버지 야곱의 편애만으로도 감당하기 어려웠을 형제들의
질투와 분노 위에, 설상가상으로 눈치 없는 요셉은 꿈꾸는 자로서
자만에 가득 차 자신의 꿈을 형제들에게 뻐기듯 풀어놓는다.

> 요셉이 꿈을 꾸고 자기 형들에게 고하매 그들이 그를 더욱 미
> 워하였더라. 요셉이 그들에게 이르되 청컨대 나의 꾼 꿈을 들으

시오. 우리가 밭에서 곡식을 묶더니 내 단은 일어서고 당신들의
단은 내 단을 둘러서서 절하더이다. 그 형들이 그에게 이르되 네
가 참으로 우리의 왕이 되겠느냐 참으로 우리를 다스리게 되겠
느냐 하고 그 꿈과 그 말을 인하여 그를 더욱 미워하더니(창세기
37:5-8).

요셉의 꿈 이야기는 형제들에게 상처를 더하여 마음을 상하게
하였을 것이며 그로 인해 화약고에서 불장난을 하듯 형제들의 미
움과 분노는 언제든지 터질 상태가 되었을 것이다.

요셉의 미분화된 특징

요셉의 불안과 다세대 전수

요셉의 불안은 아버지의 편애로 인한 형들과의 갈등관계와 큰
관련이 있다(조난숙 외, 2010). 앞에서 이미 언급한 바와 같이 사랑
하는 아내 라헬에게서 얻은 요셉을 지극히 사랑하던 아버지 야곱
은 다른 아들들은 들판으로 보내 일을 하게 하지만 요셉은 채색옷
을 입혀 일과는 거리를 멀게 했다. 거기서 더 나아가 요셉은 분별
력 없이 형들의 질투와 미움에 아랑곳하지 않고 자신의 꿈을 이야
기하는 모습을 보였다. 이것은 지극히 자기중심적 모습이다. 부모
와의 관계 속에서 요셉은 과대자기(grandiose self)가 적절한 좌절을
겪지 못하여 진짜자기가 취약해진 상태로(안윤경 외, 2016), 현실적
인 한계를 받아들이지 못하고 실제적인 자존감을 갖지 못한 모습
을 보이고 있다(최영민, 2011: 88).

형제들과의 갈등관계의 원인은 이미 언급하였듯이 아버지 야곱의 편애에서 비롯된 것이다. 사실은 야곱도 아버지 이삭의 편애의 희생자였다. 형 에서는 아버지 이삭과, 동생 야곱은 엄마인 리브가와 한편에 서서, 서로 편 가르기를 하면서 노골적인 편애의 양상을 보여 줬다. 야곱의 아버지인 이삭도 마찬가지로 약속의 자녀로 태어나 형인 이스마엘과의 사이에서 아버지 아브라함의 특별한 사랑을 받는 대상이었다. 부모의 편애에 의해 감정적으로 밀착된 자녀는 자신의 감정을 독립적으로 조절하는 능력이 떨어져 가족 안에서 친밀감을 형성하기 어려울 뿐만 아니라 건강한 자기(self)를 형성하기 어렵게 된다. 요셉도 아버지 야곱의 편애로 다른 형제들과 친밀함을 형성하지 못했고 그로 인한 갈등 속에 불안을 느끼게 되었을 것이다. 이렇게 가족 내의 역기능적인 감정이 여러 세대에 걸쳐 내려오면서 부모의 정서체계에 관여된 자녀는 부모보다 낮은 분화수준을 갖게 된다(황영훈, 2016). 가족 내에서의 불안수준이 세대를 거치면서 흡수되고 전수되어 대를 이어 전달되는 다세대 전수가 이미 아브라함부터 시작되어 요셉 세대까지 내려온 것을 볼 수 있다.

아버지 야곱의 사랑을 받던 요셉은 어머니 라헬의 죽음 이후 심리적 어려움에 봉착했을 것이다. 아버지의 총애를 받았다 할지라도, 자신을 보호해 줄 어머니의 부재와 배다른 형제들과의 갈등은 요셉에게 심리적으로 불안을 안겨 줬을 것이다. 어머니 없는 어린 동생을 돌봐야 할 책임감과 형제들의 따돌림으로 정서적인 고립과 외로움을 경험했을 가능성이 높다(안윤경 외, 2016). 아버지와 형들 사이의 삼각관계 구조 안에서 요셉은 불안 속에 자신의 자리를 확

보하고자 하는 행동으로 꿈을 해석하면서 자신을 드러내거나, 형
제들의 잘못을 아버지에게 고자질하는 형태로 자신을 나타내려 하
였을 것이다(안윤경 외, 2016).

이렇게 편애의 아이콘인 아버지 야곱 아래서 요셉의 가족은 보
웬이 말하는 불안과 갈등의 감정으로 얽혀 있는 분화되지 않은 자
아덩어리(undifferentiated family ego mass)로 사랑하고 보살펴야 할
가족 사이에 남아 있는 것은 시기, 질투, 분노의 모습이었다. 즉, 감
정체제인 가족은 불안으로 인해 구성원들 서로에게 감정반사행동
(emotional reactivity behavior)을 하면서 역기능적인 모습을 보이고
있는 것이다. 이것이 요셉 가족의 모습이었다(김용태, 2000).

요셉 가족의 삼각관계

야곱은 원가족에서 부모의 편애를 경험하였다. 그 후 야곱도 역
시 부모들처럼 자녀를 편애하면서 분화되지 못한 모습을 보이게
되는데, 야곱이 요셉을 편애하게 되면서 불안한 야곱의 다른 자녀
들은 '요셉-야곱-나머지 자녀'의 구조로 삼각관계를 맺게 된다.
사실 야곱의 가정은 요셉이 태어나기 이전부터 정서적 삼각관계가
이미 형성되어 있었다(안윤경 외, 2016). 야곱에게는 레아와 라헬의
두 부인과 그들이 데려온 빌하와 실바라는 첩이 있었다. 이들도 야
곱이라는 한 남자를 두고 시기와 질투, 자녀 출산의 이유로 경쟁과
다툼을 벌였고, 이들 사이에는 서로를 견제하는 가운데 긴장과 불
안이 있었다(창세기 29-30). 야곱은 이 중에서 둘째 부인인 라헬을
특별히 사랑하여 편애하였는데, 그로 인해 자매 사이인 레아와 라
헬의 두 아내는 경쟁관계가 되었다(창세기 29:15-30:24). 레아는 첫

째 부인으로서 6명의 아들과 1명의 딸을 야곱에게 낳아 줬음에도 남편의 사랑을 받지 못하였으며, 라헬은 남편 야곱의 특별한 사랑을 받았지만 오랜 시간 동안 자녀를 갖지 못했다. 사랑받지 못한 아내 레아와 사랑은 받았으나 자녀를 낳지 못 하는 아내 라헬 사이에서 두 사람 사이의 시기, 질투, 경쟁 관계 속에 야곱은 불안정한 관계를 맺으면서 또 다른 두 부인과 그의 모든 자녀를 비롯한 가족 모두에게 불안을 가중시켰다(안윤경 외, 2016).

요셉-야곱-나머지 자녀로 형성된 삼각관계는 야곱의 편애로 만들어진 결과였다. 아버지 야곱의 사랑을 받지 못하는 다른 자녀들은 그에 따른 감정반사행동으로 시기와 질투를 보이며 갈등관계를 형성하게 되었고, 이는 야곱과 요셉의 융합관계를 더 공고하게 하였다. 요셉-야곱-나머지 자녀로 형성된 삼각관계는 가족 안에서의 불안을 흡수하면서 한동안 가족관계를 안정되게 유지하도록 만들었지만, 시간이 지나면서 이 삼각관계는 가족의 불안을 더 이상 흡수하지 못하게 되었다. 야곱의 다른 자녀들은 요셉을 미워하여 죽이려 하였으며, 결국 요셉이 애굽으로 팔려 가게 되면서 이 삼각관계는 해체되고 가족 간의 관계는 단절되었다(안윤경 외, 2016).

요셉의 분화과정

이렇게 역기능 가족 안에서 분화수준이 낮았던 요셉이 어떻게 하나님과 함께함으로써 형통한 사람이 되었을까? 그것은 가족을 떠나 요셉이 경험한 고난 속에서 그 해답을 찾을 수 있다. 가족은 자연 상태에서 서로 감정적으로 얽혀 있기 때문에 자신의 독립된 세계를 찾아가기 위해 특별한 노력이 필요하다. 요셉의 가족도 감정적으로 얽혀 있는 모습으로 역기능적이고 미분화적인 모습의 총체였다. 그런 요셉이 분화해 가는 것은 성장하고 발달한다는 의미로서, 가족의 분화되지 않은 자아의 감정덩어리로부터 자신을 구별해내는 과정이며, 분화를 통한 성장의 과정이라고 볼 수 있다(김용태, 2000: 330). 성경은 요셉이 가족을 떠나 수많은 사건을 겪어 가면서 고난 가운데 성장과 발달이 일어난 것을 확인해 주고 있다.

고난은 사람을 파괴하기도 하지만 하나님을 더 깊이 만날 수 있는 계기를 만들어 준다. 요셉은 고난을 통해 분화수준이 높아지게 되며, 시련을 통해 하나님과의 관계가 깊어지는 겸손의 모습으로 성숙하게 되었다. 고난은 외적 사건이다. 고난과 같은 외적사건이 나에게 발생했을 때 거기서 발생하는 불안을 어떻게 처리하고 반응하느냐에 따라 그 사람의 분화수준의 높고 낮음이 결정된다. 요셉에게 일어난 고난의 사건들 속에서 그의 분화의 과정을 심층적으로 이해해 보자.

이집트로 팔려간 요셉이 보디발의 집으로

요셉은 마른하늘에 날벼락같이 형들에게 붙잡혀 가 아버지가 입혀 주신 아름다운 채색옷은 벗기운 채 깊고 더러운 구덩이에 쓰레기처럼 던져졌다. 그 구덩이에서 구출되는가 싶었지만 실상은 비정한 노예 상인들에게 팔려 먼 나라로 끌려가게 되었다. 그는 이 먼 나라에서 값싼 상품처럼 경매에 부쳐져 팔려갔다(Swindoll, 2000).

요셉은 채색옷을 입고 아버지의 총애를 받는 아들에서 한순간에 어느 하나 자신의 마음대로 할 수 없는 노예로 전락해 버렸다. 요셉이 직면한 상황은 믿을 수 없는 끔찍한 일로서 상상하기 어려운 엄청난 변화였다. 이런 상황이 닥쳤을 때 요셉은 무슨 생각을 할 수 있었을까?

요셉의 마음속에 고난과 번민이 드디어 시작되었다. 하나님께 선택받은 자로서 모든 것을 누리던 그가 형들의 배신으로 처하게 된 현실은 가혹했다. 던져진 구덩이 속에서 정신을 차리자마자 이집트로 팔려가게 된 요셉은 하나님께서 주신 꿈에서 멀어져 갈 수도 있었다. 요셉은 그런 자신을 그냥 보고만 있을 수밖에 없었을까? 자신의 인생이 완전히 파괴되었다고 생각한 요셉은 충분히 감정반사행동을 할 만했다. 보웬 이론에서 감정반사행동(emotional reactivity behavior)이란 인간이 불안에 의해서 보이는 행동으로, 불안이 높아질수록 감정반사행동은 커지게 된다(김용태, 2000: 351). 요셉에게 가해진 충격이 큰 만큼, 위협을 감지하고 느끼는 불안과 그에 대한 반응은 상당한 크기였을 것이다. 성경에는 언급되어 있지 않지만, 필사적으로 탈출을 시도하려고 했을 수도 있다. 또 누군가를 붙잡고서라도 자신은 '이 나라 사람이 아니라 팔려온 억울한 처지'라고 호소하며 도움을 받고자 발버둥쳤을 수도 있다. 그는 어떻게든 아버지에게 다시 돌아가 이 모든 사실을 낱낱이 고하고 형들에게 복수하고자 하는 마음뿐이지 않았을까?

요셉같이 억울한 일을 당한 사람들은 보통 감정반사행동을 보이며 타인을 비난하고 원망하며 자신이 처한 상태에 대해 쉽게 받아들이지 못하고 괴로워한다. 예상치 못한 고난의 상황에서 요셉에게 감정반사행동은 어쩌면 당연한 일로 보인다. 적절한 좌절을 겪지 못해 과대한 모습으로 살아온 요셉에게 차디찬 구덩이라는 현실은 쉽게 인정하기 어려운 일이었을 것이다.

요셉이 과대자기의 모습을 가지고 있었다는 증거는 '나는 아버지의 총애를 받는 사람이고, 채색옷을 입은 사람이며, 하나님의 특별한 선택을 받은 사람이다'라는 요셉의 고백이다. 그런 요셉이 억울한 일을 당했다. 자신에 대한 특별한 믿음을 가지고 있었던 것만큼 현실에서 경험되는 고난의 강도는 더 컸고, 이것은 요셉의 억울함을 더욱 가중시켰다.

이집트로 팔려 온 요셉은 하나님에게 왜 자신에게 이런 일이 생겼을까 하는 질문을 수도 없이 했을 것이다. '나는 이런 취급을 받을 사람이 아닌데…'라는 생각을 요셉은 지울 수 없었을 것이다. 차가운 구덩이에서 이집트로 팔려 가는 동안 요셉이 할 수 있었던 건 하나님께 부르짖는 것밖에 없었을 것으로 보인다. 받아들일 수도 없고 이해할 수도 없는 상황에 대한 질문들을 하면 할수록 그는 더 이상 자기중심적인 특별 의식을 가진 모습이 아닌 현실을 직시하면서 자신을 돌아보는 질문을 하기 시작했을 것이다. '노예 신분이 된 나는 이제 어떻게 살아가야 할 것인가?' '이집트라는 이 타국에서 어떻게 살아가야 할 것인가?' '하나님이 나와 함께하신다면 나를 도와주실 것인가?' 현실적 난관을 헤쳐 나가려는 이러한 질문들은 보웬 이론으로 말하자면 지적체계에서 나오는 것이다. 삶의 목적성에 대해 고민하면서 자신이 당한 고난 속에서 어떻게 반응하며 살아가야 할지 하나님께 향하는 질문들은 모두 지적체계의 모습으로 볼 수 있다.

내면의 그치지 않는 질문과 씨름하는 가운데 요셉은 이 끔찍한 상황에 적응했을 뿐만 아니라 더 나아가 그 상황에서 형통했다고 성경기자는 말하고 있다. 노예의 신분으로 시위대장 보디발의 집에서 그의 신임을 얻어 총애를 입은 요셉의 형통함은 어디서 왔던 것인가? 성경에서는 하나님이 요셉과 함께함으로써 오는 것임을 명확하게 말하고 있다.

> 여호와께서 요셉과 함께하시므로 그가 형통한 자가 되어 그 주인 애굽 사람의 집에 있으니 그 주인이 여호와께서 그와 함께하심을 보며 또 여호와께서 그의 범사에 형통케 하심을 보았더라. 요셉이 그 주인에게 은혜를 입어 섬기매 그가 요셉으로 가정 총무를 삼고 자기 소유를 다 그 손에 위임하니 그가 요셉에게 자기 집과 그 모든 소유물을 주관하게 한 때부터 여호와께서 요셉을 위하여 그 애굽 사람의 집에 복을 내리시므로 여호와의 복이 그의 집과 밭에 있는 모든 소유에 미친지라(창세기 39:2-5).

성경에서는 하나님께서 함께하시므로 형통한 자가 된 요셉에 대해서 간략하게 언급하고 있지만 예수님이 땀을 피처럼 흘리며 하신 기도만큼이나 요셉도 고통 속에 하나님 앞에 나아가 씨름했을 것이다. 요셉이 시련과 고난 앞에서 하나님과 더 깊은 관계를 맺고 겸손의 모습으로 성숙해 갔다는 것은 그가 고난의 과정을 통과하면서 보여 준 모습이다. 이 과정을 통해 그의 내면은 성숙해 갔을 뿐만 아니라 하나님과 더 깊은 관계를 경험하는, 단순한 피상적인 관계를 넘어서 하나님이 그를 아셨을 뿐만 아니라 요셉도 하나님을 경

험하여 알게 된 상태가 되었을 것이다.[2]

　고난 가운데 자신의 지적체계를 사용하여 하나님과 형통한 관계를 이어 나가는 요셉은 보웬 이론으로 보면 자신의 분화수준을 높혀 가고 있는 모습이다. 사실 요셉의 목적 지향적인 성향, 특히 하나님이 주신 꿈에 대한 믿음으로 흔들리지 않는 모습만 놓고 본다면 그를 기본분화수준이 높은 사람으로 이해할 수 있는 것이 아닌가 하는 의문이 든다. 하지만 요셉을 기본분화수준이 높은 사람으로 보기에는 그의 어린 시절, 고난을 겪기 전의 모습은 자기중심성이 강한 이기적인 모습으로 기본분화수준이 높은 성숙한 사람으로 이해하기에는 어려움이 있다. 기본분화란 어린 시절에 형성된 자아를 통해서 이루어진 흔들리지 않는 자기로서 한번 일정한 수준으로 분화가 이루어지면 자아의 특성은 쉽게 변화하지 않으며, 자신이 세운 목표에 따라 꾸준하게 행동하고 시간이 오래 걸리더라도 목표를 달성하기 위해 노력하는 모습으로 나타난다(김용태, 2000: 332). 요셉은 원래 믿음이 강해 극심한 고난 속에서도 흔들림 없이 하나님의 선택받은 자로서 역경을 이겨 내고 성숙해 갔다고 생각하면서 우리의 현실과는 조금 동떨어져 이해하기보다는, 그가 고난 가운데서도 한없이 흔들리고 고뇌하는 마음을 하나님 앞에 가져가 씨름하면서 하나님과 형통한 관계가 된 것이라고 보는 것

---

2) 성경에 하나님을 경험하여 안다는 '야다(knowing)'라는 용어가 있다. '나는 인애를 원하고 제사를 원치 아니하며 번제보다 하나님을 아는 지식을 원하노라(호세아 6:6. cf. 4:1).' 하나님과 관계에서는 야다가 '하나님을 안다'는 동사와 함께 명사인 '다하트(knowledge)'가 '하나님을 아는 지식(다아트 엘로힘)'으로 표현되는데, 아는 것이란 단순한 정보를 소유하는 차원에서의 관념적이며 사변적인 앎이 아닌, 경험적이고 관계적인 의미의 앎이다(김보선, 2010).

이 더 현실성 있는 이해로 보인다. 보웬 이론에서 기본분화수준의 높고 낮음이 성숙한 사람과 연결성이 있느냐의 문제는 또 다른 각도의 이해가 필요한 것으로 보인다.

요셉의 믿음: 개별성과 연합성의 관계[3]

노예로 팔려 가게 된 상황에서 요셉은 그동안 가지고 있었던 하나님이 주신 꿈에 대한 믿음을 어떻게 유지할 수 있었을까? 그는 자신의 운명을 잃어버릴 수밖에 없는 현실에 절망하고 말 것인가, 아니면 자기를 택하신 하나님에 대해 계속 신실함을 유지할 것인가의 기로에 서게 되었을 것이다. 하나님이 자신을 선택하셨다는 것이 무엇을 의미하는 것인지, 요셉의 고민은 고난의 늪에서 더 절박하게 다가왔을 것이다. 그 고민의 종착점은 하나님이 자신을 선택하셨다는 그 꿈에 대한 변함없는 확신이었다. 더 이상 자신이 내려갈 바닥이 없다고 느껴질 만큼 끝이 보이지 않는 고난 앞에서, 이제는 하나님의 은혜로 올라갈 것을 기대할 마음만 남게 된다는 건 역설적이다. 이러한 역설적 상황은 요셉에게 고난의 풀무질로 인해 불순물이 다 빠져나간 순도 높은 믿음만 남도록 해 주었다.

요셉은 어린 시절 꿈을 통해 보여 주셨던 자신을 향한 하나님의 계획과 목적을 전적으로 신뢰하고자 피나는 노력을 하였다. 요셉

---

3) 요셉은 개별성이 높지만 연합성이 낮은 모습을 보여 준다. 여기서의 낮은 연합성은 아버지 야곱과는 융해가 될 정도로 연합성이 강한 모습을 보여 주지만 그 외의 다른 사람들과의 관계, 예를 들면 다른 형제들과의 관계에서는 감정반사행동을 하면서 낮은 연합성을 보여 주는 모습이다.

은 선택받은 자로서 여호와께서 그와 함께하심으로 형통하게 되었다고 성경은 말하고 있는데, 요셉의 분화수준과 상관없이 하나님께서 자신을 선택하셨다는 믿음은 요셉이 어린 시절부터 가지고 있었던 강한 확신이었다. 요셉의 이런 성향은 어린 시절 형제들의 상황을 파악하지 못하는 모습으로 불화를 가져왔던 요소였지만, 고난 앞에서는 자신을 지킬 수 있는 힘이였다. 하나님의 약속은 엄청난 고난의 상황을 통해 드디어 요셉에게 구체적으로 드러나기 시작했다.

보웬 이론에서의 개별성(individuality)과 연합성(togetherness)의 관점에서 보면, 요셉은 강한 개별성을 가지고 목적 지향적인 삶을 사는 사람이었다. 요셉의 이러한 성향은 하나님이 자신을 선택하셨고 그 선택과 목적을 이루실 것에 대해 신뢰하면서 감당하기 어려운 유혹과 시련마저도 견뎌 낼 수 있도록 하였다. 요셉은 야곱의 편애를 받으면서 형들의 시기, 질투에도 아랑곳하지 않고 끊임없이 자신의 꿈을 얘기하는 모습의 목적 지향적인 개별성은 강했지만 형들과의 정서적 연합성은 낮은 단절된 모습을 보이고 있는 사람이다 (창세기 39:1-2; 조난숙 외, 2010). 다른 사람들과 함께하려는 연합성의 힘과 자신이 되고자 하는 개별성의 힘은 상호작용을 통해 감정과정을 이룬다(김용태, 2000: 328). 요셉에게 다른 사람들에게 의존하고 연결하면서 민감하게 반응하려는 연합성의 모습은 아버지 야곱과 베냐민 이외의 다른 타인과의 관계에서는 찾아보기 어려웠다. 그러나 자신의 삶의 방향성을 스스로 정하고 그것을 추진하는 힘을 말하는 개별성에 있어서는 다른 누구보다도 뛰어났다.

개별성과 연합성의 관계에서 분화수준이 낮을수록 개별성은 발달하기 어렵고 연합성의 필요를 더 강하게 느껴 분화가 이루어지기 어려운 상태가 된다. 이러한 상황에서는 감정적 반응이 쉽게 일어나며 그 반응은 강렬하고 오래 지속된다. 분화가 일어나지 않은 상태에서 연합성의 필요는 일생을 통해 사랑받기 원하고 타인에게 받아들여지는 느낌을 필요로 하며 그에 더해 타인이 자신을 인도해 주기를 바라는 강한 요구로 나타나게 된다.

요셉이 가지고 있는 불안은 아버지의 편애로 인한 형들과의 감정단절(emotional cut off)로 더욱 심화되었으며, 형들과의 관계는 날이 갈수록 불편하고 긴장되는 갈등관계로 확고해졌다. 후일 요셉은 형들과 재회하기 전까지 오랜 시간 원가족과 감정단절 상태였으며, 총리가 되고 아내와 두 자녀를 얻고 7년의 풍년의 기간이 있었음에도 가족을 찾지 않았다. 형들을 용서하고 자신을 사랑했던 아버지와 동생 베냐민을 만나 가족 안에서의 관계의 연합성을 회복할 수 있는 충분한 시간이 있었음에도 그렇게 하지 않았다. 요셉은 그때까지도 연합성의 모습이 부족한 상태로 있었으며 분화된 사람의 특징인 개별성과 연합성이 균형을 이루는 모습을 보이지 않았다(조난숙 외, 2010). 하나님이 주신 꿈을 붙잡고 고난을 이겨 나갔던 요셉에게 목적 지향적인 개별성의 특징은 높은 기본분화수준의 모습에서 비롯된 것인가라는 질문을 하기 전에 도리어 자기중심적 성향을 강화시키는 요인으로 작용했을 가능성이 높다는 것을 먼저 보게 된다. 결국 요셉의 모습을 통해 개별성만으로는 높은 분화수준을 보여 줄 수 없으며 연합성이 조화를 이루지 못한다면 도리어 이기적인 자기애의 모습을 강화시키게 될 수 있는 것을 볼 수 있다.

보디발의 아내의 유혹 사건-훈련의 과정

성경기자는 요셉의 용모가 준수하고 아담하다고 하였다(창세기 39:6). 요셉의 외모를 표현한 이 단어들은 구약성경에서 단지 4번만 발견되는 것으로 이는 요셉, 사울, 다윗, 압살롬을 묘사할 때 사용되었다(Swindoll, 2000). 요셉은 잘생긴 젊은 청년이었다. 이러한 특징이 있었을 뿐만 아니라 요셉은 보디발의 총애를 받았다. 보디발은 요셉에게 여호와께서 그와 함께하심을 보았고 여호와께서 그의 범사에 형통케 하심을 보았더라고 고백하고 있다.

> 그의 주인이 여호와께서 그와 함께하심을 보며 또 여호와께서 그의 범사에 형통하게 하심을 보았더라. 요셉이 그의 주인에게 은혜를 입어 섬기매 그가 요셉을 가정 총무로 삼고 자기의 소유를 다 그의 손에 위탁하니…… 주인이 그의 소유를 다 요셉의 손에 위탁하고 자기가 먹는 음식 외에는 간섭하지 아니하였더라. 요셉은 용모가 빼어나고 아름다웠더라(창세기 39:3,6).

보디발은 요셉의 일과 삶을 통해 드러나는 하나님의 손길을 보았다. 요셉은 보디발이 본 것처럼 성실하게 일하며 열심 있는 부지런한 젊은이였다. 그러나 이렇게 하나님이 함께하심으로 형통했던 시간에 유혹은 더 치명적으로 다가왔다. 요셉이 이집트로 팔려 온 후 얼마간의 시간이 흘렀다. 형들에게 배신당해 이집트로 오게 된 요셉의 모습은 아직도 노예의 신분이었지만 하나님이 함께하심으로 형통하게 되었고 하나님의 축복을 누리기 시작하였다. 요셉은

하나님께서 자신과 함께하신다는 확신을 삶의 곳곳에서 확인하기
시작하면서 불안 속에서도 오로지 하나님만을 의지하는 애착관계
를 더 강하게 형성해 갔다.

유혹은 넘어가기 쉬울 그때에 찾아왔지만, 요셉은 그 유혹에 저
항했다. 유혹에 대한 그의 저항은 자신을 향한 하나님의 목적을 전
적으로 신뢰하는 데서 왔으며, 그 목적은 현재 당하고 있는 경험 가
운데 확증되고 있었다. 다시 말하면, 하나님께서 함께하신다는 증
거가 그의 믿음을 강하게 했다. 그는 보디발의 집에서 일하는 가운
데 자신의 형통함이 하나님이 자신과 함께하기 때문인 것을 확신
하였다. 요셉은 하나님께 선택받은 자로서 하나님 앞에 죄를 짓지
않으려 했다(Ross, 2005: 927). 보웬의 이론으로 보자면 요셉은 보디
발의 아내의 유혹 앞에서 한층 높아진 분화수준의 모습을 보이고
있다. 지적체계를 사용하여 강력한 유혹 앞에 저항했으며, 하나님
께 선택받은 자로서 죄 앞에 단호한 모습을 보이고 있다.

감옥에서의 요셉이 이집트의 총리가 되다

하나님 앞에 죄를 짓지 않으려 유혹에 저항했던 결과는 감옥행
이었다. 한마디의 변명도 하지 못한 채 감옥에 던져진 요셉은, 이해
할 수 없는 사건의 결과로 감옥에 갇히게 되었다. 그러나 하나님께
서는 감옥 속에서도 요셉과 함께하셨다.

여호와께서 요셉과 함께하시고 그에게 인자를 더하사 전옥에
게 은혜를 받게 하시매 전옥이 옥중 죄수를 다 요셉의 손에 맡기
므로 그 제반 사무를 요셉이 처리하고 전옥은 그의 손에 맡긴 것

을 무엇이든지 돌아보지 아니하였으니 이는 여호와께서 요섭과
함께하심이라. 여호와께서 그의 범사에 형통케 하셨더라(창세기
39:21-23).

요섭은 시간이 지날수록 하나님과 함께한다는 것이 무엇을 의미
하는지 경험적으로 깨달아 갔다. 최악의 상황에서 하나님이 함께
하심으로 최선의 일들이 일어나고 있는 것을 몸소 체험하였다. 불
안이 최고조에 이른 상황에서 나오게 되는 감정반사행동이 아닌
자신의 지적체계를 사용하여 환경을 효과적으로 통제하고 목표를
향해 움직일 수 있었다(김용태, 2000).

요섭은 자신에게 일어나는 일련의 사건 속에서 하나님이 그와
함께하신다는 것을 감지함과 동시에, 자신의 삶과 고난에 대한 물
음을 하나님께 던지며 하나님의 뜻을 알기 위해 계속 씨름하며 고
뇌하였다. 『감옥으로부터의 사색』이라는 책의 제목처럼 감옥이라
는 장소는 외부와 철저히 차단된 공간으로 자신의 내면과 만날 수
밖에 없는 장소다(신영복, 1998). 감옥은 요섭에게 하나님과 일대일
로 대면하는 장소가 되었다. 시편기자들이 고난 앞에서 자신을 바
라보며 그 고난을 받아들이면서 결국 고난의 주관자인 하나님께
감사하며 신뢰를 보낸 것과 마찬가지로, 요섭도 감옥에서 하나님
뜻 안에 있는 고난을 해석하는 시간을 보냈다(민정렬, 2009). 요섭
은 감옥에서 꿈 해몽자로서 하나님과 함께하면서 결국 애굽의 총
리가 되었다.

형제들과의 화해

가족들을 만나러 갈 만한 상황에서도 가족과 단절된 채 살아가던 요셉에게, 기근은 가족들을 움직여 요셉에게 오도록 만든 사건이 되었다. 하나님은 자기 백성을 위한 자신의 계획을 이루기 위해 삶의 환경을 사용하셨다(Ross, 2005: 972). 온 땅에 기근이 들어 이스라엘에 있는 야곱과 그의 가족들도 흉년의 영향을 피할 수 없었다. 그들은 요셉이 그 곳에 살아 있는지 모르고 애굽으로 향하였다. 노쇠한 아버지와 가족을 위해 식량을 가지고 돌아와야 한다는 마음으로 애굽으로 내려간 것이었다. 요셉은 어떠했을까? 애굽에서 하루하루 살면서 어찌 가족들을 한시라도 잊을 수 있었겠는가. 가족에 대해서는 아무것도 알지 못했지만, 순간순간 생각에 잠길 때면 가족들의 안부가 궁금했을 것이다. 형들은 요셉을 알아보지 못했지만 요셉은 형들을 즉시 알아보았다. 어쩌면 형들이 기근을 만나 이집트로 내려오지 않을까 유심히 살피고 있는 와중에 드디어 그들이 요셉 앞에 서게 된 것일지도 모른다(Swindoll, 2000).

요셉은 형들을 보는 순간 20년 전 하나님께서 보여 주신 꿈이 기억났다. 형들의 볏단이 자신의 볏단에 절하였고, 해와 달과 열한 개의 별이 그에게 절했던 모습이 기억났을 것이다. 하지만 여기에서 자기 자신을 드러내기 전에 요셉은 먼저 확인해야 할 것들이 있었다. 형들의 양심을 깨우기 위해 시험해야 할 것들이 있었다. 요셉의 모든 행동은 형들로 하여금 과거 자신의 악행을 후회하도록 하기 위한 계획에 따른 것이었다(Ross, 2005: 967). 감정적으로 격해졌을 이 시점에 요셉은 감정반사행동을 할 수도 있었지만 목표 행동을 위한 치밀한 계획하에 한치의 흔들림도 없이 형들에게 계획한 일을 수행하는 모습을 보여 준다.

형들은 하나님께서 자신들의 범죄를 다루고자 하심을 직감적으로 느끼기 시작하였다(Ross, 2005: 967). 감옥에서 삼일을 보내면서 그들의 양심은 서서히 깨어나고 있었다.

그들이 서로 말하되 우리가 아우의 일로 인하여 범죄하였도다. 그가 우리에게 애걸할 때에 그 마음의 괴로움을 보고도 듣지 아니하였으므로 이 괴로움이 우리에게 임하도다. 피차간에 통변을 세웠으므로 그들은 요셉이 그 말을 알아들은 줄을 알지 못하였더라(창세기 42:41-22).

형들은 여기서 다른 누구를 비난하지 않고 자신들의 범행, 잘못에 대해 인정하고 있다. 요셉은 그들이 하는 이야기를 모두 다 듣고 있었다. 20여 년 전 자신을 구덩이에 몰아넣었던 완악한 형들의 모습이 아니라 자신의 잘못을 양심적으로 인정하며 그에 대한 죄책감을 가지고 있다는 것을 확인하게 된 것이다. 유다도 그러하였다. 창세기 44장 18-34절에서는 베냐민을 볼모로 삼으려는 두 번째 요셉의 시험에서 과거에 요셉을 잔인하게 죽여 악한 짐승이 잡아먹었다고 말하자고 했던 유다가 베냐민을 위해 간청하며 희생적인 태도를 보이고 있었다(Swindoll, 2000). 요셉은 그들이 변했다는 것을 확인하면서 그동안 참아 왔던 눈물을 더 이상 억누를 수 없었다.

요셉이 형들에게 했던 시험은 그동안 자신이 당했던 고난에 대한 분노의 표출과 함께 형들에 대한 상처가 감정의 카타르시스를 통해 화해와 용서로 표현된 과정이라고 할 수 있다(조난숙 외, 2010

재인용). 먼저 형들을 알아보았음에도 모르는 체하며 엄한 소리로 말한 요셉이었지만(창세기 42:7), 그 후 계속 형들을 시험하면서 세 번 우는 모습을 보인다(창세기 42:22, 43:30, 44:33-34).

> 요셉이 아우를 인하여 마음이 타는 듯하므로 급히 울 곳을 찾아 안방으로 들어가서 울고(창세기 43:30)

어떤 상황에서도 흔들림 없이 강한 마음을 품고 목적 지향적인 삶을 살았던 요셉이 자기 어머니의 아들 동생 베냐민을 보고서는 마음이 무너져 내렸다. 결국 요셉은 형들에 대한 모든 시험을 끝내고 통곡하여 울면서 형들에게 자신을 드러내면서 입 맞추고 안고 울었다(창세기 45:15). 그리고 그는 하나님이 생명을 구원하시고자 자신을 먼저 이집트에 보낸 것이라고 하면서 도리어 자신을 팔았던 형들을 위로하였다(창세기 45:4-7). 요셉은 하나님 안에서 변하였다. 고난이라는 외적 상황하에서 하나님을 더 깊이 알게 되었고, 그것은 그의 지적체계 안으로 들어와 감정체계에 휘둘리며 형들을 비난하거나 괴롭히는 감정반사행동을 하지 않도록 하였다. 요셉은 분화된 모습으로 더욱 성숙한 믿음의 모습을 보여 주고 있다. 그리고 형들과의 화해과정을 통해 연합성과 개별성이 조화를 이룬 분화된 모습으로 형제들을 용서하고 사랑하는 성숙한 믿음의 모습을 보여 주고 있다(조난숙 외, 2010).

요셉의 고난이 우리에게 주는 시사점

사람은 어떠한 대가를 지불하고도 고통을 피하고자 하는 경향이 있다고 하였지만(Clinton & Hawkins, 2011), 인간 역사의 구조 속에서 고난은 인간에게 보편적 경험으로서 기독교인들도 예외일 수 없다. 고난은 요셉의 삶을 지속적으로 위협하면서 그를 파괴하려고 하였지만 위기를 기회로 삼듯, 그는 하나님에 대한 신뢰를 바탕으로 고난을 이겨 나갔다. 요셉에게 벌어진 외적 사건으로서의 고난은 먼저 실존적 고난으로서(민정렬, 2009), 어린 나이에 어머니를 여의고 아버지의 편애하에 형제들과의 불안과 갈등 상황 속에서 겪게 되었던 고난이었다. 보웬 이론으로 다시 말한다면, 다세대로 전수되어 내려오던 편애의 희생양으로 총애를 받던 요셉이 역기능가족 형태 안에서 겪게 된 고통이었다. 아무리 하나님이 주신 큰 꿈을 가진 사람으로 하나님께 선택받은 특별한 인물이더라도 역기능적 가족 안의 영향을 피해 가기는 어려웠음을 볼 수 있다.

하나님께 선택받은 자로서 요셉은 강한 자기중심성을 가진 인물로 자신의 삶의 방향성을 스스로 정하고 이를 추진하는 면에서 뛰어난 모습으로 강한 개별성을 가지고 있었지만 형제들과는 감정적으로 단절된 채 연합성의 모습은 취약한 미분화된 모습을 하고 있었다. 형들의 배신은 트라우마를 일으킬 만큼의 강한 외적 사건이었지만 요셉의 분화를 촉진시킴과 동시에 하나님을 더 깊이 만나고 알아 가는 시작으로서의 출발점이 되었다. 악이 발생하였지만 도리어 선을 이루는 발판으로 요셉의 고난은 시작되었다.

　요셉의 자기분화과정이란 다른 형제들과는 다른 자기 자신은 특별하다는 의식을 가진 과대자기의 모습이 깨어져 나가는 과정이라고 볼 수 있다. 불행과 고난을 이겨 낸 믿음의 아이콘인 요셉도 심리적으로는 자기애가 강한 자기중심적인 사람이었다. 요셉의 미성숙한 모습이 고난이라는 풀무질을 통해 순도 높은 믿음의 사람으로 변하였던 것이다. 아무리 믿음의 사람이라 할지라도 처음부터 그 믿음을 소유하고 태어나는 사람은 없으며, 자신이 깨어져 나가는 과정을 통해 성숙한 믿음의 사람으로 성화되어 가는 것임을 알 수 있다.

　요셉은 아무리 큰 고난의 상황에서도 사람들 앞에서 함부로 감정반사행동을 보이지 않았다. 그런 요셉에게 하나님은 도리어 일대일로 대면할 수 있는 구덩이와 감옥의 환경으로 그를 이끄셨다. 하나님은 요셉과 홀로 만나길 원하셨던 것 같다. 하나님과 홀로 대면하는 그곳은 자신의 억울함을 토로하고 원망도 하는 감정반사행동도 가능한 곳이었고, 앞으로 어떻게 살아가야 할지, 자신의 꿈을 어떻게 지켜가야 하는지 하나님께 질문하는 지적 반응도 가능한 곳이었다. 요셉이 가야 할 장소는 자신을 진정으로 만날 수 있는 진짜자기를 경험할 수 있는 하나님과의 만남이 있는 장소였다. 하나님과 홀로 대면하는 자리에서 오직 하나님에게만 반응하며 씨름하는 요셉의 모습은 결국은 자신의 지적체계를 사용하여 하나님 앞에 자신의 고난과 고민에 대해 질문하는 모습을 보이는 목적 지향적인 행동이었다.

　결국 모든 것을 감내하고 하나님의 도우심을 힘입어 이집트의 총리대신이 된 요셉에게도 숙제는 남아 있었다. 한시도 잊을 수 없었던 아버지 야곱과 형제들과의 문제였다. 요셉에게 남아 있는 숙제는 자기중심적이고 목적 지향적인 성향의 개별성만으로 살아가는 것이 아닌 단절된 가족과의 만남을 통해 연합성의 회복을 이루는 것이었다. 미분화된 자아가 개별성과 연합성이 조화를 이루는 모습으로 분화되어 가는 모습이야말로 하나님이 바라시는 모습이고 성숙한 신앙인으로서의 모습인 것이다. 고난은 요셉을 하나님과의 깊은 연합으로 이끌었으며 역기능 가족으로부터 온 요셉의 근원적 불안을 해결할 수 있도록 하였다. 결국 인간의 불안은 하나님과의 온전한 연합 안에서 오는 안정감으로만 해결될 수 있으며, 그것은 성숙한 믿음을 가진 신앙인의 모습으로 드러나게 되는 것을 알 수 있다. 하나님께서는 하나님을 사랑하고 뜻대로 부르심을 입은 요셉과 그의 가족에게 모든 것이 합력하여 선을 이루도록 이끄셨다.

 참고문헌

김보선(2010), 기독교적 인식론에 근거한 이야기 기독교교육과정 연구. 장로회신학대학교대학원(기독교교육학과 기독교교육) 석사학위논문.

김용태(2000). 가족치료. 서울: 학지사.

민정렬(2009). 요셉의 고난과 개성화 과정: 창세기 37-50장을 중심으로. 협성대학교 대학원 석사학위논문.

신영복(1998). 감옥으로부터의 사색. 서울: 돌베게.

안윤경, 오지희, 김용태(2016). 총아로서의 요셉의 심리구조 연구. 한국기독교상담학회지, 27(2), 171-193.

이동원(1989). 첫믿음의 계승자들 이삭, 야곱, 요셉. 서울: 나침반.

조난숙, 송조흠, 한영혜, 최은영(2010). 창세기 가족의 보웬 가족적 분석
및 성경적 함의. 한국기독교상담학회지, 20, 299-326.

최영민(2011). 쉽게 쓴 자기 심리학. 서울: 학지사.

황영훈(2016. 4). 보웬가족치료세미나 강의 노트. 서울: 보웬가족치료연구소.

Clinton, T., Hawkins, R. (2011). *The Popular Encyclopedia of Christian
Counseling*. Oregon: Harvest House Publishers.

Ross, A. P. (2005). 창조와 축복[*Creation and Blessing: A Guide to the
Study and Exposition of Genesis*]. (김창동 역). 서울: 디모데. (원전은
1995년에 출판).

Swindoll, C. R.(2000). 요셉: 순전한 믿음으로 꿈을 이룬 사람[*Joseph: A
Man of Integrity and Forgiveness*]. (곽철호 역). 서울: 생명의 말씀사.
(원전은 1995년에 출판).

06

힘을 추구하다 죽은 사울[1]

"사람들에게 인정받지 못할까 봐 두려워요."

이스라엘 최초의 왕 사울은 하나님께 불순종했던 대표적인 성경 인물 중 하나다. 사울이 하나님께 죄를 지었을 때 사무엘로부터 죄에 대한 지적을 받았음에도 불구하고 그는 회개하지 않았다. 또한 자신보다 다윗이 백성들에게 칭송을 받고 인정받자 그를 시기, 질투하여 죽이려고 하였다. 그러나 사울은 하나님께 기름부음을 받은 사람이었고, 하나님의 영이 함께 하였을 때 암몬 전투를 승리로 이끌었던 왕이기도 하다. 그런 그가 불순종한 죄를 짓게 된 요인은 무엇이었을까?

사울이 하나님께 불순종하여 하나님께 버림받게 된 사건, 즉 블

---

1) 이 장은 김영미, 배시은, 김용태(2014)의 '보웬이론으로 본 기름부음 받은 사울에 대한 미분화 연구'를 참고하였으며, 보완·확장하여 서술하였다.

레셋 전쟁 중 일어난 번제 사건에서 사울이 사무엘에게 자신의 행
동에 대해 설명했던 말의 의미는 무엇인가? 어떤 의미를 갖고 있기
에 사울의 답에 대해 사무엘은 사울의 행동이 망령되이 행한 것이
며, 하나님 여호와께서 내리신 명령을 지키지 아니하였다고 말하는
것일까? 하나님께 불순종하도록 만들었던 사울의 행동과 그 마음이
무엇이었기에 하나님은 마음에 맞는 사람을 구하신다는 것일까?

사울의 행동과 마음을 살펴보기 위해 번제 사건을 보자(사무엘상
13). 사울은 블레셋과의 전쟁을 앞두고 사무엘을 기다리고 있었다.
블레셋 사람들은 점점 다가오고 있었고, 이에 백성들은 동요되어
흩어지고 있었다. 사울은 흔들리는 백성들과 함께 불안하였고 그
의 마음도 흔들리게 되었다. 결국 그의 불안은 사울로 하여금 자신
의 신분과 위치를 망각하게 만들고 제사장 직분을 취해 번제를 드
리게 했다. 자기 힘으로 백성을 규합하려 한 것이다. 하나님을 믿
고 그분에게 의지하지 못했고 백성의 눈치를 보며 자신의 힘에 의
지하였다. 그의 마음에 하나님이 계시지 않았다는 의미다. 사람들
이 어려움에 당면했을 때, 마음에 무엇이 있는지 드러난다. 사울은
하나님이 아닌 사람들에게 인정받고 싶은 마음이 있었고, 사람들
의 인정을 받지 못할까 두려운 그의 불안이 있었다. 그에게는 사람
들의 인정을 받고자 하는 힘을 추구하는 마음이 있었다. 이것이 바
로 그가 하나님께 불순종하고 하나님께 버림받게 된 이유다.

사울의 심리내적인 과정을 보웬 이론으로 살펴보자. 사울은 낮
은 기본분화수준을 지녔던 사람이다. 기본분화수준은 어려움을 겪
었을 때 보다 확실히 나타난다. 분화수준이 높은 사람은 어려움에
직면할 수 있는 힘이 있지만, 분화수준이 낮은 사람은 어려움에 직

면할 수 있는 힘이 없다. 그가 블레셋 전쟁에서 번제를 드렸던 행동은 주변 상황과 사람들의 감정에 융해되고 외부 위협으로부터의 불안을 느껴 했던 감정반사행동이다. 베냐민 지파였던 그에게는 다세대 전수된 불안이 있었고, 사회적 감정과정에서 그의 불안은 더욱 강화되었다. 그래서 사울은 백성이 흩어지고 전쟁에서 질 것 같은 어려움에 직면했을 때 하나님을 믿고 기다리며 그 상황을 직면하지 못했다. 그리고 어떻게든 불안한 상황을 모면하고자 자신의 힘으로 해결하려 했고, 자신의 행동에 대해 합리화하였다.

여기에서 다윗과는 다른 모습을 볼 수 있다. 다윗은 어려운 상황 속에서 하나님을 의지하며 그 뜻에 순종하고 기다리는 모습을 보인다. 그리고 자신의 잘못을 지적받았을 때 바로 인정하고 회개한다. 다윗이 사울에 비해 기본분화수준이 높았기 때문이기도 하지만 다윗의 마음에는 하나님이 있었다. 그러나 사울의 마음에는 하나님이 아닌 자신의 의가 있었다. 하나님보다 사람들의 인정을 받고자 했고 그로 인해 자신의 힘을 갖고자 했던 자신의 의가 있었다. 사울이 하나님께 버림받은 것은 그의 기본분화수준이 낮았기 때문이 아니다. 그가 하나님이 아닌 사람을 두려워하였고, 그의 마음이 하나님을 향해 있는 것이 아니라 사람의 인정을 받아 힘을 얻고자 하는 것에 향해 있었기 때문이다. 사울이 만약 사람들에게 인정받지 못할까 두려워하기보다 하나님을 두려워했다면, 사람의 인정이 아닌 하나님을 의지하였다면 그는 불순종하여 버림받는 성경의 대표적 인물이 되지 않았을 것이다. 그가 자신의 부족함 그대로 하나님을 향해 있었다면 자신의 힘이 아닌 하나님의 힘으로 그의 분화수준이 점차로 높아져 사람들에게 흔들리지 않고 기름부음을 받은 왕으로서 목표 지향적인 수행을 해 나갈 수 있었을 것이다.

사울의 이야기는 현대를 살아가는 우리에게 어떤 것을 시사하는가? 경쟁사회를 살아가는 우리의 삶 속에는 불안이 너무도 친근하다. 그러나 그 불안이 어디에서 온 것인지, 어떤 의미인지조차 모를 때가 많다. 그중 많은 부분은 사울처럼 사람들에게 인정받지 못할까 봐 느끼게 되는 불안이다. 직장에서 누군가 자신보다 일에 대해 인정받게 되면 불안함이 느껴지고 시기, 질투의 감정들이 올라온다. 사회생활에서 일에 대한 평가와 인정이 곧 능력이며 힘으로 자신의 존재 가치를 인정받는 것이기 때문이다. 그래서 이 사회를 살아가는 나 자신의 모습에서 사울을 만나게 된다. 사울처럼 사람들에게 인정받는 것으로 자기의 존재 가치를 찾고 자기를 높이고 자신의 힘으로 무언가를 해 보려는 나 자신의 모습을 발견한다. 사울은 단지 이스라엘 역사나 성경이야기 속에만 존재하지 않고 오늘을 살아가는 우리의 삶 속에서 존재한다.

이에 사울을 통해 스스로 자신을 높이고자 힘을 추구하였던 그의 미분화된 행동의 특징들과 다세대 전수된 그의 가족 역사와 배경을 살펴보고, 그가 분화수준을 높이기 위해서 필요했던 부분들이 무엇인지를 살펴보고자 한다. 이를 통해 사람들에게 인정받고자 하는 미분화된 특징을 이해하게 될 것이며, 사울 가족의 모습 속에서 미분화된 가족의 특징들을 더욱 이해할 수 있을 것이다. 그리하여 우리가 가져야 할 자세가 무엇이며, 우리에게 필요한 것이 무엇인지를 알게 될 것이다.

사울의 미분화된 특징

만성불안

성경은 사울이 전쟁 중에 백성과 적에 대한 두려움을 느꼈다고 이야기한다. 사실 두려움과 불안은 다른 정서다. 두려움은 구체적 자극에 대한 일시적 반응으로 위험이 지나간 후에 누그러지는 반면, 불안은 심리적이고 사회적인 상황에 대한 반응으로 불확실성에 대한 반응이다(Greenberg & Paivio, 2017). 그러나 성경에 보고되고 있는 사울의 두려움은 두려움보다는 불안으로 보인다. 얼핏 사울의 두려움은 전쟁이라는 실질적 위협에 대한 생존 지향적인 기능을 수행하도록 하는 두려움으로 보인다. 하지만 백성들, 블레셋 군대, 사무엘과 다윗과의 사회적 상황에서 ~될까 봐 두려워하는 불확실성에 대한 반응인 불안에 가깝다. 만약 사울의 두려움이 실질적인 상황이나 위협에 대한 일시적 반응이었다면 위험한 상황을 피한 이후에 그것이 누그러졌어야 한다. 그러나 그의 두려움은 시간이 지나도 누그러지지 않았고 오히려 더 강한 두려움에 휩싸이는 양상을 보인다. 즉, 그의 두려움은 있을지도 모르는 것에 대한 가상적 위협에 대한 불안인 만성불안이다(Kerr & Bowen, 2005).

사울은 백성과 블레셋 군대, 사무엘을 보고 두려워하였다.

사울이 사무엘에게 이르되 내가 범죄하였나이다. 내가 여호와의 명령과 당신의 말씀을 어긴 것은 내가 백성을 **두려워하여** 그들의 말을 청종하였음이니이다(사무엘상 15:24).

사울과 온 이스라엘이 블레셋 사람의 이 말을 듣고 놀라 크게 두려워하니라(사무엘상 17:11).

사울이 블레셋 사람들의 군대를 보고 **두려워서** 그의 마음이 크게 떨린지라(사무엘상 28:5).

사울이 갑자기 땅에 완전히 엎드려지니 이는 사무엘의 말로 말미암아 심히 **두려워함이요**(사무엘상 28:20a).

특히나 사울은 다윗과의 관계에서 두려움을 느낀다.

여호와께서 사울을 떠나 다윗과 함께 계시므로 사울이 **그를 두려워한지라**(사무엘상 18:12).

사울은 다윗이 크게 지혜롭게 행함을 보고 **그를 두려워하였으나**(사무엘상 18:15).

사울이 **다윗을 더욱더욱 두려워하여** 평생에 다윗의 대적이 되니라(사무엘상 18:29).

사무엘상에서 '두려워하다(to fear, be afraid)'로 표현된 히브리어 원어를 살펴보면, 18장 15절에 표현된 보다 강한 공포심을 뜻하는 구르(גור)를 제외하고는, 야레(ירא)로 표현된다. 야레(ירא)는 일반적으로 신적인 경외를 가리키는 단어다(강병도, 1990). 창세기 22장 12절 "네가 하나님을 경외하는 줄로 아노라"에는 야레를 '경외하다'로 해석하고 있으며, 출애굽기 9장 20절에서는 "여호와의 말씀을 두려워하는 자……"로 하나님을 두려워하는 경외감으로 표현하고 있다. 사울은 신적인 경외함에서 느끼는 두려움의 마음을 사람에게서 느꼈다. 하나님을 두려워하는 것이 아니라 사람을 두려워하였다.

　사울의 미분화 특징 중 가장 큰 특징은 이와 같은 그의 불안이다. 두려움은 상황에 적응적인 것이나 아무 때나 지나치게 활성화되면 점차 부적절하게 불안으로 변질된다. 불안하게 되면 사람들은 일어나지 않은 미래를 부정적으로 예측하고 실패하고 제대로 하지 못할 것에 대해 미리 걱정하면서 무기력한 상태가 된다. 또한 다른 사람들에게 부정적 평가를 받게 될 것을 예측하며 강한 두려움을 갖게 된다(Greenberg & Paivio, 2017). 사울은 사무엘이 도착하기 전 사람들이 흩어지는 모습을 보며 불안에 휩싸이게 된다. 자신이 왕으로서 제대로 수행하지 못할까 봐 두려웠고, 사람들로부터 인정받지 못하고 버림받을지도 모른다는 두려움에 휩싸였다. 그에게는 사람에게 인정받지 못하고 버림받을 것에 대한 불안이 있었다. 이러한 그의 만성불안은 베냐민 지파로서 다세대 전수된 불안과 사회적 감정과정에 따른 불안과 연결되어 있다.

다세대 전수된 불안

　사울은 베냐민 지파로서 다세대 전수된 불안을 지니고 있었다. 사무엘이 사울에게 왕이 될 것을 이야기하자, 사울은 "나는 이스라엘 지파의 가장 작은 지파 베냐민 사람이 아니오며, 나의 가족은 베냐민 지파 모든 가족 중에 가장 미약하지 아니하니이까"(사무엘상 9:21)라고 자신을 이야기한다.

　베냐민 지파는 열두 지파 중 가장 미약한 소수 지파였다. 다른 지

파들과의 전쟁에서 베냐민 지파는 거의 멸절되었던 지파였다(이
관직, 2005). 사사기 19-21장에서 베냐민 지파는 회개하지 않고 열
한 지파와 3차례에 걸친 전쟁에서 패하고 하나님의 버림을 받았던
지파였다(원용국, 1995). 전쟁에서 패한 경험을 지닌 베냐민 지파의
전쟁에 대한 불안과 버림받을지 모른다는 불안이 사울에게 다세대
전수되었다. 그는 직접적으로 전쟁을 경험하지 않았으나 베냐민
지파로서 다세대 전수된 불안을 지니고 있었다. 전쟁에서 패하였
던 베냐민 지파가 가지고 있었던 열등감과 다른 이들에게 버림을
받을지도 모른다는 불안이다.

　사울이 '가장 작은 지파인 베냐민 지파 사람, 그중 가장 미약한
가족의 사람'이라고 자신을 소개한 이야기에 대해 사울이 겸손함
을 지닌 인물이었다고 해석하는 이들도 있으나, 그는 지파들 간의
전쟁에서 망한 가장 미약한 집안에 속한 '작은 자'로서 자신을 소개
하고 있다. 그는 '작은 자'로 열등감을 지니고 있었다. 작은 자의 심
리구조를 가진 자는 언제나 '큰 자'가 되고 싶은 갈망이 있으며(김영
미, 배시은, 김용태, 2014 재인용), 열등감이 있는 사람은 불안과 두려
움, 부적절감, 질투, 화, 수치심 등의 다양한 감정을 지니고, 자신의
존재를 부각할 수 있는 강함을 목말라한다(김용태, 2014). 자신의
약함을 채워 줄 강함을 원하게 되고, 자신의 부족함을 감추어 줄 수
있는 능력에 대한 바람을 갖게 된다는 것이다.

　그러나 아이러니하게도 사울은 외모적으로 이스라엘 자손 중에
서 가장 준수하였고, 큰 키를 지닌 '큰 자'였다. 사무엘상 9장 2절에
"기스에게 아들이 있으니 그의 이름은 사울이요. 준수한 소년이라
이스라엘 자손 중에 그보다 더 준수한 자가 없고 키는 모든 백성보

다 어깨 위만큼 더 컸더라."라고 보고한다. 그의 큰 키와 준수한 외모는 그가 어디를 가더라도 주목을 받았을 것이며, 사람들로부터 인정을 받았을 것이다. 그의 외모는 그의 존재감을 드러내 주었으므로, 사울에게 있어서 자신의 존재감은 겉으로 드러나는 외적인 조건이었을 것이다. 그는 외모적으로 큰 키와 준수한 외모를 지녔으나, 다세대 전수된 불안을 지녔던 자로서, 심리적으로 '작은 자'의 심리구조와 열등감을 지닌 자였다. 또한 자신의 부족함이 드러나게 되면 다른 사람들에게 '버림을 받을지도 모른다'는 불안으로 더욱 자신의 약함을 가리고 '큰 자'가 되고자 하였다. 그리하여 사울은 사무엘이 오기 전에 제사를 드리는 행동을 하며, 자신의 역할이 아닌 제사장의 역할을 수행하는 등, 자기 힘으로 해결하는 모습을 보인다. 이것이 작고 미약한 베냐민 지파로서 다세대 전수된 불안을 갖고 있던 작은 자의 열등감에 따른 사울의 행동이다.

이와 비슷한 예로 미국의 조지아주가 있다. 이 지역은 베냐민 지파와 비슷한 역사적 배경을 가졌다. 미국의 조지아 지역은 남북전쟁에서 남부의 심장으로 불리던 곳이다. 당시 그곳은 남부군의 가장 중요한 물자 보급 기지로 북군과 맞서 싸웠던 곳으로, 전쟁 결과 북군의 승리로 끝났을 때에는 남북전쟁의 상흔이 깊게 새겨진 곳이 되었다. 그 결과, 조지아 지역에는 남북전쟁의 사적지만 해도 400곳이 넘는다. 특히 조지아주의 수도 애틀랜타는 남군이 후퇴하고 북군이 진격할 때 서로 적군에게 쓰일 만한 것들을 모조리 태워 버리는 바람에 잿더미가 되는 아픔을 겪었다(박영서, 2017). 우리가 잘 알고 있는 영화 〈바람과 함께 사라지다〉는 조지아주 애틀랜타를 배경으로 하고 있다. 영화에서 스칼렛 오하라는 베냐민 지파처럼 남북전쟁에서 가장 피해가 컸고 그로 인해 폐허가 되어 가는 곳에서 사울처럼 외적으로 아름다워 사람들에게 주목을 받았으나 결국에는 비극적 결말을 맞는 주인공이다.

영화에서 나오는 그녀의 특성 유형에 대해 사람들의 성격 경향성이나 임상 진단을 위해 사용되는 다면적 인성검사(MMPI)에서는 스칼렛 오하라 V형이라 한다. 이 유형은 특히 여자들에게 많이 나타나는 수동–공격형 V형으로도 불리는데, 그 특징은 표면적으로는 자신감이 있고 사교적으로 보이나 내면에는 분노와 적대감과 강한 애정 욕구가 숨어 있어 남자에게 수동적이고 의존적이며 끊임없이 애정을 요구하고 타인을 조정하려 하지만 결국은 타인을 떠나가게 만드는 유형이다(최정윤, 2010). 이와 같은 특성은 영화 〈바람과 함께 사라지다〉의 여주인공 스칼렛 오하라가 아름다운 외적인 모습을 가지고 있어 도도하고 자신감 있어 보이나 끊임없이 사랑과 애정을 갈구하면서 다른 이를 조정하던 모습과 일치한다. 그래서 이 유형을 스칼렛 오하라 V형으로 부른다. 그녀는 남북전쟁의 상흔이 남은 애틀란타에서 아름다운 미모로 사람들의 주목을 받았으나 내면에는 끊임없이 다른 이의 사랑과 애정을 갈구하면서 사랑받지 못하는 것에 대해 불안해하며 자신을 다른 이와 비교하는 열등감을 지니고 있던 인물이다. 그녀는 전쟁의 상처를 지녔던 베냐민 지파로서 아름다움에 주목받았으나 사람들에게 버림받을 것을 두려워하며 다윗과 비교하며 열등감을 지니고 있던 사울과 매우 닮아 있다.

사회적 감정과정

사울의 불안은 베냐민 지파의 다세대 전수된 불안과 함께 불안했던 사회적 감정과정의 결과다. Papero(2012)는 불안한 사회 분위기 속에서 사회의 투사과정은 강화된다고 말한다. 사울이 왕이 되던 시대는 사회 · 정치적으로 매우 불안했다. 기원전 11세기부터 블레셋은 팔레스타인 해안 지역을 지배하였고 점차로 이스라엘의 정착 지역까지 영역을 확장시켜 갔다(한동구, 2016). 철기의 강력한 군사력을 지녔던 블레셋과 맞서기에는 이스라엘의 유약한 지파 시스템은 매우 불리한 상황이었다. 이에 이스라엘 백성들은 블레셋 침략에 대한 불안을 호소하였고(사무엘상 7:7-8), 그들을 다스리던 사무엘이 늙자 백성들의 불안은 더욱 높아져 왕을 요구하기 시작하였다(사무엘상 8:5-6). 이에 사무엘의 왕정체제에 대한 제도와 경고에도 불구하고 백성들은 거대한 세력으로 확장되어 가는 블레셋의 침략과 주변 국가로부터 자신들을 지켜 줄 왕을 요구하였다.

> 백성이 사무엘의 말 듣기를 거절하여 이르되 아니로소이다. 우리도 우리 왕이 있어야 하리니 우리도 다른 나라들 같이 되어 우리의 왕이 우리를 다스리며 우리 앞에 나가서 우리의 싸움을 싸워야 할 것이니이다 하는지라(사무엘상 9:19-20).

이스라엘 백성들 사이에서 블레셋의 지속적인 군사적 억압과 위협으로 인한 침략에 대한 불안이 가득했고, 백성들의 요구로 사울을 첫 번째 왕으로 세우게 됨으로써 신정체제에 있던 이스라엘은 왕정체제로 바뀌게 되었다. 백성들은 자신들을 위해 싸워 줄 강력한 왕을 기대하였고, 왕이 된 사울은 백성들의 기대를 그대로 수용하여 강력한 왕권을 세워야 하는 압박감을 지니게 되었을 것이다. 김용태(2000)는 많은 사람이 관심을 가지고 있는 역할과 위치는 역할을 가지고 있는 사람의 마음속에 불안을 많이 갖게 한다고 말한다. 이스라엘의 첫 번째 왕으로 강력한 왕을 기대했던 백성들의 기대 속에서 사울은 왕으로서의 역할을 해내야 한다는 부담감을 지녔고, 만약 그가 제대로 수행하지 못한다면 비난받고 버림받아 왕좌를 잃게 될 것이라는 불안을 갖게 되었을 것이다. 그는 블레셋의 잦은 침략과 같은 사회·정치적 불안과 이스라엘 백성의 기대에 충족하지 못하면 버림받게 될지 모른다는 불안을 그대로 지닌 채 왕이 되었다. 사무엘상 14장 47-48절의 "사울이 이스라엘 왕위에 오른 후에 사방에 있는 모든 대적 곧 모압과 암몬 자손과 에돔과 소바의 왕과 블레셋 사람들을 쳤는데 향하는 곳마다 이겼고 용감하게 아말렉 사람들을 치고 이스라엘을 그 약탈하는 자들의 손에서 건졌다."는 구절은 그가 왕으로 있는 동안 전쟁이 계속되었음을 시사한다.

　이와 같은 계속된 전쟁과 블레셋에 의한 군사적 위협의 상황은 사울로 하여금 왕권 유지에 대한 불안을 더욱 가중시켰을 것이다(한동구, 2014). 사회·정치적 불안이 백성들로 하여금 보다 강력한 왕의 역할을 요구하게 되었고, 백성의 기대를 그대로 수용한 사울은 백성들의 기대에 부응하지 못하고 왕의 역할을 수행하지 못하여 사람들에게 인정받지 못할 것에 대한 불안이 더해졌을 것이다. 그래서 사울은 백성들의 기대에 맞추어 사람들의 눈치를 보며 그에 맞게 자신의 역할을 수행하였던 것으로 보인다. 이러한 그의 불안은 자신을 왕으로 선택하고 왕의 역할을 맡긴 이가 하나님이며 이스라엘을 지켜 줄 이가 하나님이라는 사실보다는 당장 눈에 보이는 사람들의 기대와 요구에 맞추는 것이 중요한 것이 되었고, 불안에 따른 감정체계의 삶을 살도록 했다.

이는 세계 유일의 분단국가인 대한민국에서 살아가는 우리네 삶 속에서 잘 이해할 수 있다. 『뉴욕타임즈』에 실린 한강 작가의 글처럼, 전쟁에 대한 불안감은 전쟁을 경험한 세대나 경험하지 않은 세대 모두의 심리내적 저변에 깔려 있어 불안이 고조될 때에 누군가는 은행에서 돈을 찾거나 비상식량을 비축하기까지 한다(한강, 2017). 그러나 그러한 불안감은 해외에서는 안전 불감증처럼 보일 정도로 평소에는 드러나지 않다가 결정적이고 중요한 순간 드러난다. 바로 지도자를 뽑는 선거에서다. 지도자 선출에 있어서 국가안보와 국민의 안전을 지켜 줄 수 있는 이슈는 매우 중요한 부분을 차지하고 지도자 결정에 결정적 역할을 한다. 사회적 감정과정을 잘 드러내는 부분이며, 이스라엘 백성들이 왕을 요구했던 것과 같다.

감정체계

또 다른 사울의 미분화 특징은 사울이 지적체계보다 감정체계의 삶을 살았다는 것이다. 사울은 불안에 의한 충동으로 결정하고 행동하는 모습을 보인다. 그는 그의 지적 능력을 사용하여 감정 충동의 힘을 통제하거나 목표 지향적인 행동을 하지 못했고, 오히려 감정에 따른 반사 행동을 하거나 감정에 의해 융해된 삼각관계를 형성하였다. 분화의 정의는 감정을 지적체계에 의해서 얼마나 잘 통제하고 지배하는가의 정도를 나타내는 개념으로(김용태, 2000), 분화수준은 지적체계와 감정체계의 비율에 따라 나타난다. 지적체계가 더 많이 작동하면 분화수준이 높고 감정체계의 작동이 많으면 분화수준이 낮다. 사울은 감정체계 작동이 더 많았다.

감정반사행동

감정반사행동은 다른 사람들의 행동과 환경의 변화에 따라 하게 되는데(김용태, 2000), 사울은 백성들이 다윗을 칭송하며 하나님의 영이 다윗에게 임하고, 딸 미갈과 요나단 그리고 온 이스라엘과 유다 백성들이 다윗을 사랑하는 모습을 보며 사울은 다윗에게 창을 던져 죽이려 하거나, 다윗을 죽이려는 목적으로 블레셋 전쟁에 보내며(사무엘상 18:8-12, 25-29, 19:8-11, 22:6), 심지어 다윗을 도운 제사장들을 죽이기까지 하는 감정반사행동을 하였다(사무엘상 23:17-19). 사울의 감정반사행동은 사울이 백성의 기대에 부응하며 사람들에게 인정받고자 했던 것과 연결되어 있다. 성경 주석에서, 사울이 왕이 된 것은 열방과 같은 무사적(武士的) 왕을 요구한 백성들의 세속적 동기에 의한 것이라고 한다(강병도, 1990:357). 백성들의 요구로 주변 국가와의 정세 속에서 자신들을 지켜 줄 왕으로 세워진 왕 사울은 백성의 기대를 만족시켜야 하는 불안을 지녔고, 그만큼 사람들의 인정이 중요하였을 것이다. 그러나 다윗이 나타나면서 자신보다 백성들로부터 더 인정받자, 사울의 마음이 상하였고 왕좌를 뺏길 것에 대한 불안과 함께 분노가 가득 차게 되었다.

사무엘상 18장 7-9절에서 "사울이 죽인 자는 천천이요 다윗은 만만이로다"는 백성들의 말을 듣고 "사울이 그 말에 **불쾌하여 심히**

노하여 이르되 다윗에게는 만만을 돌리고 내게는 천천만 돌리니 그가 더 얻을 것이 나라 말고 무엇이냐 하고 그날 후로 사울이 다윗을 주목하였더라."고 한다.

'불쾌하다'는 히브리어 야라(עצר)로 '나쁘게 되다, 슬프게 되다, 상처 입다'라는 뜻의 라아(ערר)에서 파생된 동사다.[2] 사울의 마음은 상처받았고 동시에 다윗에게 왕좌를 뺏길 것에 대한 불안이 엄습해 왔다. '더 얻을 것이 나라 말고 무엇이냐'를 공동번역성서에서는 '왕의 자리마저 그에게 돌아가겠구나'고 번역하고 있는데, 왕의 자리를 뺏길 것에 대해 사울이 불안해졌음을 알 수 있다. 마음이 상하고, 분노하며, 불안한 감정에 따라 사울은 다윗을 주목하였다. 히브리어로 주목하다(아완, ﬨﬥ)는 눈이라는 말에서 파생된 것으로 '의심에 찬 눈으로 관찰하다'란 의미다(강병도, 1990: 358). 즉, 사울은 슬픔, 분노, 불안, 의심의 감정에 따른 반사행동으로 다윗을 관찰하였다. 그리고 그다음 날 사울은 다윗을 죽이고자 창을 던지기까지 한다.

> 그 이튿날 하나님께서 부리시는 악령이 사울에게 힘 있게 내리매 그가 집 안에서 정신없이 떠들어대므로 다윗이 평일과 같이 손으로 수금을 타는데 그때에 사울의 손에 창이 있는지라. 그가 스스로 이르기를 내가 다윗을 벽에 박으리라 하고 사울이 그 창을 던졌으나 다윗이 그의 앞에서 두 번 피하였더라(사무엘상 18:10-11).

---

2) 이에 대해서는 New English Translation(NET Bible)의 히브리어 주석을 참고하라.

사울이 창을 던지게 한 행동에 대해 성경은 악령이 내렸기 때문이라고 한다. 사울에게 악한 영이 내리는 사건은 다윗에 대한 사울의 극심한 피해의식의 결과로 전날 다윗에 대한 상한 마음이 악한 영을 내리게 한 좋은 터전이 된 것이다(강병도, 1990). 사무엘상 16장 14절에서 "여호와의 영이 사울에게서 떠나고 여호와께서 부리시는 악령이 그를 번뇌하게 한지라."라고 사울에게 악한 영이 내린 것을 이미 언급한다. '번뇌케 하다(바아트, בעת)'는 '두렵게 하다, 놀라게 하다'라는 의미로 극심한 정신적 고통을 가리킨다(강병도, 1990: 315). 사울이 번제를 드리는 죄를 범하여 하나님은 사울을 버리셨고, 사무엘이 다윗에게 기름을 부은 이후에 사울에게서 하나님의 영이 떠났다. 하나님의 영이 사울과 함께했던 것은 사울로 하여금 하나님의 뜻에 따라 왕의 역할을 제대로 수행할 수 있기 위함이었다(강병도, 1990: 314). 그러나 사울은 하나님의 뜻보다는 백성의 인정과 기대에 맞추어 이스라엘 왕의 역할을 수행하였다.

하나님의 뜻과 하나님을 향한 마음을 저버린 사울의 마음은 악한 영이 이용하기에 더없이 좋은 터였던 것이다. 하나님의 영이 떠난 이후 사울은 극심한 정신적 고통을 경험하였고, 두려움에 휩싸인 채 자신의 고통이 사라지도록 수금을 타고 있는 다윗에게 창을 던지는 감정반사행동을 했다.

융해된 삼각관계

사울은 감정체계 작동으로 관계 안에서 삼각관계를 형성하였다. 김용태(2000)는 삼각관계를 통해 불안을 줄이거나 낮추는 역할을 함으로써 관계를 안정된 상태로 만들어 간다고 말한다. 보통 삼각

관계는 남편과 부인의 갈등관계에서 불안이 높아지자 자녀를 끌어
옴으로써 안정된 관계를 만들기 위해 만들어지거나, 남편에 대한
부인의 감정을 자녀에게 전이함으로써 이자관계의 갈등을 삼각관
계로 만드는 경우다. 사울은 백성과 융해된 삼각관계를 형성하는
데, 백성들과 융해되어 밀착관계를 만들고 하나님과는 관계의 단
절인 감정단절을 한다.

사무엘상 13장에서 사울이 번제를 드리던 때 블레셋 군대들이
가까이 다가오며, 백성들은 흩어지고 사무엘은 오지 않자 사울은
백성들의 불안에 동요되어 백성과 융해된 관계를 형성하였다. 사
무엘상 15장에서 아말렉과의 전쟁에서도 사울은 좋은 것을 취하였
던 백성들의 말에 동조되어 모든 것을 진멸하라는 하나님의 명령
을 어겼다. 이는 문제를 해결해야 하는 상황에서 사울의 높은 불안
이 올라왔고, 그 불안을 안정시키는 방법으로 불안해하는 백성과
융해되어 해결하였다. 그는 지적체계를 사용하여 상황을 객관적으
로 생각하지 못하고, 불안으로 인해 백성과 밀착관계를 형성했다.
그리고 사무엘이나 하나님과는 감정단절을 형성하였는데, 사울은
백성과 융해된 관계로 '우리'로 표현하며, 사무엘에게 '당신의 하나
님 여호와'로 구분 지어 이야기한다.

> 사울이 이르되 그것은 무리가 아말렉 사람에게서 끌어온 것인
> 데 백성이 당신의 하나님 여호와께 제사하려 하여 양들과 소들 중에
> 서 가장 좋은 것을 남김이요 그 외의 것은 우리가 진멸하였나이다
> 하는지라(사무엘상 15:15).

사울이 백성들과 융해된 관계를 형성하고 있었기 때문에, 하나님
과는 단절된 관계를 형성하고 있는 것이다. 사울은 백성과 융해되
어 불안을 안정화하고 세속적 왕으로서의 자기정체성을 세웠다.

역기능적 가족

성경 본문에는 사울 가족에 대한 많은 정보가 기술되어 있지 않
아, 그의 성장 배경이나 부모와의 관계가 어떠했는지 알 수 없다. 또
한 왕이 된 사울의 가족에 대해서도 성경에서는 단편적인 정보만을
알 수 있다. 그러나 그가 낮은 분화수준이었고, 그가 보여 준 낮은 분
화수준의 모습에서 사울 가족이 역기능적 가족이었음을 알 수 있다.

자녀위치

성경에 나타난 단편적인 보고에서 사울의 자녀위치는 장남으로
추정된다. 이는 부모의 기대수준이 높은 장남일 경우 분화수준이
떨어질 가능성이 있어 자신의 생각에 따른 독립적인 행동이 적고
감정체계의 강도가 강해져 감정반사행동을 할 가능성이 높기 때문
이다(김용태, 2000). 사무엘상 9장에서 사울의 행동은 이를 뒷받침
해 준다.

사울의 아버지 기스가 암나귀를 잃고 그의 아들 사울에게 이
르되 너는 일어나 한 사환을 데리고 가서 암나귀를 찾으라 하매
그가 에브라임 산지와 살리사 땅으로 두루 다녀 보았으나 찾지
못하고…… 그들이 숩 땅에 이른 때에 사울이 함께하던 사환에게

이르되 돌아가자 내 아버지께서 암나귀 생각은 고사하고 우리를
위하여 걱정하실까 두려워하노라 하니(사무엘상 9:3-5).

사울은 아버지의 나귀가 사라지자 사환과 나귀를 찾아다닌다. 이
때 사울은 아버지의 뜻에 따라 행동하는 맏아들의 역할을 하고 있
는 것으로 생각된다. 맏아들로서 아버지의 뜻에 따라 여러 곳을 찾
아 헤매이나 끝내 나귀를 찾지 못하자 아버지가 걱정하실 것을 걱
정하는데 이 또한 아버지의 감정에 쉽게 융해되는 장남의 모습이
다. 여기에서 ~까 두려워하였다는 것은 그가 불안했음을 의미하는
데, 그의 불안은 나귀를 찾는 목표 지향적인 행동을 계속 하려고 하
기보다는 아버지에게 돌아가자는 감정반사행동을 하도록 한다. 이
러한 그의 행동과는 달리 사환은 목표 지향적인 행동을 하고자 하
며, 사울을 설득하고 이끄는 모습을 보이고 이에 사울이 영향을 받
는다.

그가 대답하되 보소서. 이 성읍에 하나님의 사람이 있는데 존
경을 받는 사람이라. 그가 말한 것은 반드시 다 응하나니 그리로
가사이다. 그가 혹 우리가 갈 길을 가르쳐 줄까 하나이다 하는지
라. 사울이 그의 사환에게 이르되 우리가 가면 그 사람에게 무엇
을 드리겠느냐. 우리 주머니에 먹을 것이 다하였으니 하나님의 사
람에게 드릴 예물이 없도다. 무엇이 있느냐 하니 사환이 사울에게 다
시 대답하여 이르되 보소서. 내 손에 은 한 세겔의 사분의 일이
있으니 하나님의 사람에게 드려 우리 길을 가르쳐 달라 하겠나이
다 하더라(사무엘상 9:6-8).

사환은 사무엘을 만나면 나귀를 찾을 수 있을 것이라는 자기확신을 가지고 행동하며, 사울이 예물이 없는 것에 대해 걱정을 할 때에도 사울의 감정에 융해되지 않고 나귀를 찾고자 하는 목표에 따른 행동을 하고자 한다. 오히려 사울이 사환에게 의존하고 있음을 알 수 있다. 사울은 아버지의 뜻을 따르며, 사환의 뜻에 따라가는 의존적인 모습과, 목적 지향적인 지적체계보다 불안의 감정체계에 따른 행동을 하고 있다. 사울은 주도적이고 독자적인 개별성이 약했으며, 자신의 확신이 부족하였고 목표에 따른 행동을 하지 못하였다. 이와 같은 그의 특성으로 미루어 볼 때, 그는 낮은 분화수준을 지닌 장남이었을 것이다.

가계도

사울의 가계도를 살펴보자면, 사울의 아버지는 기스이며, 할아버지는 아비엘로 소개되고 있다.[3] 사울은 그의 숙부의 손녀인 아히노암과 결혼하였는데, 아히노암은 군사령관이었던 아브넬의 딸이다. 즉, 사울은 사촌인 아브넬의 딸인 아히노암과 결혼하였다. 사울은 아히노암 사이에 4남 2녀의 자녀를 두었고, 그중에 다윗을 도왔던 요나단과 다윗의 아내 미갈이 있다. 사울에게는 아야의 딸 리스바라는 첩이 있었는데, 사무엘하 21장 8절에는 리스바 사이에서 난 두 아들 알모니와 므비보셋이 있었음이 언급된다. 특히 사울의 첩 리스바는 사울이 죽은 후 사울의 사촌이며 사울의 장인이었

---

3) 주석에 따라 역대상 9장 39절에서 넬이 기스의 아버지로 소개되는 것이 더 타당하다고 말한다(강병도, 1990: 175). 그러나 여기에서는 사무엘상 9장 1절에 따르고자 한다.

던 군대장관 아브넬과 간통하는 인물이다. 아브넬과 리스바의 간
통 사건은 사울 사후 왕이었던 이스보셋과 아브넬 사이가 벌어지
게 되는 계기가 되며 사울 가문의 몰락과 다윗에게 완전히 왕권이
넘어가게 되는 결정적 사건으로 기록된다(사무엘하 3:6–21).

　사울의 가계도는 다음 그림과 같다.

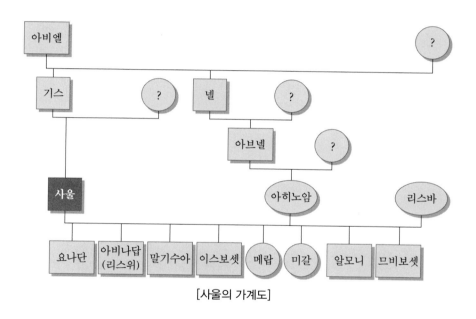

[사울의 가계도]

가족투사과정

　사울은 그의 자녀들과의 관계에서도 역기능적이었음이 시사되
는데, 다윗과 관련된 일말의 사건들 속에서 나타나고 있는 사울의
감정반사행동의 모습이 바로 그것이다.

　미분화된 사울은 자신의 불안을 그의 자녀들에게 투사하며 자녀
들은 아버지의 뜻을 따르지 않고 반대하며 반발하는 행동을 한다.

사울은 다윗을 시기하고 질투하여 그를 죽이려고 계획하나 그의
아들 요나단과 미갈은 다윗을 사랑하여 사울로부터 도망가도록 도
와준다. 사울은 다윗을 도운 요나단과 미갈에게 화를 내고, 다윗의
아내 미갈을 다른 남자에게 결혼시켜 보내고(사무엘상 26:44), 요나
단에게 단창을 던져 죽이려고까지 한다.

> 사울이 요나단에게 화를 내며 그에게 이르되 패역무도한 계집
> 의 소생아 네가 이새의 아들을 택한 것이 네 수치와 네 어미의 벌
> 거벗은 수치됨을 내가 어찌 알지 못하랴…… 사울이 요나단에게
> 단창을 던져 죽이려 한지라(사무엘상 20:30-33).

사울은 자신의 수치심을 요나단에게 투사한다. 그가 수치심을
요나단에게 투사하며 자신의 불안을 감추고자 화를 낸다. 수치심
을 가진 사람은 "마음속 깊은 곳에서 자신이 별 볼일 없는 사람, 쓸
모없는 사람이라는 메시지를 갖고 있다"(김용태, 2014). 이에 수치
심을 가진 사람은 자신의 본 모습인 쓸모없고 별 볼일 없는 사람이
라는 것이 사람들에게 알려져 비난받고 무시받을까 두려워하게 되
며, 이를 감추기 위해 화를 낸다(김용태, 2014). 사울은 다윗과 비교
되는 상황에서 자신이 부족하다는 수치심을 느끼게 되고 자신의
딸인 미갈에 이어 아들인 요나단까지 다윗의 편에서 보호하는 모
습에 불안이 가중되어 자신의 수치심과 불안을 투사하고 있다. 투
사의 대상이 되는 아이는 출생 순위에서 볼 때 장남, 장녀인 경우가
많은데 사울 가족의 경우에도 장남이었던 요나단이 투사의 대상이
되고 있다. "패역무도한 계집의 소생이라는 히브리어 관용어구는

'사악한 반역자'라는 뜻"(신현학, 2001)으로 요나단은 아버지의 뜻을 거역하고 배신한 반역자인 것이다. 사울은 장남으로서 요나단에게 아버지의 뜻을 따르기를 기대하였을 것이나, 아버지의 기대를 저버리고 뜻을 따르지 않은 요나단은 사울의 배신자다.

일반적인 가족 내에서도 아버지의 뜻을 저버렸을 때 배신자가 되는 이야기를 쉽게 접하게 된다. 어렵게 자수성가하여 경제적인 성공을 이룩한 아버지가 자신의 어린 시절에 어려운 가정환경으로 인해 학업을 포기하고 이루고 싶은 꿈을 접어야 했던 과거의 한을 자식에게 투사한다. 가난해서 못 배웠다는 아버지의 수치심을 장남에게 투사하여 아버지 자신이 이루고 싶었던 꿈을 아들이 이루기를 기대하나, 아들이 아버지의 뜻을 거역하고 자신이 원하는 다른 길을 선택할 때 아버지에게 아들은 배신자다.

사울은 미갈과 요나단뿐 아니라 그 이전에 먼저 딸 메랍에게도 다윗과의 비교에서 느꼈던 수치심과 불안으로 인한 감정반사행동을 했다. 바로 다윗을 블레셋 사람에게 죽임을 당하게 하고자 딸 메랍을 주겠노라고 약속했다가 메랍을 다른 사람에게 아내로 보낸 일이다. 사울은 자신의 자녀들을 이용하여 자신의 왕권을 지키고 다윗을 죽이고자 했다. 이와 같은 사울의 모습은 아버지로서의 역할에서조차도 자녀들에게 인정을 받지 못했던 것으로 보인다. 요나단과 미갈이 아버지 사울의 뜻을 따르지 않고 다윗을 사랑하며 도왔다는 것이 자녀에게조차도 사울은 아버지로서 인정받지 못했던 역기능적 가족이었음을 시사한다.

사울에게 필요했던 분화과정

누구에게나 그렇듯이 사울에게도 그의 낮은 분화수준이 보다 높은 수준으로 나아갈 수 있었던 사건들과 기회들이 있었다. 사울의 낮은 기본분화수준에도 불구하고 사울이 하나님의 영과 함께하였을 때 그의 기능분화가 높아져 목표 지향적인 행동을 할 수 있었다.

> 사울이 이 말을 들을 때에 하나님의 영에게 크게 감동되매 그의 노가 크게 일어나…… (중략) ……이튿날 사울이 백성을 삼대로 나누고 새벽에 적진 한가운데로 들어가서 날이 더울때까지 암몬 사람들을 치매 남은 자가 다 흩어져서 둘도 함께 한 자가 없었더라(사무엘상 12:6-11).

하나님의 영이 임하게 될 때 사울은 하나님의 힘으로 일시적인 기능분화가 높아졌고, 두려움 없이 적진 한가운데로 들어가 전쟁을 치렀고 승리하였다. 블레셋 앞에서, 백성들의 흩어짐으로 두려움에 떨었던 사울의 모습과는 사뭇 다른 모습이다. 하나님의 영에 감동되어 전쟁에 대한 두려움을 잊고 전쟁에서 승리한 이와 같은 경험을 했던 사울은 삶의 과정 속에서 자신의 기본분화수준을 높일 수는 없었던 것일까? 그에게 필요했던 분화과정에는 어떠한 것들이 있을지 다윗과 비교하며 보고자 한다. 그에 앞서 그의 기본분화수준과 기능분화를 살펴보자.

기본분화수준과 기능분화

사울의 기본분화는 가짜자기가 진짜자기보다 많은 '증상 회복 늦음'의 25~50수준으로 생각된다. 25~50의 '증상 회복 늦음' 수준의 특징으로는 사울에게 드러나는 모습대로 불확실성이나 최악의 상황을 예상하며 자신에 대한 확신이 부족하여 타인의 인정을 구한다. 다른 사람들의 생각이나 행동에 영향을 받고, 인정과 수용, 거부에 민감하며 다른 사람에게 의존하고 싶어 한다. 또한 짜증이나 신경질도 많이 부리고 지적체계보다 감정체계에 의한 삶을 살아가며 가짜자기가 많아 목표 지향적인 행동을 하지 못하고 독자적 행동을 하지 못한다(김용태, 2000). 그러나 사울은 그의 높은 불안이 올라올 때는 그의 기능분화가 0~25수준으로 더 떨어져 만성 증상을 보이기도 한다. 백성과의 관계에 강하게 융해하거나 악신에 휩싸여 창을 던지는 감정반사행동을 하고 무당을 불러 사무엘의 음성을 듣고자 하는 미신적인 행동을 한다. 그리고 결국에 그는 자신의 죽음을 선택하기까지 한다.

> 그가 무기를 든 자에게 이르되 네 칼을 빼어 그것으로 나를 찌르라. 할례 받지 않은 자들이 와서 나를 찌르고 모욕할까 두려워하노라 하나, 무기를 든 자가 심히 두려워하여 감히 행하지 아니하는지라. 이에 사울이 자기의 칼을 뽑아서 그 위에 엎드러지매(사무엘상 31:4).

만성불안이 더욱 악화되던 사울은 무할례자로부터 죽임을 당하는 수치를 두려워하여 스스로 칼을 취해 자신의 목숨을 취하였다. 생명에 대한 주권이 오직 하나님께만 있다고 믿는 히브리인들에게 자살은 결코 흔치 않았으나(강병도, 1990), 사울은 자신의 불안과 수치심으로 인해 종국에서는 하나님의 영역인 생명의 주권까지 침범하였다.

그의 기능분화수준은 때때로 50~75수준을 보이기도 하였는데, 대표적인 경우가 암몬전쟁이다. 사무엘상 11장 1–11절에서 사울은 전쟁과 같은 환경 속에서도 사무엘의 예언(사무엘상 10:6–7)을 생각하며 감정체계가 아닌 지적체계로 사용하고 목표 지향적인 행동을 하였다. 또한 그가 사무엘을 만나 예언을 듣고 7일 동안 기다리라는 이야기를 들은 후 사울의 숙부가 사무엘이 이른 말을 모두 말하라는 이야기에 동요되지 않고 사무엘의 말에 따라 기다린 모습이다.

> 사울이 그의 숙부에게 말하되 그가 암나귀들을 찾았다고 우리에게 분명히 말하더이다 하고 사무엘이 말하던 나라의 일은 말하지 아니하니라(사무엘상 10:16).

이와 같이 기본분화수준이 낮은 사람들도 어떤 상황에서는 특별한 목표 지향적인 행동을 할 수 있기도 하고, 기본분화수준이 높은 사람도 상황이 어려울 때는 목표 지향적인 행동을 잘 하지 못할 때도 있다. 사람은 상황이나 환경에 따라 기능분화가 달라질 수 있다.

상담장면에서 만나게 되는 사람들 중에는 기본분화수준이 높지 않은 사람들이 많다. 이들은 다른 사람들에게 자신이 어떻게 보일지를 걱정하고 다른 사람들의 인정과 지지에 쉽게 영향을 받는다.

직장에서 상사의 비난이나 칭찬 등의 평가 한마디에 흔들리고 인정받기 위해 열심히 일하기도 한다. 그 특징들로 볼 때, 기본분화수준이 25~50수준일 것이나 상담을 받으며 그들이 가진 불안과 수치심의 감정들을 인식하도록 하여 감정체계보다 지적체계를 사용할 수 있도록 할 때 서서히 분화수준이 높아져 가면서 스스로 독자적 행동을 하고 목표 지향적인 행동을 해 갈 수 있게 된다. 이와 같이 낮은 분화수준이 보다 높은 수준으로 변해 가는 것은 그리 쉬운 일은 아니다. 그러나 사람들에게는 언제나 분화수준을 높일 수 있는 삶의 과정들이 있다. 그 과정에서 어떠한 선택을 하게 되느냐에 따라 달라질 수 있다.

진짜자기와 가짜자기

분화수준은 진짜자기와 가짜자기의 비례에 따라 진짜자기가 많을수록 분화의 수준이 높고 가짜자기가 많을수록 분화수준이 낮다(김용태, 2000: 333). 사울은 가짜자기가 많은 낮은 분화수준이었으며, 다윗은 진짜자기가 많은 높은 분화수준으로 평가된다.[4] 분화수준이 다른 사울과 다윗은 사무엘서에서 소개될 때 매우 다른 특징들로 묘사된다. 사울은 큰 키와 준수한 외모가 특징적으로 묘사되는 반면 다윗은 그의 내면이 강조되고 있다. 사울은 큰 키에 준수한 외모를 지닌 자로 소개되며, 다윗은 눈이 빼어나고 얼굴이 아름다

---

4) 다윗에 대해서는 '07 분화수준이 높아도 안심하지 말라 – 다윗'을 참고하라.

웠다고 묘사되는데 그가 총명하고 내면이 아름다웠다는 의미다.[5] 또한 사무엘이 다윗에게 기름을 부으러 갔을 때에도 사울과 다윗을 선택한 것에 대해 대조적으로 묘사된다.

> 여호와께서 사무엘에게 이르시되 그의 용모와 키를 보지 말라. 내
> 가 이미 그를 버렸노라. 내가 보는 것은 사람과 같지 아니하며 사람은
> 외모를 보거니와 나 여호와는 중심(heart)을 보느니라 하시더라(사무엘
> 상 16:7).

용모는 히브리어로 아인(עין)으로 직역하면 '눈'이라는 뜻으로 '육신의 눈'을 의미하며, 중심은 레브(לב)로 '마음'을 뜻하는데 '마음의 눈'이라는 의미다. 사람은 육신의 눈으로 보지만 하나님은 마음의 눈으로 본다는 뜻으로(강병도, 1990: 313), 사람은 육신의 눈으로 보아 사울의 용모와 키를 보았으나, 하나님은 마음의 눈으로 다윗의 내면을 보신다는 의미다. 다시 말해, 하나님은 사울이 외적인 조건에서는 빼어났으나 그의 내면은 그렇지 않았음을 말씀하고 계신다.

사울은 큰 키와 준수한 외모를 지닌 것과는 반대로 '작은 자' 심리구조를 가지고 있던 사람이었다. 작은 자 심리구조를 가진 사람은 큰 자가 되고 싶은 갈망이 있어, 자신의 약점과 한계를 볼 때 느끼는 작고 초라한 느낌인 수치심을 회피하고 자기 내면의 작은 모

---

5) "……그의 빛이 붉고 눈이 빼어나고 얼굴이 아름답더라……"(사무엘상 16:12). '빛이 붉다'는 것은 그의 머리카락이 붉었다는 것으로, 중근동 지역에서 붉은 머리칼은 아름다움의 조건이었다. '눈이 빼어나다'는 의미는 반짝이고라는 뜻으로 총명함을 의미하며, '얼굴이 아름답다'는 것은 내면에서 풍겨 나오는 아름다움까지 의미한다(강병도, 1990: 314).

습을 감추기 위한 행동을 한다. 또한 큰 자가 되고자 하는 작은 자 이슈를 가진 사람은 '내가'라는 언급을 많이 하며 자신 스스로를 이상화[6]하거나 다른 대상을 이상화하여 의존한다. 사울은 내면으로 '작은 자'가 있었고, 외적으로는 작은 자를 감추어 '큰 자'로 보이고자 하였는데, 이는 그가 '가장된 자기'인 가짜자기가 많았음을 의미한다(김영미 외, 2014: 113-114). 사울의 가짜자기는 큰 키와 준수한 외모인 외적인 모습에서 자신의 존재 가치를 찾았으며, 백성의 요구에 따라 사람들의 기대에 맞추고자 하였다. 사람들의 인정을 받으며 큰 자가 되고자 하며, 힘을 추구하는 세속적인 마음이 있었다. 사울의 중심에는 하나님이 없었다.

사람들은 고난을 당할 때 자신의 본모습이 드러나게 된다. 고난을 당할 때 외부의 상황에 흔들리지 않는 것이 바로 진짜자기다. 사울은 블레셋과의 전쟁을 앞두고 사무엘이 오지 않고 백성이 흩어지는 상황에서 흔들린다. 사울의 시선은 흩어지는 백성과 블레셋 사람들에게 있었고 그의 초점은 하나님께 있지 않았다. 자기 자신에게 있었다.

> ……백성은 내게서 흩어지고 당신은 정한 날 안에 오지 아니하고 블레셋 사람은 믹마스에 모였음을 내가 보았으므로 이에 내가 이르기를 블레셋 사람들이 나를 치러 길갈로 내려오겠거늘 내가 여호와께 은혜를 간구하지 못하였다 하고 부득이하여 번제를 드렸나이다(사무엘상 13:11-12).

---

6) 사울이 이르되 내가 범죄하였을지라도 이제 청하옵나니 내 백성의 장로들 앞과 이스라엘 앞에서 나를 높이사……(사무엘상 15:30).

'부득이하여'라는 문장을 킹제임스 영어성경에서는 "나는 내 자신을 강요했다(I forced myself)"로 표현하고 있다. 사울은 하나님께 은혜를 간구한 것이 아니라 자신의 힘으로 이겨 내려 하였다. 그의 마음에는 자기 자신이 있었다.

그에 비해 다윗의 마음에는 하나님이 있었다. 블레셋 군대와 대치해 있고 골리앗이 이스라엘 백성과 하나님을 조롱하여 사울을 포함한 이스라엘 백성이 두려움에 떨고 있었던 때에 다윗만은 전혀 흔들리지 않았다. 전쟁이 칼과 창에 있지 아니하고 하나님에게 속한 것임을 굳건히 믿는다. 자기 자신의 힘으로서가 아니라 하나님의 힘이라는 것을 잊지 않으며 흔들리지 않는다. 그의 마음에는 하나님이 있다.

> 또 여호와의 구원하심이 칼과 창에 있지 아니함을 이 무리에게 알게
> 하리라. 전쟁은 여호와께 속한 것인즉……(사무엘상 17:47)

스스로 감당이 안 되거나 통제가 안 될 때 사람들은 불안과 무기력함을 느끼게 되는데, 이때가 바로 하나님을 만날 때다. 자신의 것을 내려놓고 하나님을 만날 때이며 분화과정이 일어날 수 있는 기회다. 사울은 자기 자신의 힘으로 해내려는 영웅심을 내려놓아야 했다. 자신의 가짜자기를 내려놓고 자신의 불안과 수치심, 열등감을 직면하는 것이 필요했다.

> 사무엘이 이르되 왕이 스스로 작게 여길 그때에 이스라엘 지파의
> 머리가 되지 아니하셨나이까. 여호와께서 왕에게 기름을 부어 이스라

엘 왕을 삼으시고(사무엘상 15:17)

사무엘은 사울이 범죄하였을 때 사울이 왕이 되던 처음의 때를 이야기하며 왕이 되기에 부족하고 보잘것없던 작은 자였음을 상기시킨다. '가장 작은 베냐민 지파' 사람, 왕을 선발하기 위한 제비뽑기 과정에서도 사람들 앞에서 숨었던 수치심을 가진 자였음을 주지시키고 있다. 자신의 힘으로써가 아니라, 백성에 의해서가 아니라 하나님께서 세우신 왕인 것을, 사울이 작은 자 이슈를 가지고 큰 자가 되고자 하였음을 깨우쳐 주고 있는 것이다. 그리하여 사울의 마음이 흔들리지 않게 가져야 했던 것이 하나님의 말씀임을 다시금 알려 주고 있는 것이다.

사울이 왕으로 기름부음을 받은 직후 사무엘은 사울과 백성들에게 하나님의 말씀을 따르는 것을 그들의 마음에 두어야 함을 선포했다. 그리고 사무엘은 하나님이 사울을 버리셨음을 예언하셨던 때에도 그가 하나님의 말씀을 따르지 않았음에 대해 이야기하며 병행 구조로 연결 짓고 있다.

> 너희가 만일 여호와를 경외하여 그를 섬기며 그의 목소리를 듣고 여호와의 명령을 거역하지 아니하며 또 너희와 너희를 다스리는 왕이 너희의 하나님 여호와를 따르면 좋겠지마는 너희가 만일 여호와의 목소리를 듣지 아니하고 여호와의 명령을 거역하면 여호와의 손이 너희의 조상들을 치신 것같이 너희를 치실 것이라(사무엘상 13:14-15).

> 어찌하여 왕이 여호와의 목소리를 청종하지 아니하고……(사무엘상
> 15:19)

사울이 하나님께 버림받은 것은 그가 하나님의 말씀을 청종하지
않았기 때문인 것을 분명히 하고 있다. 사무엘은 그가 하나님의 말
씀을 버렸다고 이야기한다.

> 사무엘이 이르되 여호와께서 번제와 다른 제사를 그의 목소리
> 를 청종하는 것을 좋아하심같이 좋아하시겠나이까…… 왕이 여호
> 와의 말씀을 버렸으므로 여호와께서도 왕을 버려 왕이 되지 못하게 하셨나
> 이다 하니(사무엘상 15:22-23).

베냐민 지파의 다세대 전수된 불안, 버림받을 것에 대한 두려움
을 가졌던 사울은 사람들로부터 버림받을 것을 두려워하여 하나님
의 말씀이 아닌 사람의 말을 들었고 하나님의 말씀을 버렸다. 그 결
과, 하나님은 사울을 버렸다. 사울은 사람들로부터 버림받을 것을
두려워하였으나 하나님으로부터 버림을 받았다. 그의 중심에는 하
나님이 아닌 백성에게 인정받고자 하고 사람들에게 높임을 받고
싶어 한 그 자신의 영웅심이 있었기 때문이다. 이는 사무엘이 하나
님이 왕을 버렸다고 선포한 직후에도 그가 사무엘에게 한 말에 잘
나타나 있다.

> 사울이 이르되 내가 범죄하였을지라도 이제 청하옵나니 내 백
> 성의 장로들 앞과 이스라엘 앞에서 나를 높이사 나와 함께 돌아가서

　　내가 당신의 하나님 여호와께 경배하게 하소서 하더라(사무엘상
　　15:30).

　자신이 지은 죄를 인정하고는 있으나 그것보다는 '내 백성의 장
로들, 이스라엘 앞에서 나를 높여' 달라고 이야기하고 있다. 하나님
의 백성과 이스라엘을 자신에게 맡긴 것이 아니라 자신의 백성과
이스라엘이라는 소유의 개념을 갖고 있으며 그들의 왕으로서 높은
자리에 있기를 간청하는 것이다. 그의 마음의 중심에 하나님이 없
기 때문에 나의 하나님이 아닌 '당신의 하나님'으로 표현하고 있으
며 하나님 앞에서 범죄한 것에 대해 회개하지 않는다.

　이는 다윗이 밧세바로 인하여 범죄하였을 때에 나단 선지자가
그에 대한 심판하심에 대해 선포하였을 때 하나님께 간구하며 금
식하고 밤새도록 땅에 엎드려 기도하는 모습과는 비교된다(사무엘
하 12:7-23). 사울은 기본분화수준이 낮은 사람이기에 불안이 높고
다른 이들의 기대에 영향을 쉽게 받으며 백성들과 감정에 융해된
밀착관계를 형성하는 가짜자기가 많았다. 그렇기에 하나님의 말씀
을 중심으로 두기보다 사람들의 인정을 받으려 하며 자신의 힘을
세우고 그것으로 자신의 중심을 채우고자 하였을 것이다.

자기정의하기

　보웬은 진정한 자기로 변화하는 과정을 '자기정의하기'라고 한다
(Kerr & Bowen, 2005: 136). 감정 반응과 불안의 영향에 대한 자각을
하며 정서적 중립에 대한 자기역량을 증가시키는 과정이다. 이때

사람들과의 관계에서 개별성을 높이기 위해 기꺼이 연합성을 포기
하기도 하며, '나'의 발판을 포기하려는 강한 감정들에 대한 인내가
필요한 과정이다. 또한 지적체계를 사용하여 감정반사행동을 줄이
며 사람들 사이에서 일어나는 것에 침묵하고 논쟁을 자각하는 정서
적 중립성을 확장시켜 가는 과정이다(Kerr & Bowen, 2005: 141).

사울은 사무엘이 그의 잘못을 책망하며 알려 주었을 때, 가짜자
기와 대면했어야 했다. 자신에게 있는 불안, 수치심과 열등감을 자
각했어야 했다. 사람들에게 인정받지 못할까 봐, 버림받게 될까
봐, 왕좌를 뺏길까 봐 두려워했던 불안을 자각했어야 했다. 그는 작
은 자의 이슈를 가지고 부족하고 형편없이 느끼는 자신의 수치심,
다윗과 끊임없이 비교하며 느꼈던 열등감을 지적체계를 사용하여
자각했어야 했다.

사울은 또한 사람들의 인정을 받고 싶어 하는 자신의 욕구와 큰
자가 되고 싶어하는 자신의 욕망을 자각했어야 했다. 사람들의 기
대에 맞추어 책임지고자 과대 기능을 하면 사람들에게 받는 인정
을 통해서 자기 자신의 지위(I position)를 확신하기보다 자신이 작
은 존재임을 인정하고 하나님에 대한 믿음을 붙잡아야 했다. 하나
님 앞에서 인간은 작은 존재다. 무한한 하나님과 달리 유한한 인간
은 작은 존재로 지음받았고, 인간이 죄를 지은 이후 자신이 작은 존
재임을 분명히 알게 되었다(김용태, 2018: 118-119). 사울은 자신이
작은 존재임을 세속적인 힘과 사람들의 인정으로 채우려 하기보다
하나님의 믿음으로 채워야 했다. 하나님 앞에서 자신이 작은 존재
임을 인정하게 될 때에는 하나님의 도움을 바랄 수밖에 없게 된다.
어차피 인간은 하나님 앞에서 모두 작은 존재이기 때문에 힘을 갖고

경쟁하며 우위를 차지하려는 것이 아무 쓸모가 없으며, 사람의 인정을 받는 것으로는 작은 존재가 달라지지 않기 때문이다. 사울은 자신이 작은 존재임을 인정하고 하나님과의 관계 속에서 자신의 위치를 제대로 발견하고 이해했다면 분화수준이 높아졌을 것이다(김용태, 2018).

이 장을 마치며

지금까지 우리는 이스라엘의 첫 번째 왕 사울의 미분화된 특징과 그에게 필요했던 분화과정에 대해 보았다. 성경에 등장하는 다양하고 많은 인물 중 사울은 하나님께 버림받은 왕으로 우리에게 각인되어 있다. 그러나 그에게 보였던 연약함과 부족함 속에서 인간인 우리가 가진 많은 유사점을 보며 사울에 대한 안쓰러운 마음이 느껴지기도 한다. 물질주의 시대를 살아가는 우리네 모습에서 외모지상주의나 학벌주의, 물질만능주의처럼 자신의 가치를 눈에 보이는 어떤 것으로 대체하며 채우고자 하는 모습을 많이 보게 된다. 자신이 부족하다고 생각하며 불안해하는 사람들이 외모에 집착하는 모습일 때에는 뚱뚱해지면 버림받을지도 모른다는 두려움에 음식을 먹고 토하는 행동을 강박적으로 반복하는 강박적 행동까지 보이기도 한다. 자신의 존재감을 외모에 두고 있으며 외적인 모습에 자신의 존재 가치를 두고 있기 때문이다. 또 누군가는 자신의 성공으로 자신의 가치를 채우고자 하거나 눈에 보이는 명품으로 치장하고 좋은 차를 갖고 좋은 집에 사는 것으로 자신의 가치를 매기기도 한다. 이와 같이 눈에 보이는, 금방 사라져 버릴 수 있는 것들에 자신의 존재 가치를 두게 될 때에는 자신의 가치는 늘 불완전하고 불안하다.

모두 작은 자 심리구조를 가진 자들이 자신의 부족함을 외모, 물질, 또 다른 것으로 채우려고 하는 모습을 보인다. 자신의 열등감을 다른 것으로 대체하고 수치심을 감추고자 하는 모습이다. 그러나 사울을 통해 보았듯이 다른 흔들리는 것들로 자신을 채우는 것은 결국 계속된 불안과 비교 의식을 통한 열등감과 수치심을 반복하게 될 뿐이다. 우리에게는 흔들리지 않는 그 무언가가 필요하며 그것은 바로 전능자이신 하나님에 대한 믿음과 말씀이다. 사울이 자신의 힘으로 해결하며 채워 가려는 것에는 한계가 있었다. 그를 통해 현대를 살아가는 우리 또한 자신이 작은 존재임을 인정하고 하나님의 도움으로 나아가는 것이 바로 우리가 보다 분화수준을 높여 갈 수 있는 길이라는 것을 깨닫게 된다.

 참고문헌

강병도(1990). **호크마 종합주석: 사무엘상, 하.** 서울: 기독지혜사.

김영미, 배시은, 김용태(2014). 보웬이론으로 본 기름부음 받은 사울에 대한 미분화 연구. **횃불트리니티저널, 17,** 99-124.

김용태(2000). **가족체계이론.** 서울: 학지사.

김용태(2014). **가짜감정.** 서울: 덴스토리.

김용태(2018). **기독교 상담의 이해와 원리.** 서울: 학지사.

박영서(2017. 6. 21.). 미국 민권운동의 산실, 조지아 주. **타박타박 미국여행 방송.** https://www.voakorea.com/a/3909773.html

신현학(2001). 열린노트성경. 서울: 아가페 출판사.

원용국(1995). 사무엘주석. 서울: 생명의 말씀사.

이관직(2005). 성경인물과 심리분석. 서울: 생명의 말씀사.

최정윤(2010). 심리검사의 이해. 서울: 시그마프레스.

한강(2017. 10. 7.). While the U.S. Talks of War, South Korea Shudders. There is no war scenario that ends in victory. New York Times.

한동구(2014). 사울의 공격성과 폭력성 연구. 사회이론, 46, 363-385.

한동구(2016). 규범과 리더십: 사울과 다윗의 리더십 비교. 신학논단, 85, 291-318.

Greenberg, L. S., & Paivio, S. C. (2017). 심리치료에서 정서를 어떻게 다룰 것인가[*Working With Emotions in Psychotherapy*(1st ed.)]. (이흥표 역). 서울: 학지사. (원전은 2001년에 출판).

Kerr, M. E., & Bowen, M. (2005). 보웬의 가족치료 이론[*Family Evaluation*]. (남순현, 전영주, 황영훈 공역). 서울: 학지사. (원전은 1988년에 출판).

New English Translation(NET Bible). *ra`a`(07489) in Strong's*. Retrieved from https://net.bible.org/#!bible/1+Samuel+18:2

Papero, D. V. (2012). 보웬가족치료를 위한 짧은 이론서[*The Bowen Family System Theory*]. (남순현 역). 서울: 시그마프레스. (원전은 1990년에 출판).

분화수준이 높아도 안심하지 말라 – 다윗[1]

"주변에 사람들이 이렇게 많아도 불현듯
외로움에 압도당할 때가 있어요."

약 2,900년 전 고대 이스라엘의 2대 왕 다윗은 21세기의 오늘을 사는 우리에게 용맹함과 지혜를 겸비한 상징적인 인물이자 이름이다. 그가 이 같은 명성을 얻게 된 첫 번째 사건은 거인 장수 골리앗을 상대로 전면에 나서 물맷돌 하나로 쓰러뜨린 소년이기 때문이다. 어쩌다 날린 돌에 의한 승리가 아니라 정확한 상황 파악과 확고한 신념으로 얻은 승리였다. 때문에 다윗은 강자(强者)와의 싸움에서 이긴 약자(弱者)의 구도와 훌륭한 리더십으로 대표되어 경제 및 경영, 정치, 사회, 교육, 인문, 사회, 예술, 스포츠 등 인간의 모든 영역에 영감을 주는 인물이 되었다. 구체적으로는 강자와의 싸움에

---

1) 이 장은 김지연, 김정아, 김용태(2014)의 '다윗의 분화수준 변화과정에 대한 연구–다윗과 밧세바 이야기를 중심으로'를 근거하여 서술하였다.

서 이길 수 있었던 다윗의 원동력을 그의 습관, 목표, 가치관, 인간 관 등으로 설명하기도 하면서 다방면에서 그를 모델로 삼는다.

그런데 이런 다윗과는 어울리지 않는 대한민국의 한 중년 남성이 토로할 법한 호소로 이 글을 시작했다. '주변에 사람들이 이렇게 많다.'는 문장의 앞은 우선적으로 수긍하기 쉽지만 뒤는 다를 것이다. '외로움에 압도당할 때가 있다.'는 말은 다윗에게 너무도 낯설어 고개를 갸우뚱하게 만들 수도 있을 것이다. 그러나 다윗의 생애를 알수 있는 자료인 성경의 사무엘서와 시편의 그의 시에서 그의 만성적인 외로움을 구구절절 만나 볼 수 있다. 너무나도 훌륭한 모델인 다윗에게도 불현듯 찾아드는 만성적 외로움이 있었다는 것은 그도 지금 현재 여기에 있는 나와 동일한 사람이라는 것이다. 이상적인 모델로 부각시키다 보면 닿을 수 없는 이상적인 대상으로 밀어 두게되기 쉽다. 그러나 그 용맹하고 지혜로운 다윗도 외로움이나 다른 연약한 부분이 있음을 알게 된다면 기꺼이 나의 삶에 초대하고 내삶도 조명해 보며 성장할 수 있을 것이다. 결코 만성적인 외로움만이 다윗의 연약한 부분은 아니지만 부각시킨 이유는 자신의 충성된 부하의 아내를 간음한 다윗의 범죄 사건과 직접적인 연관이 있기 때문이다. 그 범죄의 동기와 그 동기에 관련된 주요 감정이 외로움이고, 이후 저지른 범죄를 은폐하기 위한 살인으로까지 이어진다.

그럼에도 불구하고 다윗은 범죄 사실들이 드러났을 때 다른 성경 인물들과는 전혀 다른 반응을 한다. 즉각적으로 시인하고 용서를 구하며, 받은 용서를 전적으로 받아들이며 죄의 결과를 수용한다. 다윗의 특별하고 훌륭한 점이 완벽함이 아니라 의도치 않은 실수나 의도한 범죄 이후의 과정에서 보이는 그의 성숙한 태도라고 본다면 여러 가지 질문이 생긴다. 그가 보인 성숙한 태도는 실제로 그가 성숙하다는 증거인데 다윗의 성숙이 언제, 어디서, 어떻게, 무엇으로부터 혹은 누구로부터 얻어진 것인지 궁금해진다. 이와 같은 질문들에 대한 답을 보웬 이론을 통해서 보자.

보웬의 렌즈로 보면 다윗은 분화척도 개념의 4개의 기능 범주 내 세부 범주로 볼 때 매우 높은 수준의 분화수준(85~95)을 가지고 있다(김지연, 김정아, 김용태, 2014). 분화수준이 85~95인 사람들은 다음과 같은 특징들을 갖는다. 원리 지향적이고 목표 지향적이며 유아기 부모로부터 독립하여 '내부 지향적'인 어른이 된다. 항상 신념과 확신에 대한 자신으로, 사고가 고정되거나 도그마에 빠지지 않고 더 나은 것을 위해 옛 신념을 버릴 수 있다. 스스로 안정감을 느끼며, 타인의 칭찬이나 비판에 영향을 받지 않고 타인의 관점이나 정체성을 비판 없이 평가할 수 있다. 자기에 대한 전체적 책임감을 가정(假定)할 수 있고, 타인에 대한 자신의 책임감을 확신하며, 타인을 과도하게 책임지지 않는다. 실질적으로 동료와의 의존 정도를 알고 자유롭게 그 관계를 즐기고, 위계 속에서 지위를 독점하지 않는다. 자기나 타인에 대해 현실적인 평가와 기대를 할 수 있다. 만성불안 수준은 매우 낮고 대부분의 스트레스에 적응할 수 있다(Kerr & Bowen, 2005).

이런 높은 분화수준의 특징들을 다윗의 생애를 통해 볼 수 있고 그의 기본분화수준이 형성된 과정 및 근거들도 볼 수 있다. 반면, 거침없이 진행되는 범죄과정과 그 범죄를 치밀하게 은폐하는 사건들도 만날 수 있다. 기본분화수준이 높은 사람의 특징이라 볼 수 없는 이 사건들은 특정한 환경과 상황에서 다윗의 기능분화수준이 일시적으로 떨어졌기 때문이다. 그러나 낮은 기능분화수준으로 상태가 고정된 것이 아니기에 적절한 치료적 개입들에 의해 다윗의 기능분화수준은 빠르게 회복되었다.

다윗의 높은 기본분화수준

하나님 마음에 합한 사람 다윗

다윗은 이스라엘의 상징이자 중심이다. 그들 스스로 자신들의 정체성을 '다윗의 후손'이라고 밝힌다. 그렇다면 성경에 등장하는 수많은 인물 중에 왜 하필 다윗일까?

고대 이스라엘의 제2대 왕이자 예루살렘을 중심으로 한 이스라엘의 원형을 만든 사람이기 때문일까? 아니면 그가 가진 능력이 다방면으로 너무나도 탁월하기 때문일까? 이런 그의 업적 혹은 능력은 물론 성품까지도 다윗이라는 이름 안에 포함되어 있음을 간과할 수는 없다. 그러나 가장 중요한 이유는 성경을 근거로 다윗은 '하나님 마음에 합한 사람'이었고 하나님이 주권적으로 이스라엘의 왕으로 선택했기 때문이다.

"내가 이새의 아들 다윗을 만나니 내 마음에 맞는 사람이라. 내 뜻을 다 이루리라 하시더니"(사도행전 13:22). 다윗은 성경 전체에서 '하나님 마음에 맞는 사람'이라는 평가를 받는 유일한 사람이다. 이스라엘 왕국이 남과 북으로 나뉜 후에도 후대 왕들의 업적 혹은 그의 통치력의 평가 기준은 '다윗의 길'을 따랐는지 여부였다. 하나님

마음에 합당한 믿음의 삶을 일컫는 관용적 표현(열왕기하 22:2; 역대
기하 34:2)인 '다윗의 길(The way of David)'은 다윗의 믿음과 그의 삶
을 설명하기에 충분한 것으로 여겨진다.

　그러나 아이러니하게도, 다윗은 지금으로부터 약 3,000년 전 장
자 중심의 사회에서 이새라는 사람의 여덟 아들 가운데 막내로 존
재감 없는 소년이었다. 그 누구도 집에서 떨어진 들판에서 큰형의
재산이 될 게 뻔한 아버지의 재산을 지키기 위해 밤낮으로 양떼 곁
을 떠나지 않고 지키며 일하던 막내 다윗이 자신들의 왕이 될 것이
라는 상상조차 해 보지 않았을 것이다. 환경적으로 양떼라면 모를
까 누군가를 이끌며 지도력과 통솔력을 발휘할 경험을 해 볼 수 없
었던 소년이 이스라엘의 두 번째 왕이 된 것이다.

외로운 유년 시절의 목동 다윗

　다윗(David)이라는 이름은 '사랑을 입은 자(beloved)'라는 뜻이
다. 마치 아버지 이새가 너무나 사랑스러운 막내아들에게 붙여 준
이름 같지만 오히려 그와 정반대였다. 다윗은 등장부터 여타 위
인전에서 기술되는 위인의 등장과 달리 아버지 이새로부터 '하카
톤(וקטה)[2]', 즉 '막내'라고 불리며 등장한다. '하카톤(וקטה)'은 하찮
고 그다지 중요하지 않은 사람이라는 뉘앙스가 깔린, 중요한 자리
에는 나서지 말고 빠져야 할 인물이다(Peterson, 2009). 다윗은 그

---

2) 다윗은 유다 베들레헴 에브랏 사람 이새라고 하는 사람의 아들이었는데 이새는 사울 당
　시 사람 중에 나이가 많아 늙은 사람으로서 여덟 아들이 있는 중…… 다윗은 막내라(사
　무엘상 17:12, 14).

저 꼬마 취급하며 들판에 내보내져 양을 쳤던 목동으로서 기능하는 사람으로 불렸다. 심지어 아버지 이새는 블레셋과의 전쟁에 참전하고 있는 장자를 포함한 세 아들의 안부가 궁금하다고 어리고 왜소한 막내 다윗을 전장에 보낸다. 막내아들의 목숨은 장자와 그 아래 두 아들의 생사 확인 여부와 바꿀 만큼 하찮은 존재로 여겼다고 볼 수 있다. 소년 다윗은 아버지 이새의 관심 밖에만 있던 것이 아니다. 명확한 이름으로 등장하는 집안의 장자에다 풍채까지 좋아 존재감이 가장 큰 엘리압, 스스로 아버지를 섬긴다는 이름의 뜻을 가진 둘째 형 아비나답, 셋째 형 시므아(삼마) 그리고 그 밖의 형제들에게 일개 노동력을 행사하는 정도의 희미한 존재감으로 지냈다. 이런 아버지와의 관계와 형제들과의 관계에서 정서적 지지 혹은 따뜻한 상호작용 따위는 기대할 수 없었기에 다윗이 내면에 깊은 소외감과 외로움을 늘 느끼고 있었다 해도 전혀 이상하지 않을 것이다.

그러나 이 고독한 초야의 막내아들 다윗은 오히려 제한된 역할, 공간과 상황에서 수금을 타고 시를 짓는 감수성이 풍부한 음유시인으로, 양떼를 공격하는 사자나 곰을 기술적으로 죽이고 그 입에서 양을 꺼낼 정도로 용맹한 양치기로 역량을 다한다. 그 시간 동안 다윗은 자기의 능력을 시험하고 확인하는 과정을 거치면서 지속적으로 하나님과 연결하며 성장했다. 현재 당면한 자신의 한계와 상황 등을 객관적으로 판단하여 지적인 반응을 보이는 사람이 있다면 우리는 '대단하다'며 놀라워할 것이다. 더구나 아동기 혹은 청소년기의 자녀가 이런 반응을 보인다면 시쳇말로 실존하는 '엄친아/엄친딸'일 것이다.

　　보웬 이론으로 풀어 보면 자기 안에서 감정과 사고를 잘 구별하는 능력을 가지고 그 능력을 사용하고 있는 이 대단한 소년 다윗은 기본분화수준이 상당히 높다. 심지어 다윗은 자신의 가치를 전혀 모르는 아버지와 형제들의 관심 밖의 삶 속에서도 가족이나 타인과의 관계로 인해 변하거나 흔들리지 않는 진짜자기(solid self)로 살며 목자로서의 기능까지 잘해 내는 그 어려운 걸 해냈다. 어쩌다 한 번의 일회성이 아니라 들판에 나가 양을 치던 그 시간 내내 그러했다. 보웬은 지적체계에 의해 자신의 삶을 결정하는 이런 다윗의 반응을 높은 분화수준을 가진 사람이 보이는 지적반사행동이라고 한다. 당면한 사건이나 한계의 상황에 영향은 받지만 그 영향 속에서 자신의 감정과 사고를 구별하며 주체적으로 판단하고 대응하는 굳건한 진짜자기로 사는 소년 다윗. 자기 자신의 분명한 가치와 신념을 가지고, 목표 지향적이고 불안정한 상황에서도 감정이나 정서적 충동의 지배를 덜 받고 합리적으로 사고하고 행동하는 진짜자기로 사는 다윗. 그의 높은 분화수준은 어떤 과정으로 이루어진 것일까?

　　당시 그가 홀로 있는 자신의 시간을 어떻게 보냈는지 다윗의 유명한 시를 통해 알 수 있다. 이는 그가 어떤 존재와 지속적으로 상호작용했는지를 보여 준다.

　　　여호와는 나의 목자시니 내게 부족함이 없으리로다

　　　그가 나를 푸른 풀밭에 누이시며 쉴 만한 물가로 인도하시는
　　도다

　　　내 영혼을 소생시키시고 자기 이름을 위하여 의의 길로 인도

하시는도다

내가 사망의 음침한 골짜기로 다닐지라도 해를 두려워하지 않
을 것은 주께서 나와 함께 하심이라

주의 지팡이와 막대기가 나를 안위하시나이다

주께서 내 원수의 목전에서 내게 상을 차려 주시고 기름을 내
머리에 부으셨으니 내 잔이 넘치나이다

내 평생에 선하심과 인자하심이 반드시 나를 따르리니

내가 여호와의 집에 영원히 살리로다(시편 23편)

홀로 양을 치며 밤이 올 때마다 맞았던 황량한 들판의 추위와 생
명을 위협하는 맹수들의 공격이 늘 도사리고 있는 불확실하고 외
로운 밤, 그는 하늘에 쏟아져 내리듯 흐르고 반짝이는 별과 달을 늘
올려다보았다. 계절의 변화에 따라 바뀌는 하늘이지만 일정한 주
기로 어김없이 드러나는 별자리. 매일 다르지만 정확한 질서에 따
라 내리고 차오르는 달의 모양새. 낮과 밤에 각기 다른 바람의 길을
느끼며 질서의 하나님, 실수가 없으신 하나님, 온 우주 만물의 주인
이신 전능자이며 시간과 공간을 초월하시는 초월자이신 하나님을
만나고 있었다. 그 누구도 아닌 선하고 인자함으로 자신을 지키실
전능자, 초월자이신 야훼를 밤낮으로 찬양하며 그와 수시로 소통
하였다. 다윗은 불확실함을 견디며 자신의 신념에 따라 생각하고
행동하는 진짜자기로 사는 소년이었다. 이러한 하나님과의 내밀한
상호작용은 그가 하나님의 전적 도우심을 경험하며 믿음의 확신
안에서 성장할 수 있게 했다.

보웬의 말로 풀어 보면 분화수준은 가족이나 주위 사람들로부터

정서적으로 얼마나 독립하느냐 하는 정도인데, 사회적 환경이 가
족 구성원들의 감정과정에 영향을 미친다는 것이다(김용태, 2005).
이는 가족 내에서 질적으로 높은 상호작용을 통한 안정성, 응집성,
높은 협력수준 등은 발달할 수 없었다 하더라도 가족에 의해서만
분화수준이 결정되는 것만은 아니라는 것이다. 다시 말해, 가족 외
주변 사람들과의 상호작용의 빈도와 질이 좋다면 기본적으로 정서
적으로 독립하는 정도가 높아질 수 있다는 것이다. 이를 '사회적 감
정과정(societal emotional process)'이라 한다. 소년 다윗이 자연 속
에서 하나님과 물리적으로, 심리 · 정서적으로 나눈 깊은 일상적
상호작용이 이에 해당한다. 보이지 않는 하나님과의 깊은 상호작
용은 다윗이 경험하는 또 다른 차원의 것이었다. 때문에 가족 내에
서는 하찮은 존재로 취급되며 주어진 일을 해야 했지만 마치 자신
이 선택한 듯 능동적이고 적극적으로 기능하며 역할을 수행할 수
있었다.

블레셋 거인 골리앗과의 싸움에 승리한 다윗

드디어 교회 문턱을 넘어 본 경험이나 성경을 읽어 본 경험이 없
는 사람들에게도 다윗이 유명해진 결정적 사건인 골리앗과의 싸움
이 등장한다. 이 사건은 '다윗 승' 세 글자로 끝낼 수 있지만 앞서 설
명한 다윗의 높은 분화수준을 면면히 확인할 수 있다. 당시 여덟째
아들인 다윗이 군대나 전쟁에 징집(민수기 1:3)되지 않았고 넷째 형
역시도 징집되지 않은 것으로 보아 대략 16~19세로 본다. 사울도
'소년'이라 부르며 투구나 갑옷이 너무 커 벗어 버릴 만큼 어리고 작

은 체구의 다윗이었다. 그러나 이 소년은 위기 상황을 직면하고 망설임 없이 견고한 자신의 신념과 확신을 바탕으로 주저하지 않고 행동한다. 하나님이 그에게 골리앗과 싸우라는 명령을 내린 것도 아닌데 그는 스스로 자신의 사명임을 확신하며 용기 있게 나섰다. 게다가 명료한 자신의 목소리를 내며 다음과 같이 위기 상황에 의해 압도당해 불안과 공포에 쌓인 자기 민족에게 자기신념과 확신을 선포한다.

> 주의 종이 아버지의 양을 지킬 때에 사자나 곰이 와서 양떼에서 새끼를 물어 가면, 내가 따라가서 그것을 치고 그 입에서 새끼를 건져내었고, 그것이 일어나 나를 해하고자 하면 내가 그 수염을 잡고 그것을 쳐죽였나이다. 주의 종이 사자와 곰도 쳤은즉 살아 계시는 하나님의 군대를 모욕한 이 할례 받지 않은 블레셋 사람이리이까! 그가 그 짐승의 하나와 같이 되리이다. 또 다윗이 이르되 여호와께서 나를 사자의 발톱과 곰의 발톱에서 건져내셨은즉, 나를 이 블레셋 사람의 손에서도 건져내시리이다(사무엘상 17:34-37b).

다윗이 하나님을 욕하고, 민족이 조롱당하는 위기 상황에 감정적으로 반응했다면 들끓는 분노와 민족을 사랑하는 감정으로 나서는 한낱 객기에 불과했을 것이다(우병선, 2014). 그러나 다윗은 그의 중심 신념을 다음과 같이 말한다.

> 나는 만군의 여호와의 이름, 곧 네가 모욕하는 이스라엘 군대

의 하나님의 이름으로 네게 나아가노라. 오늘 여호와께서 너를
내 손에 넘기시리니 내가 너를 쳐서 네 목을 베고 블레셋 군대의
시체를 오늘 공중의 새와 땅의 들짐승에게 주어 온 땅으로 이스
라엘에 하나님이 계신 줄 알게 하겠고, 또 여호와의 구원하심이
칼과 창에 있지 아니함을 이 무리에게 알게 하리라. 전쟁은 여호
와께 속한 것인즉, 그가 너희를 우리 손에 넘기시리라(사무엘상
17:45b-47).

소년의 입에서 이런 견고한 확신을 선포한 것은 골리앗으로 인
해 빚어진 이스라엘의 위급한 상황을 정확히 파악하며 그 위험을
과소평가하지 않았다는 것이다. 그는 하나님과 사람들 앞에서 그
위기 상황을 통해 '살아계시는 하나님'을 온 세상 사람이 알게 될
것을 믿었다. 때문에 골리앗과 싸우는 골리앗을 쓰러뜨리겠다는
목표를 위한 목표 지향적인 행동을 했다. 보웬의 말로 정리하면, 다
윗의 목표 지향적인 활동은 광야에서 자신을 전적으로 보호하고
지켜 주신 전능자를 실제적으로 체험했기에 가능했다. 다윗은 경
험에 근거한 신념과 확신을 가지고 진짜자기로의 지적 활동을 했
고, 그 결과 승리한 것이다. 늘 하나님을 향해 있던 다윗이 가시적
인 상황과 환경에 맞춰 판단을 달리하지 않고 신념에 의해 결정했
기에 과정 또한 그 전쟁의 목표인 '하나님의 영광을 위하여' 일정한
방향성을 가질 수 있었다.

사울의 몸에 손도 대지 않는 다윗

하나님의 영광을 위해 싸워 블레셋과의 전쟁에서 압도적인 승리를 가져다준 다윗은 민족의 영웅이 되었다. 그러나 그는 전쟁 영웅이 되었기 때문에 상상조차 못한 극적인 반전을 맞이하게 된다. 어찌나 극적인지 기존의 왕의 질투심에 의해 수차례 죽음의 위협을 받다 목숨을 부지하기 위해 도망자가 되었다. 양치기에서 전쟁 영웅으로, 얼마 지나지 않아 그 전쟁 영웅은 도망자로 신분이 바뀌었다. 동시에 양들과 함께한 들판에서 전쟁터로, 전쟁터에서 왕궁으로, 왕궁에서 어둡고 습한 엔디게 광야의 동굴로 더 외롭고 추운 곳으로 급변했다. 도망자가 된 다윗은 어둡고, 춥고, 고약한 냄새가 나는 동굴에서 이제 아버지의 양을 치던 때보다도 가진 것이 없었다. 수금도, 태양도, 심지어 함께 있을 양조차도 없는 상태로 그 어느 때보다 더 외롭고 무서웠다(Edwards, 2011). 이처럼 극적으로 변한 역할 및 신분의 변화는 물리적 환경의 변화와 함께 일반적으로 심리 · 정서적으로도 극적인 변화를 수반한다.

그러나 다윗은 이런 상황에서 압도당하여 불안해하기보다 자신의 상황과 감정들을 솔직하게 쏟아냈다. 가장 익숙한 그의 감정 표현 방식인 시를 지어 하나님에게 감정을 쏟아냄으로써 신념과 확신을 유지하며 진짜자기로 살 수 있었다. 이전에도 보호하셨고 지금도 보호하시는 전능자와의 상호작용은 깊이 지속되었다. 축축하고 어둡고 무서운 공간에서 너무나도 솔직하게 억울함을 토로하며, 불안정한 자신의 상태를 면면히 소리치고, 무서워 떠는 자신을 까발린다. 그리고 처절한 외로움에 몸부림을 치는 자신의 상태를 정확하게 알고 도움을 청한다. 이 불확실한 상황과 위기 속에서 자신을 구해 줄 것과 회복될 것의 소망이 있다고 말한다.

> 내가 소리 내어 여호와께 부르짖으며 소리 내어 여호와께 간구하는도다
>
> 내가 내 원통함을 그의 앞에 토로하며 내 우환을 그의 앞에 진술하는도다
>
> 내 영이 내 속에서 상할 때에도 주께서 내 길을 아셨나이다
>
> 내가 가는 길에 그들이 나를 잡으려고 올무를 숨겼나이다
>
> 오른쪽을 살펴보소서
>
> 나를 아는 이도 없고 나의 피난처도 없고 내 영혼을 돌보는 이도 없나이다
>
> 여호와여 내가 주께 부르짖어 말하기를
>
> 주는 나의 피난처시요 살아 있는 사람들의 땅에서 나의 분깃이시라 하였나이다
>
> 나의 부르짖음을 들으소서 나는 심히 비천하니이다
>
> 나를 핍박하는 자들에게서 나를 건지소서 그들은 나보다 강하니이다
>
> 내 영혼을 옥에서 이끌어 내사 주의 이름을 감사하게 하소서
>
> 주께서 나에게 갚아 주시리니 의인들이 나를 두르리이다(시편 142편)

그러다 기회가 왔다. 자신을 죽음의 공포 속에 극도의 외로움과 비참함 속에 빠뜨린 변덕이 죽 끓듯 하여 불안을 유발하는 존재, 여

러 차례 다양한 방법으로 자신을 직접 죽이려고 했고, 그것도 모자라 블레셋과의 전쟁에 내보내 손 안대고 죽이려고 수차례 계략을 세웠던 사울(사무엘상 18장)을 한 번에 깔끔하게 죽일 수 있는 절호의 기회다. 그럼에도 다윗은 죽음에 대한 불안과 공포를 단칼에 해결할 수 있는 소위 황금 같은 기회(24, 26장)를 두 번이나 잡지 않는다. 그런데 반전도 이런 반전이 없다. 심지어 자신이 지키지 않을 시에 치명적인 결과를 가져올 맹세까지 하면서(Klein, 2004) 어떤 종류의 폭력으로도 왕을 죽이지 않겠다는 선언을 한다. 어느 드라마에서 이정도의 반전을 구사했다면 다윗이 사울을 어떻게, 무엇으로 죽일지 기대하며 숨죽여 보던 시청자들은 당장 야유하고, 전개 방식에 실망하며 댓글을 달 만하다. 댓글 내용은 '실망이다, 다윗!' '아, 아무리 드라마지만 말도 안 되는 전개!' '작가님 왜 이러세요?' 등일 것이다.

성경에서도 댓글과 같은 성격으로 다윗의 사람들 중 한 명 혹은 다수가 두 번의 황금 같은 기회를 만날 때마다 '여호와의 뜻'이라며 사울을 죽이라고 설득을 한다. 그럼에도 불구하고 다윗은 그저 옷자락만 슬쩍 베어 온다. 그마저도 사울로부터 왕권을 찬탈한다는 의미라서 양심의 가책을 느낀다(Klein, 2004). 두 번째 기회에서는 사울의 무기와 물병만 살짝 들고 나오며 자신의 맹세를 지킨다. 이런 드라마 전개가 계속되니 이즈음에서 혹시 다윗이 살육이 무서워서 그랬던 것은 아닐까 하는 의문도 애써 해 볼 수 있다. 그런데 우리가 아는 다윗이 누군가? 어릴 때는 들판에서 자신의 양을 위협하는 그 어떤 동물도 깔끔하게 해치웠던 유명한 전력들이 있고, 세상 다 아는 골리앗도 죽였으며, 미갈을 아내로 얻기 위해서 블레셋 사람 200명을 죽이고 그 포피를 잘라 사울에게 받쳤던 그였다. 그런데 왜? 우리보다 이 모든 과정을 눈으로 본 다윗의 충직한 부하 아비새[3]는 자진해 자기가 사울을 죽이겠다며 다윗의 감정적인 행동과 결정을 재촉하기까지 했다.

아비새는 왕의 처소에서 도망칠 수밖에 없는 다윗을 따라 일정한 거처 없이 떠도는 불안한 환경을 견디고 있는 것에는 면면히 기록이 없어 알 수 없지만 무엇보다 차기 왕권이 다윗에게 있을 것이라는 확신에 자신의 미래를 걸었을지도 모른다. 그러니 다윗이 정당한 명분으로 현재 왕을 깔끔하게 죽여 주거나 자기 손으로 죽이기 어려우면 자신에게 사울을 제거하라는 명령만 하면 끝날 일이었다. 그러나 다윗은 죽음의 위협과 위험에 오랜 시간 노출되어 있었음에도 불구하고 상황에 따른 즉각적인 행동으로 반응하지 않았다. 적절한 상황, 명확한 타이밍이라고 상황을 해석해 폭력과 살인을 행사하여 하나님의 계획을 이루는 것은 적극적으로 거부한 것이다. 동시에 자기 사람들도 이 같은 폭력에 연루되지 말 것을 명령하며 보호한다.

여기서 다윗의 결정과 아비새의 설득 혹은 재촉 사이에는 큰 차

3) 사무엘상 26장 6-12절과 아비새에 대해서는 '아가페성경사전'의 주해를 참고하라. 다윗의 누이 스루야의 아들들 가운데 한 사람으로 요압과 아사헬이 그의 형제들이다. 그는 적들에 대해서는 용맹스럽고 잔인하며, 그들을 혹독하게 다루지만 다윗에게는 변함없는 열정으로 충성을 다했다. 그러면서도 그의 성급함은 다윗에 대하여 두 번이나 책망을 듣는다(사무엘하 16:19, 19:21 참조). 그는 압살롬과 세바가 반역했을 때에도 다윗에게 충성을 다했으며, 다윗을 저주하던 시므이를 죽이려 했다(사무엘하 16:5-14). 에돔의 대군을 패퇴시키기도 했다(역대상 18:12-13). 블레셋과 이스라엘의 싸움 도중, 블레셋의 장군 아스비브놉이 다윗을 죽이려는 때, 아비새는 다윗을 구하면서 그 장군을 쳐 죽였다(사무엘하 2:17).

이가 있는데, 보웬의 용어로 풀어 쓰면 다윗은 외부의 상황에 흔들리지 않는 원칙이 있는 진짜자기로 반응했다. 반면, 아비새는 주어진 상황과 환경에 따라 달라지는 상황적 행동으로 반응했는데, 이는 상황이 달라질 때마다 흔들리는 원칙 없는 반응이라는 뜻이다. 표면적으로 정당하고 합리적이며 대의명분도 있는 상황이 주어졌음에도 다윗은 '하나님을 향한, 하나님의 방법'이라는 원칙에 근거해 지휘자로서의 역량을 발휘했다. 지휘자로서 원칙을 고수하여 상황을 통제하는 힘을 발휘하면서도 아비새와 그를 따르는 자들과 여전히 친밀감을 유지하였다. 사울을 자신을 죽이려는 대상으로 본 것이 아니라, "여호와의 기름부음 받은 자"(삼상 26:9)라는 그 대상의 가치를 상기시킨다. 사람과 역사를 하나님의 관점으로 본 것이다. 이는 다윗이 사람과 환경에 좌우되지 않는 신념과 확신을 가진 진짜자기로 사는 사람임을 방증하는 중요한 사건이다.

나아가 사울에게 어떤 종류의 폭력도 행사하지 않은 다윗의 행동은 '포기'로 볼 수 없다. 왜냐하면 다윗은 사울의 겉옷과 무기 및 물병만을 취하면서 자신의 욕구 억제와 무고함을 표했다(Klein, 2004). 그리고 자신을 죽이려고 추적하는 사울의 부당성과 악함을 사울에게 직접 소리쳐 전했다. 다윗은 놓친 것 같은 두 번의 기회를 자신만의 황금 같은 기회로 확고한 신념에 따라 지혜롭게 사용한 것이다. 이를 정리하면 다윗의 하나님을 향한 방향성은 다음과 같은 이유를 갖는다. 하나, 기름부음을 받은 자는 사람이 죽여서는 안 된다. 둘, 이스라엘 왕의 암살 전례를 남겨서는 안 된다. 셋, 이스라엘 여러 지파의 화합을 위함이다.

이는 확고한 신념에 따른 원칙이 있는 높은 기본분화수준을 가진 다윗의 세련된 지적체계에 의한 반응이다.

노략당한 시글락에서 전적으로 책임지는 탁월한 리더 다윗

다윗의 높은 기본분화수준을 보여 주는 또 다른 사건은 사무엘서 30장에 다윗이 사울을 피해 블레셋으로 망명한 후 가드 왕 아기스[4]에게 받은 시글락 땅에서 있었다. 그곳에서 발현된 다윗의 탁월한 리더십은 그의 매우 높은 기본분화수준의 증거가 되는데 그 이전 사건부터 주목할 만하다.

사무엘상 27장 1절은 '다윗이 그 마음에 생각하기를'이라는 말로 시작한다. 이전에 무엇보다 우선해 하나님께 전쟁을 위한 출정 여부까지도 재차 묻던 다윗(사무엘상 23:3-4)과 대조되는 상태를 강조한다. 이어 '내가 후일에는 사울의 손에 망하리니'라며 다윗은 자신의 두려움을 드러내고 있다(Klein, 2004). 그 두려움으로 인해 불과 얼마 전에 최악의 상황이라 여긴 것(사무엘상 26:19-20)을 도리어 '상책(上策)'이라며 선택한다. 자신의 안위는 물론 자기를 따르는 600명의 군사와 그들의 가족들을 데리고 이스라엘의 주적(主敵)인 블레셋으로 망명을 한 것이다.

당시 고대 사회에서는 용병 부대를 이용하는 경우가 아주 흔한데다 정치적 망명자들은 자신을 추방한 통치자에 대한 증오 때문에 고용주에게 충성을 바쳤다(예레미아 46:21; Walton, Matthews, &

4) 아기스(Achish)는 블레셋 지경에 있는 가드 왕으로 다윗이 사울을 피하여 다닐 때 두 번 그에게 가서 보호를 받았다(사무엘상 21:10, 27:2; 열왕기상 2:39).

Chavalas, 2010). 그래서 마치 사냥꾼의 사냥감처럼 10여 년을 쫓겨다니며 목숨을 부지하던 다윗에게는 비교적 쉬운 방법이었을 것이다. 가드의 아기스 역시 다윗이 사울에게 적의를 품고 있을 것이라 판단해 받아들였을 것이다.

다윗의 선택은 한동안 최상의 방법인 것처럼 보였다. 사울의 추적을 받지 않았음은 물론 아기스에게 거주할 곳을 요청하여 기꺼이 시글락을 받아 1년 4개월을 살았기 때문이다. 그러나 그에 따른 대가가 있었다. 블레셋은 물론 블레셋의 동맹국의 의심을 피하기 위해 그들의 땅을 공격하고 있음을 철저히 속여야 했고, 들키지 않으려고 전리품만 챙기고 공격한 그 땅 사람들은 모두 죽여야 했다. 이것으로 다윗은 아기스의 신뢰를 획득하며 '영원히' 그를 지키는 자로 인정받으며 미래를 약속받았다(사무엘상 28:2). 그러나 얼마 지나지 않아 다윗은 자신과 따르는 무리들을 위한 상책인 망명은 물론 블레셋 왕에게 얻은 신임과 받은 약속이 얼마나 허망한 것인지 알게 되었다.

여기까지만 본다면 높은 분화수준의 근거가 아니라 압도당한 불안과 두려움으로 인한 감정반사행동을 보이는 사건, 즉 일시적으로 다윗의 낮아진 기능분화수준을 보여 주는 사건으로 보게 될 수도 있다. 그러나 이 이야기의 매력은 그다음에 벌어진 일들에 있다.

아기스가 아무리 블레셋 방백들의 왕이라 해도 자신의 지지 세력들 모두가 불신하는 다윗을 계속 데리고 있을 수 없어 다윗을 매우 영예롭게 떠나보낸다(Henry, 1991). 다윗은 억울하고 당황하는 척했지만 실은 상상을 초월한 그야말로 초월자 하나님의 보호하심을 경험한다. 아기스 왕을 중심으로 블레셋 방백들이 일제히 이스라엘

을 치러 다윗도 함께 가야 하는 상황이었기 때문이다. 이 같은 과정
은 다윗이 환경과 상황, 사람 등 눈에 보이는 그 모든 것 너머의 초
월적인 존재인 하나님의 섭리를 경험하는 중요한 경험이 된다.

　이렇게 아기스를 떠나 모두의 가족이 있는 시글락으로 3일 길을
갔는데 아말렉의 침략과 노략으로 성이 불타고 아내와 자녀들이
남김없이 잡혀간 것이다. 너무도 큰 비탄에 그의 용사들 모두가 기
진할 정도로 소리 내어 울었다. 여기에 잡혀간 다윗의 아내들 이름
을 구체적으로 밝히는 것(사무엘상 30:5)은 성경 저자가 다윗도 동
일한 재난을 당했음을 강조하고 있는 것이다(강병도, 1990). 사람들
의 깊은 주체할 수 없는 큰 슬픔(제자원, 2015)과 괴로움은 폭발적인
분노로 변했고 그 책임을 전적으로 다윗에게 돌리며 급기야 돌로
쳐 죽이려고 했다. "다윗이 **군급(窘急)**하였으나 그 하나님 여호와를
힘입고 용기를 얻었다"(사무엘상 30:6). 이것은 현재 매우 난감한 상
황에 처했을 때 느끼는 답답한 감정 상태다. 게다가 다윗은 사울을
피해 목숨을 부지하려 애썼지만 자기를 지지하던 사람들에 의해 돌
에 맞아 죽을 상황에 있다. 감정반사행동이 극적으로 드러날 수 있
는 상황임이 틀림없으나 그럼에도 불구하고 그 한 문장 안에 다윗
은 여호와 안에서 자신을 위하여 스스로 힘을 냈다(강병도, 1990).

> 내 마음의 근심이 많사오니 나를 고난에서 끌어내소서
> 나의 곤고와 환난을 보시고 내 모든 죄를 사하소서
> 내 원수를 보소서 그들의 수가 많고 나를 심히 미워하나이다
> 내 영혼을 지켜 나를 구원하소서
> 내가 주께 피하오니 수치를 당하지 않게 하소서(시편 25:17-20)

다윗은 지금 눈에 보이는 물리적 돌을 든 사람들과 그들 앞에 서 있는 물리적 상황임과 동시에 하나님과의 연합성을 추구하고 있다. 어떤 형태의 감정반사행동을 보여도 이상하지 않을 극한 상황 속에서도 사람들과 물리적 차원과 영적인 차원에서 연합성과 개별성을 유지하고 있다. 이것이 바로 높은 기본분화수준을 가진 사람이 보이는 높은 기능분화수준의 모습이다. 자신의 슬픔, 괴로움, 답답함 등의 감정에 빠져 있지 않고 다시 확신과 신념으로 하나님께 '먼저 묻는' 다윗은 아말렉 군대를 쫓아가서 잡고 되찾을 수 있을지 구체적으로 묻는다. 하나님의 출정 허락에 다윗은 상황을 정확히 파악하여 이전에 3일 길을 걸어 내려와 지친 병력의 상태 등을 고려한 전략과 전술을 제시한다(사무엘상 30:9-10). 이 대목에서 다윗의 탁월한 지도자로서의 역량이 빛난다. 하나님께 먼저 묻고, 절대적으로 필요한 전략과 전술을 세워 이끈다. 기본분화수준이 매우 높은 사람이 아니라면 이처럼 극적인 상황에서 최고의 기능을 할 수 없었을 게 분명하다. 온 우주를 주관하시는 하나님과의 관계를 재빨리 회복하고, 자신을 죽이려 했던 사람들에 대해 감정적인 반응을 전혀 하지 않으면서 놀라운 기능을 발휘했다.

이후 아말렉 족속을 철저하게 진멸하여 '하나도 잃은 것 없이' 되찾아 완전히 회복하고, 아말렉의 가축들도 모두 탈취해 왔다. 출정 시에 피곤함으로 인해 브솔 시내에 머물게 했던 참전하지 않는 자들에게도 다윗은 전리품을 나눴다. 이에 대한 반발이 있었지만 그마저도 포용하며 다윗은 여호와께서 우리를 보호하시고 우리를 치러 온 그 아말렉 군대를 우리 손에 붙이셔서 되찾아 완전히 회복했다고 선포한다(사무엘상 30:23). 이것이 다윗의 탁월하며 월등한 리더십이다. 얼마 전 자신을 돌로 치려 했던 사람들이나 참전 안 한 사람들 등의 역할이나 수단으로 사람을 판단하지 않았다. '나의 형제들'로 부르며 모두를 품는다. 보웬이 말하는 개별성과 연합성을 자유롭게 조절하며 타인과의 관계와 상호작용을 할 수 있는 높은 기본분화수준의 대표적 예라 할 수 있다.

다윗의 일시적으로 낮아진 기능분화

순간, 참을 수 없는 분노에 휩싸인 다윗

사울의 계속되는 살해 위협으로부터 도망쳐 나와 이스라엘의 오지를 전전하며 다니는 다윗에게 오합지졸 부랑자들이 몰려들었다. 그때 다윗은 자신만의 안위를 넘어 그들을 돌보고 이끄는 리더가 되어 역량을 발휘한다. 마치 '목자' 역할처럼 이 또한 다윗이 능동적으로 선택한 환경과 역할이 아니었음에도 양떼를 몰아 꼴을 먹인 것과 같이 그는 사람 무리의 목자로서 능력을 발휘하게 된 것이다. 다윗은 비록 도망자 신분이었지만, 도적들로부터 암암리에 방패 역할을 하며 자기 민족의 약탈을 대가 없이 막아 주기도 했다(우병선, 2014). 다윗이 사울을 피해 머문 바란 광야에서는 장정 600명에 가족까지 합하면 약 2,000명이 넘었을 상황에 그들의 식량을 구하기 위해 고심하고 있었다. 바란에서 조금 떨어진 지역 주변은 도적들과 약탈자들의 출몰이 잦아 양떼를 잃는 일이 많은 곳이었다.

그곳에는 '나발'이라는 엄청난 부자가 주로 목축을 하였고 다윗과 그의 사람들이 자발적으로 나발의 재산을 지켜 주게 되었다. 그러나 이런 다윗의 호의와 수고에도 불구하고 나발은 거칠게 다윗을 무시하며 다윗을 '주인에게서 도망친 노예' 취급을 하며 먹을 것을 구걸하는 자와 그의 무리라 모욕하였다. 이런 나발의 반응에 다윗은 그동안 보이지 않았던 전혀 다른 태도를 취하는데 그는 폭발적인 분노와 가공할 만한 혈기를 터뜨린다. 참을 수 없는 분노로 다윗의 군대 600명 중 400명의 군사를 무장시켜 나발과 나발에게 속한 남자들을 아침이 오기 전에 다 죽여 버리라는 명령을 내린다. 거기에 그치지 않고 만약 남자 한 사람이라도 남겨 두면 하나님이 벌을 내리고 그 벌에 벌을 또 내리기 원한다는 선언(사무엘상 25:22)까지 하게 된다.

앞서 보았듯 다윗은 오랫동안 자신을 죽이려 한 사울까지도 살려 주던 놀라움을 금할 수 없던 인물이었는데 갑자기 왜 이렇듯 극단적이고 폭발적인 분노를 즉각적으로 표출한 것인가? 사실 나발이나 그 누구도 양떼 보호를 요청했던 일도 아니고 본인이 스스로 한 일이었으면서 보상을 약속받았던 사람이 응당 받아야 할 대가를 떼먹힌 것처럼 분노하고 있는 다윗의 모습은 너무나도 낯설다. 다윗의 당시 환경과 상황을 돌아보면 도망자 신세로 자기에게 딸린 식솔들까지 챙겨야 했던 지도자의 피로 누적으로 외부의 자극에 예민하게 반응했을 법했다. 그럼에도 다윗이 절제하지 못해 분노를 폭발하고 거침없이 과도한 폭력 행사를 명령하는 모습은 무척 낯설다.

다윗과 나발의 관계를 다윗과 사울의 관계와 비슷하다고 보는 관점으로 본다면(Klein, 2004), 다윗은 나발의 재산을 보호했지만 오히려 나발은 다윗에게 사울의 방식처럼 선을 악으로 갚았던 것이 된다. 성경 저자는 다윗의 일시적 분노 사건이 일어난 지역은 '갈멜'이고 나발은 '갈렙 족속'이라 명시했다. '갈렙(Camel)'은 사울이 아말렉 족속에 대한 자신의 승리를 기념하기 위해 기둥을 세운 곳(사무엘상 15:12)이기에 사울 왕에 대한 우호적 분위기와 여전히 높은 지지도를 가지고 있을 것이다. 그렇다면 나발이 '다윗은 누구며 이새의 아들은 누구냐'라며 자신의 존재를 부정적으로 말하던 이전의 사울—'이새의 아들'(사무엘상 20:27)—과 동일시된 것으로 볼 수 있을 것이다. 또한 다윗이 나발에게 보낸 '소년 10명'(사무엘상 25:2)의 파견단은 상세하고 격식을 갖춘 의전을 수행했음을 말해 준다(Klein, 1983). 자신의 정중함과 호의를 무시하고, 반역을 저지른 불순분자로 취급하며 모욕했기에 일시적으로 강렬한 분노에 휩싸였던 것이다.

보웬 이론으로 보면 치밀어 오르는 감정을 절제하지 못해 폭발적으로 표출하는 즉각적인 감정반사행동은 기본분화수준이 낮은 사람들이 보이는 특징이다. 감정은 이런 사람들이 기능하는 데 매우 큰 영향을 미치고, 칭찬이나 인정에 의해 좌우되며, 비판이나 무시에 의해 낙담하게 된다고 한다. 보웬의 설명은 이 사건에서 다윗이 보여 준 언행을 학문적 언어로 정리해 놓은 말로 보인다. 그렇다면 예수님을 제외한 성경의 어떤 인물과도 비교가 되지 않는 높은 수준의 기본분화수준을 가졌다는 다윗에 대한 설명과는 대치되는 것으로 보일 수 있다. 보웬 이론으로 해석하지 않더라도 변명의 여지없이 다윗의 반응은 조절이나 통제라는 것을 모르는 미성숙한 폭도 같은 반응이었다. 그러나 다윗과 나발의 사건이 이 글에서 등

장하는 이유가 여기에 있다. 바로 기본분화수준이 높은 사람이라
고 늘 모든 상황과 모든 대상에게 동일하게 높은 기능분화수준을
보이는 것은 아니라는 것이다. 환경과 상황, 대상에 따라 기본적인
분화수준이 높다 하더라도 항상 목표 지향적인 동기에서 기능하는
것은 아니다. 때문에 분화수준이 높다 하더라도 일시적으로 낮은
기능분화수준의 반응을 보일 수 있음을 놓치지 말아야 한다. 그래
서 우리는 인간이다.

　이 사건에서 나발의 아내였던 '아비가일'의 지혜로운 개입과 적
극적인 중재로 다윗은 폭도로 전락할 수 있는 상황에서 멈추고 다
른 선택을 할 수 있게 되었다. 아비가일은 극존칭을 사용하여 자
신을 낮추고 암시적인 약속을 제시하면서 다윗이 더 나은 선택을
하도록 호소한다. 훗날 다윗이 왕이 되었을 때 지금 여기서 '무죄
한 피를 흘려서' 후회하지 말 것을 간청하며 우회적으로 기회가 있
어도 사울을 죽이지 않았던 다윗이 있었음을 상기시켰다(사무엘상
25:23-31). 이런 아비가일의 긴 설득과 중재는 다윗의 일시적 분노
를 가라앉히는 역할을 했다. 다윗의 중심에 하나님을 품고 하나님
의 약속이 이루어질 것을 믿고 나가는 자신의 동기를 살피도록 도
왔다. 다윗이 순간적인 분노로 감정반사행동을 하지 않고 다윗이
지적체계에 의한 반응을 할 수 있도록 한 것이다. 아비가일은 다윗
의 언행에 동기를 살필 수 있도록 도운 것으로 인해 '지혜롭다'는
평가를 듣는다. 성경 전체에서 가장 긴 여성의 발언으로 등장한 아
비가일은 나발이 죽은 후 다윗의 아내가 된다.

정서적 교감이 미미한 결혼생활을 하는 다윗[5]

　동서고금을 막론하고 왕이 있던 국가들에게서 공통으로 나타나는 왕권 강화 및 유지 정책 중 하나는 혼인관계를 통해 맺는 동맹관계다. 왕권에 도전할 만큼 세력이 큰 국내 귀족들을 견제하거나 국외 주변국의 왕이나 세력들을 흡수하여 상호 견제 혹은 보호를 확대하는 도구로서 혼인을 이용하기에 '정략결혼(政略結婚, marriage of convenience)'이라고도 한다. '정략결혼'은 비단 고대 사회의 나라 간의 동맹을 위한 것이 아니라 세력을 유지하고 확장하고자 하는 인간의 고유한 방식일 것이다[6]. 그러니 우리 역사를 정규 과정으로 배우기 시작하는 초등학생도 쉽게 이해하고, 현재 정치·경제계에서도 흔히 일어나서 뉴스나 가십으로 다루어지기도 하며 드라마 소재로 아주 익숙하다. 다윗도 예외가 아니다. 우선 [다윗의 가계도]를 통해 다윗에게 얼마나 많은 아내와 자녀가 있었는지 보자. 다윗의 유명세와 세력이 최고조에 달한 예루살렘 시대의 신원 미상의 왕비들도 수두룩하니 후궁들의 이름이 성경에 기록될 리 없다. 이런 상황에서 구체적으로 이름이 나온 아내는 그나마 나은 것이다.

　앞에서 언급한 '정략결혼'은 사랑 혹은 애정이 배제된 결합이 우

---

5) 다윗의 정서적 교감이 미미한 결혼생활에 대한 좀 더 구체적인 설명은 김지연, 김정아, 김용태(2014)의 '다윗의 분화수준 변화과정에 대한 연구'를 참고하라.

6) 정략결혼은 가장이나 친권자가 자신의 이익이나 목적을 위하여 당사자의 의사와는 상관없이 시키는 결혼으로 비슷한 말로는 정략혼·정략혼인이라고 한다(국립국어원 표준국어대사전, 2017).

[다윗의 가계도]

구분	다윗의 처	자녀	참고
헤브론 시대	사울의 딸 미갈	–	사무엘하 6:16-23
	이스르엘 출신 아히노암	① 암논	근친상간 후 압살롬에 의해 살해됨(사무엘하 13장).
	갈멜 출신 아비가일	② 다니엘	일명 길르압(사무엘하 3:3)
	그술 왕 달매의 딸 마아가	③ 압살롬	반란 후 살해됨(사무엘하 13-19).
		다말(딸)	암논에게 강간당함(사무엘하 13:14).
	학깃	④ 아도니야	왕위를 노리다 실패(열왕기상 1-2)
	아비달	⑤ 스바댜	
	에글라	⑥ 이드르암	
	암미엘의 딸 밧수아(밧세바)	⑦ 시므아	일명 삼무아(역대상 14:4)
		⑧ 소밥	
		⑨ 나단	예수의 모계(누가복음 3:31)
		⑩ 솔로몬	일명 여디디야(사무엘하 12:25) 다윗의 왕위를 이음(열왕기상 2:12).
예루살렘 시대	신원 미상의 왕비들	⑪ 입할, ⑫ 엘리사마(일명 엘리수아; 역대상 14:5), ⑬ 엘리벨렛(일명 엘벨렛; 역대상 14:5), ⑭ 노가 ⑮ 네베, ⑯ 야비아, ⑰ 엘리사마, ⑱ 엘랴다(일명 브엘랴다, 에랴다, 역대상 14:7; 사무엘하 5:16), ⑲ 엘리벨렛	
	후궁들(사무엘하 5:13)	첩의 아들들(역대상 3:9)	

출처: 가스펠서브(2006). 라이프성경사전.

선하기 마련이나 다윗의 혼인관계는 다르게 볼 필요가 있다. 물론 다윗의 아내들은 당시 높은 지위를 가졌으며, 그 지위 때문에 다윗과 아내들의 부족 상에 정치적인 동맹관계가 세워지고 강화될 수 있었을 것이다. 그러나 제한된 자료로는 다윗의 혼인 정책의 효과

가 무엇인지 분명하게 드러나 있지 않다(Klein, 2004). 다윗은 자신의 정치적 세력의 확장 및 강화 목적이 아니라 상상을 초월한 하나님의 선택을 이루어 나가기 위한 '목표 지향적인 활동'으로 보아야 한다. 다윗의 첫 혼인이 다윗의 의도와 상관없이 사울왕의 불안 해소라는 일방적 의도에 의한 것이었기 때문이다. 다윗의 진짜자기가 가진 원칙과 방향은 자신의 득세나 안위가 아닌 '하나님'이다. 때문에 하나님의 뜻을 이루기 위한 다윗의 중심과 목적이라는 관점을 지속적으로 가지고 봐야 한다.

다윗을 사랑한 사울의 딸 미갈, 그들은 사랑했을까?

사울의 딸 미갈이 다윗을 사랑하매(사무엘상 18:20)

히브리 성경에서 여인이 남성을 사랑했다는 전거는 오직 여기에서만 발견된다(Wolpe, 2016). 대체 다윗을 향한 미갈의 사랑이 어땠기에 성경 저자는 이렇게 표현한 것일까? 그래서 미갈은 다윗에게 사랑받았을까? 그들의 관계에 대한 호기심이 발동한다.

먼저 다윗이 어쩌다 사울의 사위가 되었는지 상기해 보면, 블레셋의 골리앗과의 결투로 거슬러 올라간다. 싸움 잘하는 기골이 장대하며 온몸에 갑옷은 물론 온갖 무기로 무장한 그로 인해 전전긍긍하던 사울은 다음과 같은 조건을 걸고 뒤로 물러나 있었다. 첫째, 골리앗을 죽이면 많은 상을 주고, 둘째, 사위로 삼고, 셋째, 집안의 모든 세금을 면제해 주겠다는 포상을 내걸었다. 이 중에 두 번째 포상으로 다윗이 사울의 사위가 되는 장면이 등장하게 된다.

미갈은 사울의 딸이다. 가뜩이나 다윗의 세력이 팽창되는 것에 극도의 불안을 느낀 사울이 처음에는 맏딸 메랍을 주겠노라 하며 다윗을 볼모로 잡으려 했지만 다윗이 주저하는 사이 다른 곳으로 시집을 보냈다. 그 후 사울은 아예 다윗을 격렬한 전장에 보내 죽게 할 요량으로 블레셋 사람 음경 포피 100개를 가져오면 그의 다른 딸 미갈을 주겠다는 조건을 걸었다. 재미있는 것은 사울은 자기 딸 미갈이 다윗을 사랑하는 것을 알면서도 자신의 왕권을 위협하는 경쟁자인 다윗을 손대지 않고 죽이려 했다는 것이다. 그 와중에 다윗은 보란 듯 사울이 요구한 '폐백(bride price)'의 두 배인 포피 200개를 가져다주고 미갈을 얻었다. 이런 에피소드를 단편적으로 본다면 다윗 역시 미갈을 좋아해서 목숨을 걸고 얻어 낸 사랑이라고 생각할 수 있겠지만 그녀를 사랑해서가 아니다. 다윗은 그저 사울이 불안 해소를 위해 놓은 덫을 자신을 증명하는 기회로 사용했다. 이로써 사울-미갈-다윗이라는 삼각관계가 형성되었다(김지연 외, 2014).

사울-미갈-다윗이라는 삼각관계는 왕권을 다윗에게 빼앗길 것이라는 사울의 불안과 아버지에 대한 반발심과 사랑하는 다윗 사이에서 수시로 느꼈을 미갈의 긴장 및 불안이 다윗을 끌어들여 형성된 것이라고 볼 수 있다. 이런 삼각관계의 활동에서 가장 주요한 영향을 미치는 것은 불안(Kerr & Bowen, 2005)이므로 사울-미갈-다윗의 관계에서 사울과 미갈은 일시적으로 불안이 낮아지거나, 없어진 것 같은 안정감을 이따금씩 느꼈을 것이다. 그러나 다윗은 이들과 다르다. 이전에도 맏딸 메랍을 주겠다던 사울에게 자신에게 가당치 않은 일이라며 겸손한 반응을 보였던 것을 보면 혼인관계를 통해 불안의 문제를 다루려 하지 않았음을 분명하게 볼 수 있다. 오히려 혼돈에 빠진 사울의 정신과 감정(Peterson, 2009)을 살펴야 했던 다윗은 자신을 왕으로 지명한 전능자이며 초월자이신 여호와 하나님의 약속을 상기함으로써 불안을 다루며 해소했을 것이다.

다윗과 미갈의 불안전한 이인관계의 애정의 기울기를 볼 수 있는 일은 다음과 같이 계속된다. '사울의 딸 미갈이 다윗을 사랑하여' 남편 다윗에게 오늘 밤에 피하지 않으면 내일 틀림없이 죽는다(사무엘상 19:11)고 경고하면서 자신의 아버지 사울의 살해 계획을 발설했다. 그 후 창밖으로 줄을 타고 내려가게 해 다윗을 피신시키고 우상에 염소 털을 씌운 뒤 이불 속에 넣어 마치 그가 누워 있는 것처럼 꾸며 도망시켰다. 이를 알게 된 사울은 미갈에게 자기를 속여 대적을 놓아 피하게 했다는 추궁을 당했고, 이런 아버지에게 다윗이 자기를 죽이려 해서 어쩔 수 없었다는 변명을 한다. 미갈은 '다윗을 사랑하여' 다윗에게 헌신하면서도 다윗을 향한 아버지의 증오 속에 늘 좌불안석이었을 것이다. 이 둘의 관계에 대한 동일한 질문을 다시 상기시키면, 그들은 정말 사랑했을까?

미갈 덕분에 도망친 다윗은 도망자 신세로 전락하여 이스라엘의 오지를 전전하며 돌아다니면서 본처 미갈을 두고 다른 아내들을 맞이한다. 그 사이 사울이 그의 딸 다윗의 아내 미갈을 갈림에 사는 라이스의 아들 발디에게 주었다(사무엘상 25:34). 이 사건은 다윗이 더 이상 왕족이 아니고, 사울의 왕가로부터 파면을 당했다는 의미였기에 다윗은 사울이 죽은 뒤 발디에게서 미갈을 '빼앗아' 왔다. 여기서 사용된 '빼앗는다(라카흐)'는 왕의 절대 권력을 상징하는 동사다. 이는 분명 다윗이 아브넬과의 계약에서 미갈을 요구한 이유[7]와 함께 다윗이 그녀를 사랑해서가 아니라 그녀가 가진 정치적 효용성 때문이었다(김구원, 2016). 이미 다른 사람과의 혼인관계를 유지하던 미갈은 다윗에게 있어 그가 사울의 왕권을 계승할 권리를 강화하기 위해(사무엘하 3:12-16) 필요했다.

성경은 미갈을 빼앗아 올 때의 장면을 구체적으로 그리며 미갈의 남편인 발디가 계속 울면서 그녀를 따라갔다고 표현하고 있다. 다윗의 아내로 있을 때와는 상반된 이 장면으로 볼 때 발디의 아내로 있던 미갈은 사랑받는 아내였을 것이다. 다윗이 미갈을 정말 사랑했다면 자신의 오랜 부재 속에서 미갈이 다른 사람과의 혼인관계 내에서 어떤 생활을 했는지 알아보았거나 그녀의 행복과 안위를 염려하고 궁금해했을 것이다. 그러나 그런 설명은 어디에서도 찾아볼 수 없다. 다윗과 미갈의 관계는 물리적인 거리나 떨어져 살 수밖에 없던 긴 시간 때문만이 아니라 시작부터 기울어진 애정의 관계, 정서적으로 서원한 관계, 한쪽 배우자가 높은 불안을 가진 관계이다.

다윗과 미갈의 관계가 애정을 바탕으로 한 부부관계가 아님이 민망하게 드러난 사건은 또 있다. 유다와 이스라엘을 하나로 통일 왕국의 왕이 된 다윗이 예루살렘을 수도로 정했다. 강성한 다윗 왕조의 서막을 알리는 중요한 때에 80여 년 동안 방치된 언약궤를 옮겨 오는 축제의 날, 다윗은 큰 기쁨에 온 마음을 다해 춤을 추며 하

---

7) 사울의 숙부인 넬의 아들인 아브넬은 이스라엘 군대의 총사령관이었다. 그러나 사울 왕이 죽은 후, 다윗은 헤브론에서 유다 왕위에 올랐고, 사울의 사람이었던 아브넬이 다윗의 사람이 되기를 원했다. 이때 다윗은 아브넬에게 미갈을 데리고 와야만 받아 주겠다는 조건을 제시했다(사무엘하 3:1-21).

나님의 궤를 맞이했다. 그런데 정신없이 기뻐 춤추는 다윗을 보고 미갈은 마음 깊이 그를 비웃고 업신여기며 모욕(사무엘하 6:16, 20; 역대상 15:29)하는 감정반사행동을 보였다. 다윗을 사랑해 아버지를 배신하고 창밖으로 그를 도망치도록 했던 여인이 지금은 다른 곳에서 창밖의 다윗을 내려다보며 경멸한다. 한때 다윗을 향했던 미갈의 사랑은 비웃음과 업신여김, 모욕으로 바뀌어 매우 낮은 분화수준의 분명한 지표가 될 만한 감정적 반응으로 쏟아지고 있다. 현재, 다윗은 가장 강력한 힘을 가진 왕으로서 어떤 행위에 대한 정당성을 얻는 일쯤은 아무것도 아니다. 왕의 의도를 저급하게 평가한 왕의 아내를 당장에 폐위시킬 수도 있을 만큼 힘을 가졌다.

그러나 다윗은 자신의 힘이나 권력, 지위를 사용하지 않고 미갈에게 자신이 기뻐서 춘 춤의 의미를 밝힌다. "이는 여호와 앞에서 한 것이니라!"(사무엘하 6:21). 다윗은 미갈의 해석이 틀렸음을 단호히 설명하며 자신의 기준, 가치가 어디에 있는지 명료하게 말한다. 이어서 그는 "그가 네 아버지와 그의 온 집을 버리시고 나를 택하사 나를 여호와의 백성 이스라엘의 주권자로 삼으셨으니 내가 여호와 앞에서 뛰놀리라."라며 자신의 춤에 대한 의미와 의도뿐 아니라 나아가 하나님이 그의 삶에 어떻게 일하셨는지, 자신의 삶의 목표와 방향이 어디로 향해 있는지를 말한다. 이어 "내가 이보다 더 낮아져서 스스로 천하게 보일지라도 네가 말한바 계집종에게는 내가 높임을 받으리라."(사무엘하 6:22)고 한다. 그가 말하는 높임은 왕좌의 높음이 아니라 하나님을 높이는 것으로 그의 목표 지향적인 행동과 높은 기능의 동기가 된다. 다윗은 왕이 되지 못할 것이라는 불안이나 죽음의 두려움과 전혀 거리가 멀다. 오직 여호와 하나님을 향한 신념으로 높은 분화수준을 가진 다윗임을 알 수 있는 반응이다.

이후 사무엘하서 6장 23절에는 '그러므로'라는 말이 붙어서 이 사건으로 인해 미갈에게는 '죽는 날까지 그에게 자녀가 없었다'며 이전의 사건에 따른 결과인 인과관계로 서술되고 있다. 미갈의 감정반사행동에 의해 자녀를 갖지 못했다는 것으로, 이는 전능자이며 초월자이신 하나님의 주권으로 해석되기도 한다. 또한 이에 대해 다윗이 미갈과 동침하기를 싫어했기 때문이라는 주장(김지연 외, 2014)도 있는데 이 주장은 전혀 무리가 없어 보인다. 원칙에 맞지 않으면 싫어하고 분별하여 피하게 된다. 때론 화를 낼 수도 있다. 예수님도 거룩한 성전 앞이 제사 재물을 사고파는 장으로 된 것 때문에 불의에 대해 질풍 노도와 같이 진노하셨다(마태복음 21:12, 요한복음 2:15; 제자원, 2014; 제자원, 2015). 그리고 '화 있을지어다.' 하시며 저주를 선언하며 슬픔, 또는 분노와 절망을 동시에 나타내기도 하셨다(마태복음 23:13-36; 제자원, 2015). 다윗도 이전에 하나님을 모욕한 골리앗을 향해 분노하며 화를 냈다. 단순하게 표면적으로 드러난 감정의 형태가 화, 분노, 피함, 싫어함 등이라고 해서 그것들을 감정반사행동으로 볼 수 없다. 감정반사행동으로 보는 분명한 기준인 불안이 드러난 감정의 동기가 아니라는 점에서 결정적인 차이가 있기 때문이다.

견딜 수 없는 공허감과 외로움을 만나는 다 가진 중년의 다윗

통일 왕국의 왕이 된 다윗의 첫 번째 업적은 예루살렘을 수도로 정함으로써 정치적·지리적 통합을 이룬 것이다. 그리고 이어 두 번째 업적은 약 80여 년 만에 언약궤를 예루살렘으로 가져옴으로써 종교적 · 정신적 통합을 이룬 것이다. 하나님의 임재, 함께하심의 상징이 예루살렘에 있기에 나라는 더없이 안정적이며, 다윗은 여러 아내와 자녀에게 둘러싸여 문자 그대로 부족한 것이 없는 사람이 되었다.

초기 안정기에 그는 성막에 있는 언약궤를 둘 성전을 짓고 싶어 할 만큼 여전히 하나님에게 향해 있었다. 비록 그 소원이 하나님에 의해 할 수 없게 되어 크게 실망했지만 물리적인 성전 건축 대신 '왕위가 영원히 견고하게 보전될 것'을 약속받았다(사무엘하 7장). 그리고 그의 반응은 그 약속의 위대함과 그것을 이루실 하나님의 능력을 믿는 자신의 신념과 원칙을 확고히 하며 그저 감사한다.

동시에 다윗은 공격적으로 영토 확장에 나서면서 승승장구하며 강해져 갔다. 두 번의 블레셋의 공격에도 그는 원리 지향적이고 목표 지향적으로 기능하며 압도적인 승리를 한다. 무엇보다 우선하여 하나님께 묻고 기도한 후 전쟁에 임하는 그의 원칙과 원리를 고수했다. 다윗의 하나님 우선의 원칙은 매번 새로운 전쟁 방식을 선택하여도 이미 이겨 놓은 승리를 할 수 있었다. 블레셋을 초토화한 이후 모압, 아람의 소왕국들, 에돔 등 다윗은 어느 곳에 출전하든 승리했다. 영토를 넓히고 전리품을 관리하고 백성을 다스릴 때도 언제나 공평을 기준으로 삼아 불평이 없게 했다(한영희, 남기영, 2011). 여러 나라를 정복하며 조공을 받게 되면서 이스라엘은 경제도 성장하고, 철기 문화도 발달하게 되면서 이스라엘 역사 중에 최고의 영화와 전성기를 누렸다. 동시에 다윗은 고대 중동의 강력한 통치자가 되었다.

돌아보니 불확실한 한계 상황에서 전능자이자 초월자인 하나님을 찬양하던 어느 날 유명한 사무엘 선지자가 찾아왔다. 그것도 놀라운 일인데 하찮은 막내로 대우받던 자신이 왕이 될 것이라며 기름 부음을 받았다. 그런데 구체적으로 언제 왕이 된다는 말은 없다. 어쩌면 여전히 불확실한 상황의 연속이었을 수 있으나 그는 달랐다. 그로 인해 하나님의 전능하심에 더 의존하며 이전보다 더 하나님을 향하며 살았다. 안정을 누릴 만한 땅이나 공간이 허락된 적은 없었으나 신념과 확신에 근거하여 늘 목적 지향적인 활동을 하며 살았다. 계속되는 죽음의 위협과 암담한 광야생활, 그리고 전쟁과 정복으로 인해 피비린내 나는 상황에 오래 내몰려 살았지만 '전능자의 그늘'에서 불안하지 않았다. 다만, 다윗의 시편들을 보면 만성이 되어 친숙해진 외로움과 고독함이 다윗에게 여전이 있었다.

수비형 지휘관이었던 사울과 달리 공격형 지휘관이었던 다윗의 끝나지 않을 것 같았던 정복 전쟁이 끝났다. 묻지도 따지지도 않고 전쟁에 나섰던 사울과 달리 하나님께 기도로 먼저 묻고 결과에 따라 전쟁에 나갔던 다윗이 정착했다. 지리멸렬하게 싸우던 대상인 블레셋과 압도적 승리로 블레셋 지역은 물론, 모압까지 정복하면서 그 기세를 몰아 유프라테스 강까지 얻었다. 다윗은 동(모압), 서(블레셋), 남(에돔, 이집트), 북(다메섹, 앗수르)을 확보하며 심지어 아람과 암몬에게 조공을 받는 나라의 왕이 되었다. 안으로는 시글락 전투의 승리 후 자리 잡게 된 전리품의 균등 배분 등으로 공평함과 겸손함으로 다스렸다.

야전에서 늘 사람에 둘러싸여 시시각각 변하는 상황에 따라 최선의 방안을 빠르게 결정해야만 했던 다윗은 낯설지만 여유로운 시간을 누리기 시작했다. 봄이 와서 암몬과의 전쟁이 재개되었지만 다윗은 요압 장군을 대신 '보내고' 자신은 출장하지 않고 위험한 여가 시간을 보내고 있다(Alter, 2009). 이 시간을 다윗은 서성거림으로, 지리적으로 높은 곳에 위치한 다윗 성에서 자신이 정복한 땅을 내려다보는 것으로 썼다.

최근 정글을 돌며 야생을 체험하는 TV 프로그램의 주역인 연예인이 다른 프로그램에 출연하였다. 진행자가 "정글에서 살다가 도시에 오면 편하겠다."라는 말을 건네자 그는 "더 불편하다."라고 답하며, "정글 원주민이 더 편하다."라는 말을 했다. 그리고는 집을 지어 놓고도 밖에서 자며 비가 올 때는 빗소리를 듣기 위해서 밖에서 잔다고 했다. 그는 도심지에서 더 오래 살았고, 자신의 의지대로 의미를 담은 집도 설계해서 지은 중년의 남자다. 그럼에도 불구하고 상당 기간 고정적으로 출연한 프로그램으로 인해 야생생활에 더 익숙해져 안정적인 생활을 불편해했다. 그의 반응에 진행자들과 출연자들이 함께 웃었지만 그만큼 사람의 생활양식이 한 사람에게 미치는 영향력에 대해서 생각해 볼 만한 발언이었다.

다윗도 다르지 않을 것이다. 하나님의 영원한 약속을 받은 중년의 왕 다윗은 안전한 자신의 성에서 전투적으로 살았던 과거를 회상하며 한가하게 거닐고 있다. 오랜 시간 불확실한 상황 속에서 외로움을 느끼며 숨가쁘게 살았던 그는 무슨 생각을 했을까?

2018년 1월, 우리나라 20세 이상 남녀 1,090명(남 419명, 여 365명)을 대상으로 한 외도 경험에 대한 조사 기사를 보았다. 성인 남성의 외도 경험률이 30대에 42.3%, 40대에 48.4%, 50대에 52.5%, 60대이상에 56.7%로 조사됐다. 그중에서도 40대에 외도 경험률이 많이 늘어나는 것을 '갱년기 남자의 심리적 공허감과 신체적 위축 등의 영향 때문'으로 분석했다(강동우 성의학연구소, 2018). 남성이든 여성이든 일 중심으로 열심히 내달리는 삶 속에서는 이런 심리적 공허감을 마주할 시간도 여유도 없다. 일 중심이라는 말은 과제 지향적이라는 말과 동일선상에 있다. 일과 과제를 해냄으로써 지속적으로 인정받아야 하는데 아무리 일을 해도 인정받지 못하는 때가 인간에겐 온다. 나이가 들어 감에 따라 변하는 신체적인 한계와 변화는 누구도 예외 없이 마주하게 된다. 이럴 때 오는 '나는 누구인가?' 하는 존재로서의 의문과 인생에 대한 의문은 다른 것으로 방향을 전환해 보려고 애를 써도 어김없이 찾아온다. 이때 마주하는 심리적 공허함은 외로움과 함께 증폭되어 관계에서 불편함과 어려움을 경험하게 되면서 때때로 억울함으로 올라온다. 중년의 다윗도 역시 극적으로 변한 안정적인 삶에서 만성적인 외로움과 공허감, 허무함 앞에 일시적으로 실족한 것으로 볼 수 있다.

우리아의 아내 밧세바를 힘으로 가진 다윗

통일 왕정의 왕권을 수립할 즈음에 발생한 이 사건은 성공의 순간이 유혹의 절정이었음이 밝혀진다(박정구, 2015). 게다가 아이러니하게도 하나님이 다윗에게 영원히 견고한 왕위의 보존과 존속을 약속하신 후에 일어났다(사무엘하 7:1-16). 다윗이 상상조차 못했던 그 영원한 언약을 받은 직후 보인 감격과 감사의 반응들(사무엘하 7:18-29)은 지금도 노래로 만들어져 지금 우리가 부르고 있다. 그는 자기의 공을 내세우지 않는, 자신의 성공이나 업적 내지는 권력 등

어느 것에도 눈을 돌리지 않고 오히려 전적으로 자기를 낮춘 채 전
능자에게로 향해 있다.

그런데 성경은 몇 장의 다윗의 전쟁 기록 이후 충격적인 밧세바
간음 사건을 낱낱이 밝혀 버린다. 하나님 마음에 합한 자라는 평가
를 들은 다윗, 보웬의 용어로는 높은 분화수준의 다윗이 저지른 범
죄다. 이 범죄의 발생과정은 물론 은폐하려 한 처리과정 전체가 놀
랍도록 빠르고 적극적이고, 과감하며, 계획적이고, 치밀하다. 전
과정은 최고 권력자인 왕으로서 다윗이 가진 지위와 힘, 권력의 영
향력 등을 면면히 볼 수 있다. 게다가 사건을 통제하는 그의 빠른
결단력과 추진력은 치밀한 계획과 대안까지도 실행에 옮겨 실현되
게 만든다. 그 실현은 각각 그가 원하는 결과를 얻게 했는데, 문제
는 목적과 방향이 전적으로 악하고 잘못되었다는 것이다. 잘못된
동기는 잘못된 결과를 초래하여 다윗은 1차 간음, 2차 은폐 시도 실
패, 3차 은폐를 위한 살인 교사 등으로 원하는 결과를 얻었다. 원하
는 결과를 얻었다는 것만을 본다면 이전에 보였던 다윗의 신념과
확신에 근거한 목적 지향적인 활동을 보일 때와 같이 높은 분화수
준을 가진 사람이 기능을 발휘한 것이 될 수도 있다. 그러나 이는
일시적으로 떨어진 기능분화수준으로 인한 중심의 동기와 목적,
추구한 방향성 모두 발생한 문제들을 표면상 덮기 위한 것으로 전
적으로 잘못된 감정반사행동이다.

보웬이 말하는 기능분화는 환경에 따라서 많이 달라지는 것이
며, 또한 기본분화가 잘된 사람도 상황이 어려워지면 목표 지향적
인 활동을 제대로 하지 못하는 기능분화수준이 떨어질 수 있는 것
이다. 높은 기본분화수준을 가진 다윗도 주어진 환경과 상황이 어

려워지면서 목표 지향적인 활동을 할 수 없게 된 것으로 설명할 수 있다. 그렇다면 다윗이 직면한 환경과 상황의 어려움이 무엇인지 살펴볼 수밖에 없다.

성경 주석가들은 이를 다윗이 승리에 도취되어 '나태'해진 정신 상태에서 나타난 욕망의 잉태, 안목의 정욕, 승리로 인한 자신감 등으로 본다(김지연 외, 2014). 그러나 그 욕망이 잉태된 심리적 원인이나 근원에 대한 이해나 설명들은 찾아보기 어렵다. 앞서 다룬 다윗의 견딜 수 없는 공허감과 외로움 때문에 간음을 저지른 것이라는 인과 결과를 말하는 것이 아니다. 그동안의 다윗은 목표 지향적이며 원리 지향적인 반응을 하는 하나님의 기름 부음을 받은 자였다. 그래서 그가 한결같은 태도를 보여 줄 것을 기대할 수 있겠지만 간과할 수 없는 중요한 점은 다윗 역시 사람이라는 것이다. 이 사건은 다윗이 늘 수많은 아내와 자녀, 사람 속에 있었지만 뿌리 깊은 외로움, 공허감과 허전함에 일시적으로 압도되어 현재 가장 쉽고 빠른 방법인 힘으로 해결하려 한 사건이라 할 수 있다. 이렇듯 기본 분화수준이 높은 사람도 상황적으로 불안이 커지면 목표 지향적인 활동을 제대로 하지 못하는 경우가 생기고 일시적으로 기능수준이 떨어진다(김용태, 2005).

성경은 밧세바에 대해서 '엘리암의 딸' '헷 사람 우리아의 아내'라는 두 가지 수식어를 달 정도로 다윗이 성적인 대상으로 손을 대서는 안 되는 사람임을 강조하고 있다. '엘리암'은 다윗의 30인 용사 중 한 사람(사무엘하 23:24)인 아히도벨의 아들이다. '우리아의 아내 밧세바'는 다윗과 그의 왕국을 위해 목숨을 바쳐 충성을 다한 개국공신의 손녀인 것이다. 게다가 충직하게 자신을 믿고 전장에서 싸우는 자의 아내이기에 잘못된 대상임을 부단히 밝히고 있는 것이다. 심지어 성경은 신약시대에서도 마태복음 1장 6절에서 "다윗은 우리야의 아내에게서 솔로몬을 낳고"라며 밧세바를 다윗의 아내가 아닌 '우리아의 아내'로 못박으며 다윗의 범죄적 행위를 결코 묵과하지 않는다. 절대 권력을 가진 다윗은 명령하복의 질서에 따라 사람을 '보내어' 밧세바를 뒷조사하고, 또 사람을 '보내' 밧세바를 데리고 온다. 이는 다윗이 권력과 융해되어 있음이 드러나는 것으로 그가 자신의 권력을 사용해 '다윗-권력-대상(밧세바, 우리아, 명령에 따르는 여러 사람)'의 삼각관계를 형성하고 있음을 보여 주고 있다. 삼각관계의 활동은 불안이 주요한 원인이며 불안이 증가하면 상호 맞물린 관계를 형성하게 된다. 그런데 이런 삼각관계는 이전의 불안보다 더 큰 불안을 내포할 수 있다(Kerr & Bowen, 2005: 168). 결국 1차 밧세바 간음 후, 사건이 드러날 것이 불안해 밧세바의 남편인 우리아를 교묘하게 속이는 2차 범행을 시도한다. '다윗-권력-밧세바 간음'의 삼각관계로 불안이 증폭되었다. 그리고 그 2차 범행 시도가 여의치 않자 더욱 과감하게 은폐를 위해 3차 범행인 살인 교사를 하고 결국 이루어 낸다.

다윗은 자신의 권력을 남용했고, 제어해야 할 인간의 탐욕을 피하지 않고 채웠다(박정구, 2015: 391). 하나님을 향해 있는 사람도 이렇듯 일순간 잘못을 저지를 수 있다. 그리고 그 잘못을 덮으려고 자신이 할 수 있는 한 모든 것을 동원할 수 있다. 그런데 다른 것 혹은 다른 사람으로 채워 줄 수 있는 것에 의존하며 사는 삶은 반드시 깊은 실망을 가져오게 마련이다. 그때의 공허함은 참으로 고통스럽다(Crabb, 1987).

다윗의 회복된 높은 기능분화

강한 직면에 즉각적으로 참회하는 다윗

　다윗의 간음 및 살인 교사의 죄는 대략 1년 정도 우리아의 죽음과 자신의 장수가 죽은 후 그 부인을 거둔 대단한 명분으로 위장되어 은폐에 성공한 듯 보였다. 그러나 분명 다윗의 불안은 의도적으로 집요하게 죄악을 은폐하려 할수록 더욱더 커져만 갔을 것이다. 이 실체가 없는 불안에서 벗어나는 길은 단 하나, 드러내는 것이다. 때문에 하나님은 '하나님 마음에 합한 자'인 다윗에게 나단을 보내셨다. 처음 직면과 책망은 우회적이었으나 다윗은 알아채지 못했다. 하지만 나단이 다윗이 저지른 범죄를 강력하고 직접적으로 지적하며 "네가 그 사람이라."며 책망하였다. 오직 하나님을 향해 있던 다윗이었는데 지금은 '여호와 보기에 악을 행하여' 하나님으로부터 '네가 나를 업신여겼다'는 책망을 듣고 있다(사무엘하 12:9-10).

　이때의 다윗은 통일왕국을 이룬 강력한 이스라엘의 최고 권력자로 명령 한마디에 자신의 은밀한 죄를 폭로하며 책망하는 나단 선지자를 처단할 수도 있었다. 그러나 늘 하나님을 향해 있던 '하나님 마음에 합한 자'인 그는 달랐다. 왕으로서의 권위와 체통 따위가 아니라 완전히 전능자의 그늘 아래 있는 자로서 "내가 여호와께 죄를 범하였다."(사무엘하 12:13)며 즉각적으로 죄를 인정하고 회개했다. 이런 죄에 대한 즉각적인 그의 반응은 이전 왕인 사울의 경우와 전혀 달랐을 뿐 아니라, 어떤 성경 인물의 경우와도 비교할 수 없는 태도였다. 이런 진심 어린 회개를 할 수 있었던 것은 다윗이 일시적으로 떨어진 기능분화수준으로 인해 불안과 두려움, 고립감, 외로움 등의 감정적인 반응을 하던 상태가 깨졌기 때문이다.

나단 선지자의 강한 직면은 치료적 개입으로, 권력과 융해된 다윗을, 다양한 삼각관계를 이루며 유지되던 다윗의 권력 횡포를 멈추게 하였다(김지연, 2007). 때문에 기본분화수준이 높은 다윗이 빠르게 죄를 회개하는 지적체계를 통한 지적체계 활동을 한다. 이로 인해 일시적으로 융해된 권력과 간음으로부터 점진적 탈삼각화 현상을 보이며 다윗 자신에게 초점을 맞추고 자기 죄악에 대해 전적으로 책임지는 태도를 보인다(김지연 외, 2014). 이렇듯 높은 기본분화수준의 다윗은 하나님의 용서하심으로 인해 빠르게 하나님과의 친밀감과 관계를 회복하는데, 이는 다음 고백의 시로 알 수 있다.

> 하나님이여 주의 인자를 따라 내게 은혜를 베푸시며
> 주의 많은 긍휼을 따라 내 죄악을 지워 주소서
> 나의 죄악을 말갛게 씻으시며 나의 죄를 깨끗이 제하소서
>
> 무릇 나는 내 죄과를 아오니 내 죄가 항상 내 앞에 있나이다
> 내가 주께만 범죄하여 주의 목전에 악을 행하였사오니
> 주께서 말씀하실 때에 의로우시다 하고 주께서 심판하실 때에
> 순전하시다 하리이다
> 내가 죄악 중에서 출생하였음이여 어머니가 죄 중에서 나를 잉
> 태하였나이다
> 보소서 주께서는 중심이 진실함을 원하시오니 내게 지혜를 은

밀히 가르치시리이다

우슬초로 나를 정결하게 하소서 내가 정하리이다

나의 죄를 씻어 주소서 내가 눈보다 희리이다

내게 즐겁고 기쁜 소리를 들려 주시사 주께서 꺾으신 뼈들도
즐거워하게 하소서

주의 얼굴을 내 죄에서 돌이키시고 내 모든 죄악을 지워 주소서

하나님이여 내 속에 정한 마음을 창조하시고 내 안에 정직한
영을 새롭게 하소서

나를 주 앞에서 쫓아내지 마시며 주의 성령을 내게서 거두지
마소서

주의 구원의 즐거움을 내게 회복시켜 주시고 자원하는 심령을
주사 나를 붙드소서

그리하면 내가 범죄자에게 주의 도를 가르치리니 죄인들이 주
께 돌아오리이다

하나님이여 나의 구원의 하나님이여

피 흘린 죄에서 나를 건지소서 내 혀가 주의 의를 높이 노래하
리이다

주여 내 입술을 열어 주소서 내 입이 주를 찬송하여 전파하리
이다

주께서는 제사를 기뻐하지 아니하시나니 그렇지 아니하면 내
가 드렸을 것이라

주는 번제를 기뻐하지 아니하시나이다

하나님께서 구하시는 제사는 상한 심령이라

하나님이여 상하고 통회하는 마음을 주께서 멸시하지 아니하
시리이다

주의 은택으로 시온에 선을 행하시고 예루살렘 성을 쌓으소서

그 때에 주께서 의로운 제사와 번제와 온전한 번제를 기뻐하시
리니

그때에 그들이 수소를 주의 제단에 드리리이다(시편 51편)

다윗은 하나님의 용서하심을 온전히 받아들이고 믿었다. 그것
은 그가 상황과 환경에 상관없이 전능자이신 하나님을 향한 원칙
과 신념이 있는 진짜자기가 있는 사람임을 말한다. 그리고 죄 용서
와 함께 죄의 결과로 밧세바가 낳을 아이가 죽을 것임을 나단으로
부터 통보받는다. 그런데 마치 죄의 결과로 인한 경고를 잊어버리
기라도 한 듯 다윗은 그 아이를 살리려고 7일 동안 금식하며 간절
히 기도했다. 그러나 하나님의 최종적 결정이 아이의 죽음으로 실
행된 직후, 다윗은 아이의 죽음도 직면하며 오히려 평안을 유지하
였다. 이런 다윗의 태도에 가까운 신하들마저도 의아해했으나 그
들의 의문에 다윗은 자신의 원칙과 신념을 말한다. "혹시 여호와께
서 나를 불쌍히 여겨서 아이를 살려 주실지 몰라서 그랬는데 내가
다시 돌아오게 할 수 없다."(사무엘하 12:22b-23a)

다윗은 전능하신 하나님의 결정을 신뢰하며, 그분의 결정을 전
적으로 받아들이고 있다. 때문에 자신의 죄에 대한 대가에 불안으
로 반응하는 것이 아니라 수용하고 책임지는 태도를 보인다. 그 후

'우리아의 아내'라고 표현되던 밧세바에서 '그의 아내 밧세바'에게 들어가 자신의 죄에 대한 총체적 책임을 갖고 밧세바를 위로하는 따뜻한 남편의 모습을 보인다. 여기서 '위로하고'는 단순한 정신적 차원의 위로뿐만 아니라 실제적 위로의 행위를 포함한다. 하나님의 용서를 완전하게 신뢰하는 다윗이기에 가능한 태도로 볼 수 있다. 이렇듯 목표 지향적인 행동과 친밀한 정서적 일치감 사이를 자유롭게 넘나드는 다윗을 보면 그가 가진 확신이 감정과 융합된 낮은 수준의 진짜자기가 아니라 높은 수준의 진짜자기로 있음을 볼 수 있다.

이전에 다윗의 우주에는 하나님이 그 중심에 계시고, 다윗 자신은 둘째가는 존재로서 그 주의를 도는 위성이었다(Wolpe, 2016). 그는 양을 치며 전능자이며 초월자인 하나님과의 내밀한 만남으로 이 같은 세계관을 가지고 중심에 하나님을 품었던 사람이었다. 나단의 직면으로 인해 다윗은 자기의 자리를 다시 한 번 재정비하며 확인하였다. 하나님과 자신만의 이인관계를 다시 확고히 하면서 둘 사이에 끌어들여 삼각관계에 끼워 넣었던 권력, 일, 여자 그리고 허무함, 외로움, 공허감 등의 감정 등을 제거함으로써 탈삼각화를 이룬 것이다.

보웬의 렌즈로 본 다윗

다윗은 구약성경에서 모세보다 월등히 많은 부분을 할애하여 등장하는 가장 스펙트럼이 넓고 깊은 인물이다. 이 글에서 만난 다윗은 주로 성경의 사무엘서와 시편에 근거하였고 그의 전 생애를 다루지는 않았다. 한 인물에 대한 평가는 보는 개개인의 관점은 물론 한 시대의 일반적인 사상의 흐름에 따라 다름을 우리는 잘 알고 있다. 또한 한 인물의 이야기를 시간의 흐름을 따라 순차적으로 볼 때와 특정한 주제를 따라 볼 때 동일 인물임에도 전혀 다른 사람으로 보이기도 한다. 다윗의 경우 '하나님의 마음에 합한 자'의 관점으로 만나는 다윗과 '차기 왕권을 가진 자'의 관점에서 만나는 다윗은 전혀 다른 사람이다.

조금 더 구체적으로, 다윗의 역할을 기준으로 하여 '왕으로서의 다윗' '남편으로서의 다윗' 그리고 '아버지로서의 다윗'으로 나누어 본다면 이 역시도 각기 다른 다윗을 만나게 된다. 이 글은 무엇보다 다윗이라는 인물을 '하나님의 마음에 맞는 사람' '하나님의 뜻을 다 이루는 사람'(사도행전 13:22) 그리고 '주의 영이 내려 그날부터 줄곧 그를 꽉 붙들고 놓지 않았던 사람'(사무엘상 16:13)의 관점을 놓지 않았다. 처음부터 끝까지 다윗의 근본 동기가 자신의 힘의 획득이 아닌 하나님의 뜻을 이루는 방향에 기초해 있었다는 관점을 유지하면 너무도 다양한 그의 반응 속에서도 일관된 맥이 잡힌다. 이런 다윗을 보웰 이론의 렌즈로 보니 매우 높은 분화수준의 기준에 해당하는 내용들이 면면히 드러나 새로운 시각을 갖게 했다. 그리고 높은 기능분화수준을 드러내는 사건과 일시적으로 낮아진 기능분화수준이 드러나는 사건들이 함께 있다는 점이 더욱 흥미롭다. 이런 면들이 밧세바 간음 사건 등으로 나타난 다윗의 심리·정서적 문제들에 대해 사료할 수 있게 하였다. 다윗의 등장부터 퇴장까지의 긴 이야기 속에서 전체가 아닌 일부분만을 조명한 것은 이 글의 초점 때문이다.

매우 높은 분화수준의 다윗임에도 일시적으로 낮은 기능분화수준을 보였기에 그 누구도 기본분화수준이 높다고 안심하거나 자만할 수 없다는 것이다. 다윗의 높은 기본분화수준은 가족관계 내에서의 친밀한 관계가 없어도 사회적 감정과정을 통해 가능함을 보여 주었다. 다윗은 그의 눈에 보이지 않지만 어디에나 언제나 존재하는 전능자이며 초월자이신 하나님과 질적으로 높은 수준의 상호작용으로 정서적인 독립을 얻을 수 있었다.

이렇듯 다윗의 기본분화는 대부분의 성경 인물들이 인생의 특정한 사건들을 통해 천천히 점진적으로 분화가 진행된 것과는 다른 양상을 보인다. 다시 말해, 다윗은 하나님과의 사회적 감정과정을 통해 높은 기본분화수준에서 출발했다는 점에서 뚜렷한 특징을 보이고 있다. 눈에 보이지 않는 만물을 주관하는 전능자이자 초월자이신 존재와의 상호작용은 매 순간 다윗이 마주하는 인간의 한계를 수용하게 하였다. 이는 그의 삶 속에서 전쟁이라는 불확실한 한계 상황 속에서도 확신과 신념을 가지고 하나님께 먼저 묻고 그에 따라 전술과 전략을 결정하는 모습으로 나타난다.

눈에 보이지 않지만 존재하는 전능자이자 초월자인 하나님과의 깊은 연합성과 개별성이 원활하게 이루어지기에 나아가 사람들과의 연합성과 개별성도 원활할 수 있었다. 특히 사회적 영역에서의 일(work)과 그와 관련된 인간관계에 있어 두루 원만하고 친밀할 수 있었고 그로 인해 높은 성취도 가능했다.

그러나 높은 기본분화수준이 전 생애 동안 높은 기능분화수준으로 고정된 것이 아니라는 점이 중요하다. 즉, 매 순간 높은 기본분화수준을 가진 사람이 높은 기능분화수준을 보이는 것이 아니라는 것이다. 인간이 끊임없이 마주하는 물리적 환경이나 심리·정서적 결핍의 한계—다윗에게는 공허감과 외로움—는 기능분화에 얼마든지 영향을 끼칠 수 있음을 다윗을 통해 적나라하게 보았다. 다윗의 일시적으로 낮아진 기능분화는 폭발적인 분노나 결정적인 범죄를 치밀하고 거침없이 저지르는 등의 감정반사행동으로 드러난다. 심지어 그가 가진 권력으로 모든 것이 즉각적으로 쉽고 빠르게 처리되어 무엇이 문제였는지 다윗 자신도 깨닫지 못하는 상태로 지내기도 했다. 그럼에도 불구하고 다윗에게 최적의 치료적 개입이 있을 때 그는 그 즉시 깨닫고 인정하며 고백했다. 그리고 멈추고 돌이켜 회개하여 용서를 받았으며 수치심과 죄책감에 발목 잡히지 않고 받은 용서를 전적으로 받아들였다. 나아가 범죄로 이어진 자신의 격렬한 감정반사행동에 대한 책임을 전적으로 지며 진짜자기로 회복할 수 있었다.

우리는 어떠한가?

이 글의 시작은 마치 읊조리듯 "주변에 사람들이 이렇게 많아도 불현듯 외로움에 압도당할 때가 있어요."라는 호소였다. 이 무력한 호소가 비단 중년의 다윗에게만 해당하는 것은 아닐 것이다. 나, 당신 그리고 우리의 호소일 것이다. 순간적으로 압도당하는 각자의 심리·정서적 결핍이나 취약점들은 우리가 인간이라는 방증이기도 하다. 우리는 매 순간 한계와 결핍을 마주하며, 그 한계와 결핍을 인정할 수밖에 없는 인간이다. 다윗과 같은 인간.

📖 **참고문헌**

가스펠서브(2006). 라이프성경사전. 서울: 생명의 말씀사.

강동우 성의학연구소(2018. 1. 27.). 한 눈에 보는 통계: 성인 남자 50.8% '외도 경험 있다', 성매매는 외도일까? 통플러스. http://news.tongplus. com/site/data/html_dir/2016/08/09/2016080901977.html

강병도(1990). 호크마 종합 주석 7 사무엘상 · 사무엘하. 서울: 기독지혜사.

국립국어원(2017). 표준국어대사전.

김구원(2016. 8. 25). 다윗은 왜 미갈을 다시 데려왔을까? 복음과 상황. http:// www.goscon.co.kr/news/quickViewArticleView.html?idxno=29719

김용태(2005). 가족체계이론. 서울: 학지사.

김지연(2007). 신명기 간음죄 규정(신민기22장22절)과 "다윗과 밧세바 이 야기"(사무엘하11-12장) 비교연구. 감리교신학대학교 대학원 석사학 위논문.

김지연, 김정아, 김용태(2014). 다윗의 분화수준 변화과정에 대한 연구- 다윗과 밧세바 이야기를 중심으로. 한국기독교상담학회, 25(2), 31-57.

박정구(2015). 다윗: 야누스의 얼굴. 서울: 서강대학교 출판부.

아가페성경사전편찬위원회(1991). 아가페 성경사전. 서울: 아가페출판사.

우병선(2014). 다윗도 그랬다. 서울: 생명의 말씀사.

제자원(2015). 옥스퍼드 원어 성경대전 마태복음 제21-28장. 서울: 제자원 바이블네트.

제자원(2015). 옥스퍼드 원어 성경대전 사무엘상 제19-24장. 서울: 제자원 바이블네트.

제자원(2014). 옥스퍼드 원어 성경대전 요한복음 제1-6장. 서울: 제자원 바 이블네트.

한영희, 남기영(2011). 만화로 보는 이스라엘 왕들의 역사 1. 서울: 포이에마.

Alter, R. (2009). *The David Story: A Translation with Commentary of 1 and 2 Samuel*. NewYork: W. W. Norton & Company.

Crabb, L. J. (1987). *Understanding people: deep longings for relationship*. Grand Rapids, MI: Zondervan.

Edwards, G. (2001). 세 왕 이야기[*A Tale of Three Kings*]. (허령 역). 서울: 예수전도단. (원전은 1980년에 출판).

Henry, M.(1991). 매튜 핸리 주석 시리즈. 9. 상. 사무엘[*Matthew Henry's commentary*]. (서기산 역). 서울: 기독교문사. (원전은 1708년에 출판).

Kerr, M. E., & Bowen, M. (2005). 보웬의 가족치료 이론[*Family Evaluation*]. (남순현, 전영주, 황영훈 공역). 서울: 학지사. (원전은 1988년에 출판).

Klein, R. W. (2004). WBC 성경주석: 사무엘상[*Word Biblical Commentary, Vol. 10, 1 Samuel*]. (김경열 역). 서울: 솔로몬. (원전은 1983년에 출판).

Peterson, Eugene H. (2009). 다윗: 현실에 뿌리박은 영성[*Leap Over a Wall: Earthy Spirituality for Everyday Christians*]. (이종태 역). 서울: IVP. (원전은 1998년에 출판).

Walton, J. H., Matthews, V. H., & Chavalas, M. W. (2010). IVP 성경배경 주석[*The IVP Bible Background Commentary: Old Testament*]. (전성민 외 역). 서울: IVP. (원전은 2000년에 출판).

Wolpe, D. (2016). 문제적 인간, 다윗[*David: The Divided Heart*]. (김수미 역). 서울: 미래의 창. (원전은 2014년에 출판).

얄미운 동생을 시기하는
언니 마르다[1]

"지 좋은 것만 하는 마리아 좀 혼내 주세요."

대부분의 가정에서 첫째들은 바르고 말 잘 듣는 아이로 가족의 관심과 칭찬을 받으며 모범생으로 자란다. 그러던 어느 날 엄마 품에 동생이란 갓난아기가 등장하면서 변화가 생긴다. 나에게만 몰려 있던 관심은 나눠지고, 그 동생이란 아이는 내 물건을 뺏고, 쫓아다니며 귀찮게 한다. 그래서 첫째들은 매일같이 "엄마 얘 좀 봐!" 하면서 징징 대기도 하고, 화를 내기도 하고, 때로는 엄마보다 더 많은 잔소리로 동생에게 "그렇게 하는 거 아니야!" 하면서 훈계를 하다가 동생을 울린다. 그럴 때마다 엄마는 "네가 언니니까 동생을

---

1) 이 장은 김은영, 이소영, 김용태(2015)가 발표한 논문 '예수님과 상호작용을 통한 마르다의 분화수준 변화: 보웬 관점으로의 조명'에서 이미 연구, 발표했으며 이 장은 그 논문의 요지를 가지고 재구성하였다.

잘 돌봐야지, 언니로서 본을 보여야지. 언니니까 참아야지." 같은 말을 하며 첫째들에게 언니나 형으로서의 행동을 요구한다. 그래서 어릴 때부터 첫째로 자란 아이들은 자기의 욕구보다 다른 사람들의 요구를 만족시키는 것에 더 마음을 쓴다. 그러면서 다른 사람들을 평가하기도 하고, 다른 사람들의 요구에 맞추려는 경향을 갖게 된다.

교회나 사회에서도 흔히 볼 수 있는 장면들이 있다. 열심히 식당 봉사에 궂은 일을 도맡아 하는 김 집사 그리고 한쪽에서는 맨날 예쁜 옷을 입고 와 사람들의 관심을 독차지하고 앉아 차를 마시며, 목사님께 살갑게 인사하고 소곤소곤 얘기만 나누는 이 집사가 있다. 김 집사는 그런 이 집사를 보면 삐죽 입이 나오기도 하고, 뚱해서 일만 하다가 갑자기 피곤하다고 집에 일찍 가서는 속이 답답해진다. 그렇게 혼자 울그락 불그락 하다가 친한 박 집사에게 "저 이 집사 얄밉게 맨날 일도 안 하고 뺀질거리기만 해! 어떡하지? 저러면 안 되는 거 아니야?"라고 말한다. 하지만 어찌해야 할지 몰라 이 집사를 볼 때마다 불쾌지수만 올라간다. 그리고 왜 나만 일하나 억울하기도 하고, 괜히 나만 속 좁은 사람 같고, 미워하는 마음이 죄 짓는 것 같기도 하여 말도 못하고 속앓이를 하는 일들도 자주 보는 광경이다. 이렇게 우리 주변에서 쉽게 일어나는 이야기들을 성경에서도 볼 수 있다. 마르다와 마리아의 이야기를 통해서다. 성경 속 마르다는 예수님을 초대하고 열심히 접대하기 위해 분주한 여인으로서 나사로의 누이이자 마리아의 언니다. 그리고 예수님께 자신을 돕지 않는 마리아를 고발하며 불만을 호소하는 모습을 보인다. 마르다는 왜 그랬을까?

마르다와 마리아 자매는 설교의 주제로 자주 인용된다. 주로 분주하게 일하는 마르다보다 예수님 발치에 앉아 말씀을 듣는 마리아를 높게 평가하는 내용들이 많다. 특히 마리아의 모습을 예배와 말씀을 우선하는 참 신앙인의 삶으로만 보고 마르다와 대비하여 마리아처럼 예배와 말씀을 우선시하는 삶을 살아야 한다는 단순하고 이분법적인 해석을 주로 들어 왔다. 그리고 최근에 좀 더 나아가 각자의 역할과 성품과 은사에 따라 마르다는 자신의 역할을 하고 있기 때문에 마르다를 비하하기보다 뒤에서 봉사하고, 사람들을 위해 돌보는 일도 중요한 신앙인의 모습임을 강조하는 해석도 나타나고 있다.

이 장에서는 현재까지의 마르다와 마리아에 대한 옳고 그름의 이분법적인 시각을 넘어 행동과 반응으로 나타나는 마르다의 심리들을 살펴보고, 예수님과의 만남을 통한 마르다의 변화된 모습에 초점을 맞춰 보웬 이론으로 분석해 보고자 한다. 이를 위해 예수님을 통해 변화되기 전 마르다의 상태를 분화수준이 낮은 사람들의 특징들로 살펴본다. 특히 마리아와의 자매관계 안에서 나타나는 마르다의 행동을 통해 보웬 이론의 자녀위치 개념을 설명할 것이다. 이를 통해 첫째들의 심리와 타인의 요구에 맞춰 사는 사람들에 대한 이해를 넓히려 한다. 또한 예수님이 마르다와 상호작용한 방식을 살펴봄으로써 분화수준이 낮은 사람들에게 어떻게 접근하는 것이 효과적인지 보고, 예수님과의 상호작용과 경험들을 통해 분화수준이 높아진 마르다의 변화과정을 심층적으로 살펴보고자 한다.

보웬 이론의 주요 개념 중 하나인 다세대 전수 관점으로 살펴보기에는 마르다 이야기에는 가족에 대한 정보가 많지 않다. 성경에는 마르다 가족에 대해 동생 마리아와 오빠 나사로 그리고 마르다의 세 형제관계만 나타나는데 그들의 관계도 명확하게 드러난 것이 별로 없다. 누가복음 10장 38-42절에서 예수님을 초대한 마르다가 마리아로 인해 예수님에게 불평하는 이야기, 요한복음 11장 1-44절에서 죽었다 살아나는 나사로의 이야기, 또 마태복음 26장 6-13절과 마가복음 14장 3-9절, 요한복음 12장 1-3절에서 공통되게 나타나는 나사로가 살아난 뒤 그들의 집에서 벌어진 잔치자리에서 예수님에게 값비싼 향유를 붓는 마리아의 이야기가 전부다.

이들의 이야기는 짧고, 배경 정보도 많지 않지만 우리가 마르다와 마리아 이야기를 이 책에 포함하게 된 것은 두 자매관계에서의 긴장과 두 사람의 차이들이 현재 우리의 살아가는 모습들을 나타내고 있기 때문이다. 그리고 예수님의 관여로 변화되어 가는 이야기의 전개와 흐름 속에 나사로가 죽음에서 살아나는 것과 마리아가 예수님의 발에 향유를 붓는 극적인 순간들이 마르다가 분화되는 과정에서 어떤 의미가 담겨 있는지 궁금해진다. 이처럼 흥미진진한 세 남매의 이야기 속에서 변화하는 마르다에게 이 책은 좀 더 주목하려 한다.

그들이 길 갈 때에 예수께서 한 마을에 들어가시매 마르다라 이름하는 한 여자가 집으로 영접하더라. 그에게 마리아라 하는 동생이 있어 주의 발치에 앉아 그의 말씀을 듣더니 마르다는 준비하는 일이 많아 마음이 분주한지라. 예수께 나아가 이르되 주여 내 동생이 나 혼자 일하게 두는 것을 생각하지 아니하시나이까. 그를 명하사 나를 도와주라 하소서. 주께서 대답하여 이르시되 마르다야 마르다야 네가 많은 일로 염려하고 근심하나 몇 가지만 하든지 혹은 한 가지만이라도 족하니라. 마리아는 이 좋은 편을 택하였으니 빼앗기지 아니하리라 하시니라(누가복음 10:38-42).

시대적 상황

먼저 마르다와 마리아의 행동을 살펴보자. 어느 날 베다니라는 조용하고 작은 마을에 병자도 낫게 하고, 기사이적을 펼치며 사람들이 하나님의 아들이라 일컫는 유명인사 예수님께서 나타나셨다. 그 곳의 마르다라는 한 여자가 자기 집으로 예수님을 영접한다. 그때 영접한 것은 예수님뿐만 아니라 열두 제자가 함께 있었으며, 소문이 자자한 예수님을 보기 위해 따르는 많은 무리가 주위에 있었을 것이다. 집 안팎으로 시끌벅적했고, 예수님과 열두 제자를 대접하기 위해 차라도 빌라치면 이래저래 일손이 필요한 상황이다. 준비하는 일로 분주한 마르다는 그 상황에서 예수님의 발치에 앉아 예수님의 말씀에만 귀 기울인 채 홀로 분주한 자신은 신경도 쓰지 않고 있는 마리아를 보며 불쑥 마음에 뭔가 치밀어 오른다. 이 바쁜 와중에 쟤는 놀고만 있다는 생각이 든다. 그리고 그런 마리아에게 언니를 도우라고 말하지 않는 예수님에 대해서도 이상하다고 생각이 들면서 자신이 애쓰고 있는 것을 알아줬으면 하며 예수님에게 마리아에 대해 고하며 도움을 요청한다. 이는 마르다의 의존적인 상호작용 패턴을 보여 준다.

이 상호작용을 더 잘 이해하기 위해 시대적 상황을 살펴보고자 한다. 당시의 문화에서 마리아의 행동은 도전적이고 전통적인 사회체계를 벗어나는 행동이라 할 수 있다. 그리고 예수님께 고하는 마르다의 행동을 그 사회체계를 벗어나는 마리아와 그런 마리아의 행동으로 인한 위협으로부터 자신의 가족을 지키려는 행동으로 보는 견해도 있다(박흥용, 2012).

이러한 사회과학적 해석만으로 이해하려는 부분적인 해석은 한계가 있어 보이지만 당시의 사회문화적 배경 지식은 마르다와 마리아의 상황과 심리를 이해하는 데 풍성함을 더해 준다. 당시 지중해 연안 사회의 주요한 문화적 특징으로는 성에 따른 확실한 분리가 있었다(박흥용, 2012). 여성과 남성의 공간이 구분되어 있고, 그에 따라 역할과 하는 일이 구분되어 있었다. 남성의 공간은 법적·공적인 연회장, 극장, 강의실 같은 공개되어 있는 장소이고, 여성의 공간은 사적이고 가정적인 공간으로 집 안, 부엌, 우물, 빨래터와 같은 장소들이다. 이렇듯 장소만 보더라도 공간에 따라 역할과 하는 일이 분명히 구분된다. 남성은 집 밖에서의 공적인 일 또는 사회적인 지위와 권리를 유지하기 위해 필요한 일과 같은 사회적이고 지적인 활동들을 주로 하고, 여성은 가정 안에서 아이들을 돌보고, 집안 살림을 유지하는 데 필요한 신체적이고 감정적인 일들로 나뉜다. 이는 더 나아가 남성과 여성 간의 접촉까지도 연결되는데, 여성은 공개된 장소에서 남성과 접촉할 수 없었고, 집 안에서도 친족 집단 외의 남성들과 공식적으로 접촉할 수 없었다(박흥용, 2012 재인용).

이것만 보더라도 현재 마리아의 행동은 당시의 사회문화적 배경을 넘어선 행동이라고 볼 수 있다. 그리고 마르다가 손님을 맞이하여 분주하게 준비하는 행동은 사회문화적 관점으로 보면 적합한 행동이라고 할 수 있다. 어쩌면 이후로 이러한 당시의 사회적 배경과 사회과학적 이해를 바탕으로 하여 마르다와 마리아의 이야기를 신앙과 신학적으로 해석한다면 지금 이 책에서 하려고 하는 이야기와 다른 이야기가 펼쳐질 수도 있다. 하지만 이 책에서는 이와 같은 사회적 배경이 있었다는 정도로 이해하고, 이러한 사회적 배경 속에서 일어난 두 자매의 행동을 보웬 이론을 바탕으로 심리와 정서적 행동에 초점을 맞춰 이해하고자 한다.

마리아의 분화수준

그럼 먼저 마리아의 행동을 살펴보자. 마리아는 믿음의 행동일 수도 있고, 도전이었을 수도 있지만 당시 사회적으로 용납할 수 없는 자리에서 그에 맞지 않는 행동을 했다고 볼 수 있다. 마리아의 성격과 분화수준은 마리아의 두 가지 태도를 통해 알 수 있다. 예수님과 제자들, 즉 손님들이 온 상황에서 마리아는 예수님의 발치에 앉아 예수님의 가르침에만 집중한다. 이는 당시의 여성과 남성의 공간이 분명히 분리되어 남성과 여성에 대한 사회적 기대와 역할들이 분명하게 구별되었던 시대에 마리아는 여성으로서 자신의 공간이 아닌 곳에 있었다고 볼 수 있다(박홍용, 2012). "그에게 마리아라 하는 동생이 있어 주의 발치에 앉아 그의 말씀을 듣더니"(누가복음 10:39) 마리아는 예수님의 '발치에 앉아' 말씀을 들었다. '발치에 앉아'는 헬라어 원어로 '파라카데스데이사($\pi\alpha\rho\alpha\kappa\alpha\theta\epsilon\sigma\theta\epsilon\iota\sigma\alpha$)' 다. 의미는 '곁에 앉다. 옆에 자리를 잡다'이고, '제자가 스승의 발치에 앉아 가르침을 듣는 것'은 곧 제자가 되는 것을 의미한다(강병도, 1989). 이는 앞서 말했듯 시대적 배경으로 봤을 때 마리아의 자리가 부적절함을 볼 수 있다(박홍용, 2012). 당시에는 남성과 여성의 자리가 엄격하게 분리되어 있기 때문에 친족이 아닌 외부 남성들이 점유하는 잔치의 자리에 여성이 앉아 있어서는 안 되며, 특히 말씀이 전해지는 자리, 가르침과 토론이 행해지고 있는 곳에서 열심히 듣는 행위는 여성의 할 일이 아니었다. 특히 당시에는 아버지나 남편 이외의 외부 남성이 집에 들어와 여성을 가르치는 경우는 드문 일이었다(박홍용, 2012 재인용).

이러한 문화가 여전히 남아 있는 지역이 지금도 존재한다. 중동과 같은 곳에서는 여자들이 자신의 가족과 남편 외에는 얼굴을 보여서도 안 되기 때문에 베일과 같은 천으로 얼굴과 몸을 가리고 다녀야 한다. 그리고 집안의 남자들이 정하는 남자와 결혼하지 않을 때 가족의 명예를 더럽혔다는 명목 아래 명예살인이라는 것이 행해지고 있다. 게다가 이러한 일들은 집안의 일이라고 하여 공권력의 도움조차 받을 수 없다. 남녀의 자리에 대한 철저한 분리와 차별적인 문화들이 현 시대까지도 존재하고 있는 것이다. 우리나라만 하더라도 과거에 남녀칠세부동석이란 말이 있다.

또한 마리아의 '발치의 앉아 그의 말씀을 듣더니'의 '듣더니'는 원어로 '에쿠엔(ηκουεν)'이다. 뜻은 다른 일에 관심을 돌리지 않은 채 열심히 계속해서 주의 말씀을 경청하는 태도를 나타낸다(강병도, 1989). 이렇듯 마리아는 당시의 사회적 규칙, 타인의 시선과 상황에 관심을 두지 않고 열심히 계속해서 말씀을 경청하는 태도로 예수님의 가르침에 집중하였다. 이는 어찌 보면 마리아의 행동이 시대적 상황에 반한다고 할 수 있지만 진정한 가치와 진리를 발견하고 자신의 목표에 집중하는 분화수준이 높은 사람의 특징이라 볼 수 있다. 분화수준이 높은 사람은 불안을 다룰 수 있는 능력이 있고, 불안 속에서도 목표 지향적인 활동을 하며, 자신의 내면에서부터 결정된 삶, 그리고 자신에 대한 분명한 믿음을 가지고 살아간다 (김용태, 1999). 이렇게 분화수준이 높은 사람의 특징으로 보면 예수님 발치에 앉아 말씀을 듣는 마리아의 행동은 타인에 의해 흔들리지 않는 목표 지향적인 행동이다. 마리아는 이미 분화수준이 높은 사람이고, 이는 예수님에게 향유를 부은 사건에서 온전히 드러난다고 볼 수 있다.

예수님을 만나기 전 낮은 분화수준의 마르다

이에 비해 마르다는 당시의 사회적 요구에 상응하는 자리에서 그에 따른 행동을 한 것이라 할 수 있겠다. 마르다와 관련된 구절로 "마르다는 준비하는 일이 많아 마음이 분주한지라. 예수께 나아가 이르되 주여 내 동생이 나 혼자 일하게 두는 것을 생각하지 아니하시나이까. 그를 명하사 나를 도와주라 하소서." (누가복음 10:40)에서 먼저 '마음이 분주한지라'를 보자. 이는 헬라어 원어로 '페리에스파토 (περιεσπατο)'라는 단어로 '사방에서 끌어당긴다, 끌려다니다'라는 뜻이다. 마르다가 상당히 바쁜 상태이며, 바쁜 행동 이상으로 뭔가 잘못되고 있음을 보여 준다(강병도, 1989; 박노권, 2011). 마르다는 여자로서 손님을 대접하기 위해 부엌에서 음식을 했을 것이다. 아마도 마르다는 죽은 자도 살리시고, 세상을 구원하실 예수님 곁에 가까이 가서 친밀해지고, 말씀을 듣고 싶다는 생각도 못했을 것이다. 그저 자신의 자리에서 자신의 역할을 해내는 것이 당연하고, 해결하기에 급급하며, 잘하기 위해 마리아의 도움이 필요하다고만 생각했을 것이다. 그리고 어쩌면 마리아에 대해 자신의 여동생이 사회 관습에 어긋나는 행동을 하고 있는 것이 못마땅했을 수도 있다.

마르다의 시선은 타인에게 향하였으며 그로 인해 마음이 흩어지고 끌려다니는 듯한 양상을 나타낸다. 만약에 마르다가 자신이 초대한 예수님과 그의 제자들을 접대하는 것에만 집중하고 행동하였다면 마르다가 손님을 접대하기 위해 손발이 분주했을지라도 마음이 사방에 끌려다니는 상태는 아니었을 것이다. 마르다의 분주한 마음은 당면한 일에 대한 분주함 이상의 잘해 내고 싶은, 인정받고 싶은, 타인들로부터 주목받고자 하는 마음들로 인한 것이며, 그로 인한 불안과 함께 자신의 감정을 투사하여 타인을 평가하고자 하는 마음에서 비롯된 것이다.

자기 안에서 감정의 갈등을 하던 마르다는 열심히 손님 접대를 준비하다가 예수님께 가서 마리아에 대해 고하며, 마리아에게 자신을 돕도록 말해 줄 것을 청하는 행동을 하였다. 이는 감정반사행동으로 마르다가 예수님께 고하는 말을 통해 우리는 마르다의 태도를 이해해 볼 수 있다. 마르다는 "예수께 나아가 이르되 주여 내 동생이 나 혼자 일하게 두는 것을 생각하지 아니하시나이까. 그를 명하사 나를 도와주라 하소서."라고 한다. 예수님의 말에 열중하느라 바쁜 자신을 거들떠보지도 않는 마리아에게 화가 났고 결국 예수님께 하소연하고 있다. 그런데 여기서 마르다가 예수님께 말하는 태도를 보면 '왜 나를 혼자 일하게 두시는지' 예수님에 대한 비난 섞인 말, 서운함 등이 드러나고 있다. 이렇듯 예수님에게 이의를 제기하고 있는 마르다는 화난 감정을 직접적으로 마리아에게 전달하지 않고, 자신의 감정과 요구를 제3자인 예수님을 통해 전달한다.

이런 일은 우리 주변에서 흔히 볼 수 있다. 가족 안에서도 우리가 고자질이라 하면서 아이들이 동생이나 누군가가 자기 것을 빼앗아 가서 억울하다고 생각될 때 동생이나 당사자에게 말을 못하고, 좀 더 힘이 있는 엄마나 선생님과 같은 권위자들에게 가서 하소연하듯이 말한다. 물론 그저 하소연만 하고 싶다고 생각할 수 있다. 하지만 그 사람에게 영향을 미칠 수 있는 사람을 찾아간다는 것은 내가 해결하지 못하고 제3자가 해결해 주길, 자신의 불쾌한 감정을 인정해 주고 혼내 주길 바라는 마음이 있을 가능성이 크다. 그렇다면 스스로 자신의 마음이 왜 그런지 좀 더 살펴볼 필요가 있다.

예수님께 고하는 마르다의 행동은 문제를 해결하는 것 외에도 갈등이 있는 불안한 이자관계에서 삼자를 끌어들임으로써 안정화하려는 보웬 이론의 개념으로서 예수님과 삼각관계를 형성하려는 행동으로도 설명된다. 이는 삼각관계를 형성하여 자신의 불안과 갈등이나 문제를 직접적으로 해결해야 하는 부담을 제3자나 다른 대체 행동이나 물질로 회피하려는 의존적인 경향이라고 볼 수 있다. 분화수준이 높은 독립적인 사람들은 화가 나면 화나게 한 대상에게 직접적으로 자신의 감정이나 요구를 말하지만, 분화수준이 낮은 사람은 직접적으로 화나게 한 대상에게 표현하지 못하고 다른 대상에게 전달하는 식으로 의존적인 경향을 보인다. 마르다는 '많은 일로' 분주한 상황에서 돕지 않고, 한가롭게 예수님의 발치에 앉아 말씀을 듣고 있는 마리아에게 화가 났고, 자신을 도와 일을 하기를 바라지만 그것을 마리아에게 직접 말하지 않고 예수님에게 고자질을 한 것이다. 마르다의 불안한 정서체계와 낮은 분화수준은 직접적인 상호작용을 하지 않고 제3자를 끌어들여 불안을 낮추고자 하는 삼각관계를 형성하려는 경향을 보인다.

또한 마르다의 행동이 감정반사행동임을 예수님의 대답을 통해 확인해 볼 수 있다. 예수님은 마르다에게 "마르다야 마르다야 네가 많은 일로 염려하고 근심하나"(누가복음 10:41)라고 반응하였다. '염려하고'의 뜻은 '메리조($\mu\epsilon\rho\iota\zeta\omega$)'에서 파생된 단어인 '메림나스($\mu\epsilon\rho\iota\mu\nu\alpha\varsigma$)'라는 표현으로 '흩어지고, 나누어지다'라는 의미가 있다. 즉, '과도한 욕구로 인해 어지럽게 분열된 심적 상태'를 말한다. 그리고 '근심하여'는 '도뤼바제($\theta o\rho\upsilon\beta\alpha\zeta\eta$)'로 '문제를 야기하다'는 뜻이다. 이 역시 '자기가 스스로를 괴롭게 하다'는 의미가 있다(강병도, 1989). 이는 현대 심리학에서의 개념으로 불안함, 긴장, 부적절감, 어색함 등의 개념으로 대치된다고 할 수 있다(김은영, 이소영, 김용태, 2015).

앞서 다른 장들에서 살펴보았듯이 불안한 성경 인물들은 눈에 보이는 것에 집착하는 것을 통해 불안을 해결해 보려는 모습들이 있었다. 마르다 또한 불안하고 자신의 신념과 확신이 부족한 분화수준이 낮은 사람으로서 불안을 없애기 위해 무엇에 집착하고 있는 것일까? '메림나스($\mu\epsilon\rho\iota\mu\nu\alpha\varsigma$)'의 의미를 봤을 때 '과도한 욕구'라는 말이 나온다. 마르다는 자신의 과도한 욕구로 인해 스스로 괴롭고, 분주하여 마음이 나누어진 상태다. 그렇다면 마르다의 욕구는 무엇이었는지 생각해 보면 답을 알 수 있다. 마르다는 이때 영접한 예수님과 손님들을 대접하는 것에 집착하고, 이를 통해 '마르다네

집에서 잘 대접받았다.' '이 집 잘 대접하네, 훌륭해.' '마르다 잘하
더라, 수고했다.'와 같은 인정과 칭찬을 듣기 원했을 것이다.

마르다는 타인의 인정과 확언을 통하여 자신의 가치가 확인되
고, 확신을 얻게 되는 불안한 사람들의 특징을 나타낸다. 이렇듯 마
르다와 같이 칭찬 또는 인정에 의해 지나치게 영향을 받으며 비판
이나 무시에 의해 낙담하는 사람들은 보웬의 분화수준으로 보면
25~50 정도의 낮은 범주에 해당된다(Kerr & Bowen, 2005). 마르다
는 타인의 인정을 통해 자신의 불안을 해결하고자 하였다. 자신의
문제의 해결을 제3자인 예수님께 의존하는 것뿐만 아니라 자신의
옳음과 자신이 주목받지 못하는 데서 오는 불편감을 예수님께 나
아가 표현함으로써 자신의 행동에 대해 인정받으려 했고, 자기확
신을 타인으로부터 얻고자 하였다(박노권, 2011).

예수님을 초대한 사람은 마르다. 예수님을 초대했음에도 불구
하고 자신보다는 마리아가 예수님에게 더 주목받는 것 같고, 자신
에 대해서는 인정과 칭찬은커녕 바라봐 주지 않는 상황을 마르다
는 견디기 힘들었을 것이다. 게다가 자신과 자신의 집안에서 좋은
대접을 해서 좋은 사람, 착한 사람이라는 칭찬을 받아야 자신의 가
치를 확인할 수 있었던 마르다는 그러지 못할까 봐 불안해서 예수
님께 호소하는 감정반사행동을 하게 되었던 것이다. 여기까지 마
르다의 상태와 행동을 살펴본 근거로 예수님과 상호작용하기 전의
마르다의 분화수준은 25~50 범주에 해당되며 분화수준이 낮은 단
계라고 평가할 수 있다(김은영 외, 2015).[2]

---

2) '02 보웬 이론 이해하기'에서의 분화지수에 대한 자세한 설명을 참고하라.

자녀위치와 자리 잡기

이쯤에서 궁금증이 생기는 것은 한 부모 안에서 자란 형제자매이고, 한 가족 안에서 비슷한 환경에서 자랐는데도 왜 이처럼 마르다와 마리아는 다른 분화수준을 나타내고 있느냐다. 이를 보웬 이론에서는 자녀위치(sibling position)로 설명한다. 월터 토먼(Walter Toman)은 『가족자리: 심리게임(Family Constellation: A Psychological Game)』에서 가족을 연구한 결과 가족 구성원은 각자 자기만의 일정한 자리를 차지한다고 발표하였다(김용태, 1999). 토먼의 '가족자리'의 개념을 가지고 와서 보웬은 '자녀위치'라는 형제 순위에 따른 차이들을 설명한다.

자녀들의 위치에 따른 특징은 부모의 기대수준과 관련이 있다(김용태, 1999). 일반적으로 부모들은 첫째들에게 첫 번째 자식이기 때문에 더 높은 기대를 갖게 되고, 모범을 보이기를 기대한다. 결혼해서 부부 둘만 있다가 첫 번째 사랑의 결실인 자녀에 대해 애지중지하며 온갖 기대를 부여한다. '첫째가 잘 돼야 동생들이 다 잘 되지.' 하면서 첫째들에게 바르고 잘 되길 요구한다. 첫째들은 이러한 부모들의 기대와 요구에 순응하게 되고, 그에 따라 오는 칭찬과 애정에 맞춰 살아가는 경우가 많다. 이로써 장남과 장녀들은 타인의 요구에 맞추는 삶을 살면서 분화수준이 떨어지게 된다. 타인의 요구에 민감하고 그에 맞춰야 하기 때문에 부모들의 반응과 상태에 신경을 쓰며 높은 불안 속에 살게 된다. 이렇게 요구에 맞춰야만 자신의 존재감을 확인하는 사람이 되면 자기 자신이 아닌 상황과 타인의 인정에 따라 형성되는 가짜자기 비율이 높은 사람이 된다. 그렇게 가짜자기 비율이 높은 경우 자기확신이 부족하고 높은 불안으로 삼각관계에 잘 매인다. 그래서 부모가 싸우거나 갈등관계가 되면 낮은 분화수준의 첫째들은 한쪽 부모와 융해관계를 형성하면서 정서적으로 밀착되고 진짜자기의 비율이 더욱 낮아지는 경향을 나타낸다. 그리고 자신의 감정과 욕구를 인식하기보다 타인 지향적으로 상대방을 통제하려 하거나 규칙으로 얽어매려는 경향이 있기 때문에 권위적이 된다. 그래서 자신의 뜻대로 되지 않거나 사람들이 인정해 주지 않으면 화가 난다. 하지만 이들은 관계 안에서 또 인정을 받아야 하고, 갈등을 직접적으로 해결하는 것이 두렵기 때문에 참는 행동을 많이 한다. 그래서 평소에는 좋은 사람이었다가 어느 순간 영문도 모르게 말도 없이 단절하는 경향을 보인다.

첫째와 다르게 부모의 기대수준이 낮은 자녀위치는 좀 더 자유롭고, 독립적으로 자신의 모습대로 자라게 된다. 마리아와 같이 타인의 시선을 의식하기보다 자신이 원하는 것을 한다. 따라서 목표지향 행동을 하게 되며 분화수준이 올라간다. 이 장의 시작에서 언급했듯이 첫째들이 말 잘 듣는 아이, 순응하는 아이, 어른들이 시키는 대로 잘하는 아이, 알아서 부모들이 원하는 모습으로 가족 안에서 자리를 잡게 되면 동생들은 말을 잘 듣는 자리로 들어갈 수 없게 된다. 그래서 동생들은 자기 말만 하고, 말을 안 듣고, 떼쓰고, 그래서 또 야단맞고, 반항적이 되며, 자기주장이 강해진다. 그렇게 첫째가 먼저 가족 안에서 말 잘 듣고 순응하는 것으로 관심받는 자리를 선점하면 거기에 들어갈 수 없는 둘째는 말을 안 듣고, 일을 만드는 것으로 관심을 받는다. 그러면서 엄마한테도 혼나고 언니한

테도 견제받으면서 생존하고, 자신의 자리를 만들기 위해 반사회성이 점점 커지게 된다. 그래서 둘째들은 자라면서 문제를 일으키고, 잘못되는 경우들이 많이 나타난다.

마르다는 장녀로서 전통적인 가치관과 역할에 충실하고, 타인의 요구와 인정에 맞춰 행동하고, 인정받고자 하는 타인 지향성을 나타내고 있다. 그래서 낮은 분화수준이 되어 감정 반응을 많이 한다. 반면, 동생인 마리아는 타인의 행동보다 자신이 옳다고 생각하고, 언니가 화가 나는 것에 상관없이 자신의 관심사에 집중하고 행동한다. 따라서 마리아의 분화수준은 마르다보다 높게 나타난다고 할 수 있다.

예수님과 마르다의 상호작용과 분화과정

이제는 감정반사행동을 하는 마르다에게 예수님이 어떻게 반응하셨으며 분화수준이 낮은 마르다에게 어떻게 상호작용을 하였는지 살펴보고자 한다. 마르다는 분주한 상황에서도 자신을 돕지 않고 마음대로 행동하는 마리아에게 화가 났다. 그런데 마리아에게 직접 가서 타이르거나 도움을 청하는 직접적인 상호작용을 하지 않고 사람들의 이목이 집중되어 있는 예수님에게 가서 마리아가 자신을 돕도록 조치를 취해 줄 것을 요구한다. 이는 자신의 편을 들어주고, 자신이 지금 혼자 애쓰고 있음을 알아봐 주기 원하는 것에서 비롯된 감정반사행동이며, 제3자를 끌어들임으로써 문제를 해결하려는 삼각관계 패턴임을 앞서 설명하였다.

그렇다면 예수님은 마르다의 낮은 분화수준을 보여 주는 이 행동에 어떤 반응을 보이셨는가? 예수님은 마르다의 감정반사행동에 감정적으로 반응을 하거나 꾸짖지 않으셨다. 또한 마르다의 뜻대로 편을 들어주며 마르다가 삼각관계를 형성하려는 것에 반응하지 않고 탈삼각화할 수 있도록 마르다 자신에게 초점을 맞출 수 있게 하셨다. 이렇게 자신에게 초점을 맞추는 것, 자기 입장을 보는 것을 나-입장취하기(I-Position)라고 한다. 예수님은 "마르다야 마르다야, 네가 많은 일로 염려하고 근심하나"(누가복음 10:41)하면서 마르다가 한 행동과 감정을 반영함으로써 마르다의 마음을 읽어 주었다(김은영 외, 2015). 마르다의 분주한 태도와 그 이면의 불안과 걱정하는 마음을 비추어 주듯이 반영하고, 자신의 마음을 인식하도록 하신 것이다.

사람들은 불안할 때 초점을 타인에게 맞춘다(김용태, 1999). 그러면서 그 불안을 상대에게 투사하며 전이되고 악순환하게 된다. 보웬 가족치료사들은 상대에게 그 불안을 투사하며 순환하고 있는 것을 끊기 위해 자기 입장을 보게 할 때 과정질문을 사용한다. 타인에게 향해 있던 시각과 감정 안에 자신이 무엇 때문에 화를 내고 있는지 인식하게 되므로 감정반사행동은 준다. 지적체계로 자신의 감정을 이해하게 될 때 불안과 긴장이 다소 감소하며, 감정반사행동이 줄어 들 수 있는 상태가 된다. 그러면 타인의 생각이나 의견이 받아들여질 수 있는 마음의 상태가 된다.

마르다에게 자신의 마음 상태를 보게 하신 후 예수님은 새로운 생각, 가치들을 알려 주신다. 이것은 보웬 이론에서 교육 그리고 치료적 개입에 해당한다. 우리는 여기서 교육이라는 보웬의 개념 이상의 예수님의 가르침을 좀 더 이해한다면 마르다의 분화수준이 올라가고, 변화하는 데 어떤 의미가 있었는지 알게 될 것이다. 예수님은 마르다에게 "몇 가지만 하든지 혹은 한 가지만이라도 족하니라."(누가복음 10:42)라고 하셨다.

예수님은 분주한 삶의 패턴과는 다른 시각을 제시하셨다. 인정과 칭찬에 목마른 사람들의 특징을 보면 한 가지 일에 집중하지 못하고 분주하고 산만하며, 많은 일을 통해 인정받으려는 경향이 있다. 이 특징처럼 마르다는 나사로가 죽었을 때 '많은 유대인'이 조문하러 왔다는 것과 베다니를 지나가시는 예수님을 초대하는 장면을 보면 평소에도 여러 가지 일로 분주한 삶을 살아왔을 것으로 유추된다(김은영 외, 2015). 이런 마르다에게 이것저것 신경 쓰며 분주한 삶과는 다른 '한 가지 만이라도 족하니라'고 하셨다. 그뿐 아니라 사회적 관습과 타인에 요구에만 갇혀 있는 마르다에게 "마리아는 이 좋은 편을 택하였으니"(누가복음 10:42)라고 마리아의 선택을 지지하신 것이다. 이는 당시의 사회문화적으로 여성이 선택할 수 있는 것을 넘어서는 새로운 세계로의 확장이고, 옳고 그름의 문제가 아닌 선택의 문제로 안내한 것이라 할 수 있다. 새로운 패러다임을 제시함으로써 마르다에게 경직된 자신만의 사고를 확장시키는 계기를 주고, 선택의 여지를 만들어 주었다.

앞서 예수님이 마르다에게 한 상호작용과 교육은 공감적인 역할과 새로운 가치체계를 전달하는 역할을 하였다. 마르다처럼 분화수준이 낮고 자신만의 사고에 경직된 사람들은 상대방이 잘못했기 때문에 문제가 발생하고, 자신의 불편하고 화가 나는 감정을 잠재우기 위해서는 상대방의 행동이 변화해야 한다고 주장한다. 하지만 보웬 이론에서는 불안이 발생하는 원인은 다른 사람의 행동보다는 자신의 분화수준이 낮은 것이라고 본다(김은영 외, 2015). 자신의 감정은 자기 책임인 것이다. 따라서 불안하거나 불편감이 들 때 불안이 자신 안에 무엇으로부터 생기는지 출처를 이해할 수 있도록 돕는 것이 지적체계를 사용하고 분화수준을 높이는 데 필수적이라 하겠다.

우리는 완전한 하나님이자 인간인 예수님이야말로 분화수준이 100이라 가정해 볼 수 있다(김은영 외, 2015). 앞서 성경에서 나타난 예수님의 공감적 반영과 교육 외에도 성경에 다 나타나 있지는 않지만 마르다의 집에 머물면서 예수님은 모델링을 비롯해 다양한 상호작용을 통해 마르다의 분화수준을 높이는 역할을 했을 것을 유추할 수 있다. 치료적 상황이 아닌 환경에서도 자신보다 분화수준이 높은 사람과 관계하는 경우 스스로를 변화시키려고 하는 동기화가 일어나며, 분화수준을 높이는 데 도움이 된다(Kerr & Bowen, 2005). 최고의 분화수준이셨을 예수님은 친밀감을 형성하는 동시에 자율성을 가지고 마르다에게 반응하셨으므로, 마르다는 이런 예수님과의 상호작용을 통해 자신의 위치를 찾아가고, 분화해 가며 분화수준이 높아질 수 있었을 것이다.

마르다의 분화수준이 높아지다

그렇다면 예수님과의 상호작용 후 분화수준이 높아진 마르다는 어떤 변화된 모습을 보이고 있는지 알아보자. 요한복음 11-12장에

마르다와 마리아의 오라비 나사로가 죽었다 다시 살아나는 사건이
나온다. 마르다의 집에 예수님이 다녀가신 이후로 추정된다. 먼저
11장 17-28절에 마르다의 행동을 보면 이전의 분주하고 감정적 반
응을 하던 것과 다른 행동을 볼 수 있다. 나사로가 이미 무덤에 있
은지 나흘이나 지난 상태에서 오신 예수님에게 마르다는 다음과
같은 반응을 보인다.

> 곧 나가 맞이하되 마리아는 집에 앉았더라. 마르다가 예수께
> 여짜오되 주께서 여기 계셨더라면 내 오라버니가 죽지 아니하였
> 겠나이다. 그러나 나는 이제라도 주께서 무엇이든지 하나님께
> 구하시는 것을 하나님이 주실 줄을 아나이다. 예수께서 이르시
> 되 네 오라비가 다시 살아나리라. 마르다가 이르되 마지막 날 부
> 활 때에는 다시 살아날 줄을 내가 아나이다. 예수께서 이르시되
> 나는 부활이요. 생명이니 나를 믿는 자는 죽어도 살겠고, 무릇 살
> 아서 나를 믿는 자는 영원히 죽지 아니하리니 이것을 네가 믿느
> 냐. 이르되 주여 그러하외다. 주는 그리스도시요 세상에 오시는
> 하나님의 아들이신 줄 내가 믿나이다(요한복음 11:20-27).

가족의 죽음과 같이 강한 정서가 일어날 만한 상황에 당면하면
분화수준이 높은 사람들도 기능분화수준이 낮아지며 일시적으로
감정반사행동을 할 수 있고, 분화수준이 낮은 사람들은 더 큰 감정
반사행동을 하게 된다(김은영 외, 2015). 동생에 대한 불평불만으로
화를 내던 이전의 마르다였다면 어떻게 행동했을까? 병자를 살리
시는 예수님께서 좀 더 일찍 오셨다면 오라비가 죽지 않았을 텐데

하면서 늦게 오신 예수님에 대한 원망을 비롯해 강한 감정 반응을 보였을 것이다. 그런데 이전과 달리 감정적으로 반응하지 않고 지적체계로 반응하고 있음을 위의 말씀을 통해 확인할 수 있다(김은영 외, 2015).

그리고 그 뒤에 이어지는 구절을 보면 마르다의 분화수준이 변화한 단서를 또 하나 발견하게 된다. 앞의 구절에서 예수님과 대화한 후 11장 28절을 보면 "이 말을 하고 돌아가서 가만히 그 자매 마리아를 불러 말하되 선생님이 오셔서 너를 부르신다 하니"라고 하였다. 여기서 마리아를 '가만히' 부르는 행동 또한 감정반사행동이 아니라 지적반응행동이라고 볼 수 있겠다. '가만히'는 헬라어 원어로 '라드라(λάθρα)'로 '비밀히, 몰래, 가만히'라는 의미의 부사다(옥스퍼드 원어성경대전, 2008).[3] 이는 삼각관계를 형성하며 간접적으로 예수님께 동생에 대한 원망을 전달했던 이전 행동과 달리 '가만히 그 자매 마리아를 불러'와 '선생님이 오셔서 너를 부르신다 하니'와 같이 차분하게 그리고 직접적 의사소통을 하는 것을 통해 알 수 있다. 마르다가 감정에 의해 융해관계를 형성하는 경향성이 줄어들면서 독립적이고 자율적으로 활동하는 진짜자기의 비율이 더 늘어나고 있는 것으로 볼 수 있다. 이렇듯 분화수준이 높아지면 감정에 대해 지적 능력을 활용하여 효과적으로 통제하고 목표를 향해 움직이도록 하는 지적체계로 반응하게 되므로 조용히 들으며

---

3) 옥스퍼드 원어성경대전은 이에 대해서 다른 주석들에서는 '비밀히'란 원어의 의미를 당시 예수님을 노리는 바리새인과 같은 사람들로 인해 은밀히 전한다고 보는 견해들이 있다. 하지만 본서가 참고한 주석에서는 마르다의 '마리아에 대한 배려'로 해석하고, 마르다가 이전과는 달리 사랑과 배려로 마리아를 대하고 있다고 해석하였다(473쪽).

대항적이지 않게 의사소통할 수 있게 된다(김은영 외, 2015). 감정반사행동의 대표적인 예로 근래에 분노조절장애라는 말을 미디어를 통해 자주 접하게 된다. 분노조절장애까지는 아니더라도 화를 필요 이상으로 감정적으로 행동화하여 표출하는 사람들이 많아지고 있다. 보웬 이론으로 보면 만성불안에 따른 낮은 분화수준의 사람들이 감정반사행동을 하게 되는 경우라 하겠다. 화는 날 수 있지만 분노를 어떻게 표현하는지에 따라 그 사람의 분화수준과 심리적 건강 상태를 평가할 수 있겠다. 이에 가족의 죽음이라는 강렬한 스트레스 상황에서도 마르다가 스스로를 통제하고, 지적반응행동을 하는 것을 볼 때 이전에 예수님께 동생에 대해 불평하며 화를 냈던 행동과는 대비되며 분화수준이 어느 정도 올라갔다고 평가할 수 있다(김은영 외, 2015).

또한 27절에 나타난 마르다의 믿음의 고백 "주는 그리스도시요 세상에 오시는 하나님의 아들이신 줄 내가 믿나이다."(요한복음 11:27), 이러한 확신의 찬 고백은 진짜자기가 많은 사람들이 할 수 있는 말이다(김은영 외, 2015). 물론 마르다가 여기서 확신의 찬 믿음의 고백을 하고, 조금씩 이전의 모습과 다른 모습을 보여 주고 있다고 해서 분화수준이 확연히 달라진 것은 아니다. 이는 이 이후에 마르다가 요한복음 11장 22절에서 나사로의 무덤의 돌을 옮겨 놓으라고 하실 때 '주여 죽은 지가 나흘이나 되었으매 벌써 냄새가 나나이다'라고 말하며 예수님의 명령에 회의적인 태도를 보인 것을 보면 마르다가 예수님과의 상호작용을 한 이후에 곧바로 분화수준이 확실히 높아졌다고 볼 수는 없다(김은영 외, 2015). 하지만 어느 정도 분화수준이 높아진 사람은 스스로 분화수준을 올릴 수 있는 능력을 가지게 된다고 볼 때 마르다는 예수님과의 상호작용을 통해 분화수준이 어느 정도 높아졌을 뿐 아니라 지속적으로 자신의 분화수준을 높일 수 있는 상태가 되었다고 볼 수 있다(김은영 외, 2015).

여기까지는 분화수준이 조금씩 높아질 가능성이 있었던 상태라면 나사로를 살리시는 사건을 통해 마르다는 또 한 번 자신의 지식 이상의 경험을 하게 된다. 죽은 지 사흘이나 되었으며 벌써 부패한 냄새가 나던 시체가 예수님의 말 한마디로 다시 살아나는 것을 직접 목격하게 된 것이다. 이러한 기적을 본다면 사람이 어떻게 될까? "이게 뭐지?" "저분 예수님은 도대체 뭐지?" 그러면서 "나는 지금껏 뭘 한 거지?" 이런 질문들이 생기지 않을까? 보웬 이론에서는 사람이 분화수준이 높아질 때 방향성이 달라진다고 이야기한다. 연합성만 추구하다가 개별성으로, 감정 반응에서 지적 반응으로와 같이 방향이 달라지는 것이다.

마르다는 일을 잘해서 인정받고자 했던 과업 지향적인 사람이었다. 그런데 예수님의 기적을 체험하면서 내가 뭔가 하려고 했던 일들이 '별거 아니구나.'라는 생각이 들었을 것이다. 삶에 대한 방향의 전환이 일어난 것이다. 우리도 살아가다가 내가 애쓰고 노력했던 일들이 내 힘이 아닌 누군가의 도움으로 한순간 해결되거나, 생각지도 못한 방법으로 이뤄질 때 기적이라고 하면서 "아~ 내가 별거 아니구나." 하면서 겸손해진다. 같은 일을 하더라도 목적과 방향성이 달라진다. 그리고 그 겸손한 마음을 가지고 그 일을 행하신 분에 대한 경외감과 감사와 같은 마음이 생기면서 그분에 대한 궁금증이 생긴다. "도대체 누구시길래." "기적을 행하신 예수님은 도대체 어떤 분인가?" 이렇게 그분 자체에 대한, 그 존재에 대한 궁금증을 갖게 되면서 존재적 관계를 맺으려고 한다. 일을 통해 인정받는 것으로 관계하려 했던 과업 지향적이던 마르다가 존재적 관계로 방향이 바뀐다. 교회에서도 항상 일만 하려는 과업 지향적인 사람들이 있다. 이런 사람들은 하나님은 관심이 없다. 그래서 일만 하다가 노력한 만큼 사람들이 모이지 않고, 호응이 없을 때 좌절하고, 사람들을 탓하고, 때로는 응답하지 않은 하나님을 원망하게 된다. 이럴 때 자신을 돌아봐야 한다.

그리고 나사로를 살리신 사건 다음 장면에는 이전까지와 다르게 이 가정의 전면에 마르다가 아닌 마리아가 등장한다. 요한복음 11장 45절에 "마리아에게 와서 예수께서 하신 일을 본 많은 유대인이 그를 믿었으나"라고 나사로를 살리신 사건을 설명한다. 이전에는 예수님을 초청하고, 영접하는 일들을 마르다가 해 온 것으로 항상 마르다가 이 가정의 전면에 등장하였다. 그러나 나사로가 죽음에서 살아난 사건 이후로 마리아가 전면에 등장하여 가족의 대표가 된다(김은영 외, 2015). 마르다네 집에서 어느 날 마리아네 집으로 바뀌었다. 심지어는 요한복음 12장 2절에 "거기서 예수를 위하여 잔치를 할 새 마르다는 일을 하고 나사로는 예수와 함께 앉은 자 중에 있더라." 그리고 3절에서는 "마리아는 지극히 비싼 향유 곧 순전한 나드 한 근을 가져다가 예수의 발에 붓고 자기 머리털로 그의 발을 닦으니 향유 냄새가 집에 가득하더라."라는 말씀이 나온다. '마르다는 일을 하고'라는 한마디 말뿐이지만 처음 예수님을 영접했던 때와 대비하여 생각해 보면 단지 묵묵히 일을 하고 있는 마르다를 그려 볼 수 있다.

처음 마르다가 예수님을 집에 영접하였던 때와 상황은 비슷하다. 여전히 마르다는 일을 하고 있고, 마리아는 예수님 앞에 있다. 심지어 비싼 향유를 예수님 발에 붓고 머리털로 그의 발을 닦고 있다. 하지만 마르다의 모습에서 다른 사람들의 인정과 사랑을 구하는 이전의 모습이 보이지 않는다. 게다가 처음 예수님을 초청했을 때였다면 마르다는 비싼 향유를 예수님의 발에 붓는 마리아를 그냥 두고 보지 못했을 것이다. 하지만 마르다는 이제 그저 다른 사람들의 신경을 쓰거나, 자신을 알아봐 주길 바라며 감정 반응을 하기보다 칭찬과 인정이 없어도 자신의 역할과 자신의 자리에서 목표 지향적인 행동을 하고 있다고 할 수 있다. 이때의 일하는 모습은 이전의 과제 중심적이거나 일 지향적인 행동과는 구별된다(김은영 외, 2015). 마르다는 자신의 의를 내세워 타인으로부터 인정받고 칭찬받는 것으로 자신의 가치를 더 이상 찾지 않는다. 그리고 다른 사람들의 시선을 의식하며 분주한 감정반사 반응으로 인해 타인을 통제하려 하지 않는다. 일로써가 아닌 그냥 존재 자체로 예수님과 관계하고, 존재 자체로 안정감을 찾게 되면 외부의 환경으로 인해 흔들리지 않는 자기, 즉 진짜자기로 있을 수 있게 된다. 이러한 것을 볼 때 이때의 마르다는 분화수준이 50~75 범주로 높아졌음을 확인할 수 있다(김은영 외, 2015).

이 장을 마치며

마르다 자매이야기는 이 책에서 살펴본 성경 가족들 중에 유일한 신약의 인물이다. 그렇기에 이 책의 가족들 중 유일하게 직접적으

로 예수님과 상호작용을 한 가족이라 하겠다. 마르다의 자매이야기
에는 다른 가족들처럼 다세대 전수과정이나 성장과정과 같은 배경
정보들이 풍족하지는 않다. 하지만 예수님이 마르다의 변화에 어떤
관여를 하셨는지 직접적으로 보여 주는 좋은 사례로서 보웬 이론으
로 분석하고 상담적으로 조명해 본 것으로 의의가 있다.

신약성경에 보면 예수님은 특별히 여인들(사마리아 여인, 막달라
마리아와 같은), 특히 소외되고 절망 가운데 있는 여인들을 만나 그
들에게 필요한 복음을 전하고 새 삶을 살도록 하였다. 예수님의 복
음은 무턱대고 '나를 믿으라' 하는 것이 아닌 각 사람에게 맞추어
그 사람들의 마음을 깊이 이해하고, 그 삶 속에서 고민하고, 고통받
는 그 지점에서 방향을 전환할 수 있도록 새 길을 제시하여 주셨다.
마르다는 낮은 분화수준으로 사람들의 인정을 얻기 위해 과업 지
향적인 삶을 살고 있었다. 타인의 인정과 융해되어 인정받지 못하
는 상황이 되면 불안하고, 분노하는 정서 반응이 일어났다. 이런 마
르다에게 예수님은 비난하지 않고 마르다 자신의 감정을 볼 수 있
도록 반영하고 질문하였다. 그리고 마르다가 생각조차 할 수 없었
던 기적을 통해 마르다에게 자기 스스로가 일해서 인정받는 관계
가 아닌 존재적인 관계를 바라볼 수 있도록 관점의 전환을 일으키
고 삶의 방향 전환이 일어나도록 하였다.

이러한 마르다의 기존 행동과 관계 패턴 그리고 마리아와 대비
되는 모습들을 통한 자녀위치와 자리잡기의 개념들에 대한 이해가
인간에 대한 이해를 더욱 넓히는 계기가 되기를 바란다. 뿐만 아니
라 예수님이 마르다의 분화과정에서 보이신 반응과 기적들을 통해
이루신 결과들을 확인해 봄으로써 사람들의 분화수준을 높이기에

중요한 것이 무엇인지 발견하게 되길 바란다.

　성경에는 다 기록되어 있지 않지만 마르다의 집에 머물고 있는 동안 분화수준이 높은 예수님과의 만남, 그 예수님과 함께 지내면서 있었을 상호작용이 마르다의 분화수준을 높이는 데 중요한 역할을 했을 것을 짐작해 볼 수 있다. 이 장에서 살펴보았듯이 예수님은 좋은 기독교상담자의 모델이다. 기독교상담에서 예수님을 좋은 상담자의 모델로서 탐구하는 것이 도움이 된다. 상담자는 물론 상담자가 아니더라도 누군가에게 좋은 대상이 되어 주기 위해서는 무엇보다 먼저 자신이 분화수준이 높아야 함을 기억해야 할 것이다. 우리는 너무나 쉽게 다른 사람의 문제를 발견하고, 변화시키려고 한다. 성경에도 "어찌하여 형제의 눈 속에 있는 티는 보고 네 눈 속에 있는 들보는 깨닫지 못하느냐"(마태복음 7:3)라고 말씀하듯이 예수님처럼 감정반사행동을 하지 않고, 변화에 도움을 주기 위해서는 스스로의 분화수준을 높이는 것이 우선적으로 요구된다.

　우리는 예수님처럼 이미 분화수준이 100인 사람이 아니기 때문에 지속적인 자기성찰과 자기변화의 과정이 필요하다. 이를 위해 타인의 감정과 행동에 반응하고 있는 나의 감정과 행동을 돌아보고 자기분화수준을 높이는 것이 보웬의 관점에서 그리고 예수님을 모델로 한 좋은 상담자와 좋은 대상이 되고자 하는 사람들에게 우선적으로 필요한 과정이라 할 수 있겠다.

 **참고문헌**

강병도(1989). 호크마 주석-누가복음. 서울: 기독지혜사.

김용태(1999). **가족체계이론**. 서울: 학지사.

김은영, 이소영, 김용태(2015). 예수님과 상호작용을 통한 마르다의 분화
    수준 변화:보웬 관점으로의 조명. Torch Trinity Journal, 18, 95-119.

박노권(2011). 감추어진 온전성을 회복하기: 마르다와 마리아 이야기를 융
    관점에서 분석. 신학논단, 66, 57-85.

박홍용(2012). 명예게임으로 바라본 마르다-마리아 이야기. 신약논단, 19,
    423-456.

제자원(2008) 옥스퍼드 원어성경대전(제110권). 서울: 제자원.

Kerr, M. E., & Bowen, M. (2005). **보웬의 가족치료 이론**[*Family Evaluation*].
    (남순현, 전영주, 황영훈 공역). 서울: 학지사. (원전은 1988년에 출판).

책을 마치며

　지금까지 보웬 이론으로 여섯 명의 성경 인물과 가족들을 살펴
보았다. 지금까지 본 것처럼 보웬 이론은 성경 가족 인물들을 분석
하고 임상적으로 이해하기 위한 유용하고 훌륭한 이론이다. 그러
나 모든 치료 이론이 그렇듯이 보웬 이론도 절대적이고 완전한 이
론은 아니다. 그래서 지금까지 성경 인물과 가족들에 대해 살펴본
연구에는 해석상의 차이가 있을 수 있다. 게다가 성경 인물에 대한
자료는 성경에 국한되어 있기 때문에 그러한 부족한 자료들을 가
지고 해석하다 보니 연구의 제한점이 생길 수도 있다. 예를 들면,
성경에 소개된 마르다와 마리아에 관한 이야기는 연구를 위해서는
너무나도 적은 자료들이다. 그러나 이 책은 이렇게도 적은 자료들
을 가지고도 보웬 이론으로 분석하고 이해하고 해석하여 임상현장
에서 통합적으로 적용해 보려 하는 시도를 하였다. 이렇게 지금까
지 소개한 연구들은 살아 있는 관점을 제공하는 것이다. 그리고 이
러한 시도가 확장되고 계속 차곡차곡 쌓여 가다 보면 인간 이해의
폭이 더욱 넓어질 것이다. 그리고 종국에는 보다 많은 사람이 공유
해 갈 수 있는 지점이 생길 것이다. 우리는 성경 인물과 가족들을

보웬 이론으로 분석하면서 결론적인 답을 제시하지 않았다. 그러한 답은 낼 수도 없을 것이다. 이 책은 보웬 이론으로 성경에 제시된 자료들을 보면서 새로운 관점을 제시하였다. 이러한 관점이 독자들에게 자신을 이해하고 임상현장의 내담자들을 이해하며 자유케 하고 온전케 하는 데 도움이 되기를 바란다.

분화가 높은 사람은 흔들리지 않는 사람이다

우리가 임상장면에서 만나는 많은 내담자는 가족에 얽힌 다양한 심리적 문제로 고통을 호소한다. 이러한 내담자들을 보웬 이론으로 살펴보면 잘 보인다. 한 개인이 나타내는 고통의 호소는 가족이라는 맥락에서 보면 더 잘 이해할 수 있다. 마찬가지로 성경에 소개된 인물들도 앞서 이야기한 것처럼 보웬의 가족체계이론으로 보면 더 잘 이해된다. 이 책에서 다룬 성경의 주요 인물들은 우리와 같이 이 세상에서 숨을 쉬며 살았던 사람들이다. 보웬이 말하는 분화가 높은 사람은 흔들리지 않는 사람이다. '흔들리지 않는 나'가 있는 사람은 진짜자기로 살아가는 사람이다. '흔들리지 않는 나'가 구체적으로 어떤 사람인지 보웬이 말하지는 않았지만, 우리는 이 책에서 성경 인물과 가족들을 분석하면서 보웬이 말한 '흔들리지 않는 나'를 지닌 분화수준이 높은 사람이 어떤 사람들인지 탐색하였다.

분화수준이 높다고 모든 것을 다 잘할까

　보웬 이론에서 가장 중요한 개념은 분화다. 그러나 분화수준이 높다고 해서 다른 것도 모두 잘하리라고 생각하는 것은 환상이다. 분화수준이 높은 다윗을 생각해 보자. 다윗은 분화수준이 높은 사람이었지만 다윗의 자녀들은 그렇지 못했다. 반대로, 분화수준이 높지 않았던 사울의 아들 요나단은 분화수준이 높았다. 다윗의 경우, 다윗이 분화수준이 높은 사람이라고 해서 자녀 양육을 잘한다는 보장은 없다. 단지 기회를 가지는 것뿐이다. 분화수준은 상호작용이 있어야 높아진다. 다윗은 그가 처한 상황 때문에 자녀들과 이러한 상호작용을 잘 하지 못했다. 다윗은 분화수준이 높은 훌륭한 신앙인이었지만 그 역시 한계를 지닌 작은 존재인 사람이었다. 오히려 분화수준이 높은 사람은 자신이 한계가 있다는 것을 아는 사람이다.

분화수준이 높은 것이 성화는 아니다

　성화(sanctification), 성숙, 성장, 발달은 모두 구조적 변화를 이야기하는 것이다. 그러나 내용은 다르다. 구조의 하나는 방향이다. 예를 들어, 방향은 '나는 하나님을 보고 있는가, 사람을 보고 있는가?'에 관한 것이다. 이 둘의 방향은 다르다. 사울은 방향이 사람 쪽으로 되어 있었다. 반면, 다윗은 하나님 쪽으로 되어 있었다. 방향을 바꾸는 것이 구조적 변화다. 우리는 하나님을 바라본다 하더라도 영역마다 방향이 하나님 쪽이 아닌 것들이 있다. 교회생활을 할 때는 하나님을 바라보는데, 밖에 나가서 돈을 벌 때는 하나님 생각을 전혀 안 할 수 있다. 그럴 때 하나님 쪽으로 방향을 돌리면 구조적 변화가 일어난다. 돈이 목적이었다가 하나님 쪽으로 방향이 바뀌면 돈은 수단이 된다. 목적과 수단이 완전히 바뀐다. 이것이 구조적 변화다. 돈이 목적이면 사람을 수단시하게 된다. 이런 이야기가 바로 드라마에 늘 등장하는 재벌가 이야기다. 하지만 성화와 분화의 차이가 있다. '내가 좋아하는 것'으로 끝나는 것은 분화다. 그래서 그런 인생은 '우리'의 인생도, '휴머니즘적' 인생도, '거룩한' 인생도 아니다. 그냥 '나'의 인생이다. 그러나 성화로 가려면 그러한 '나'를 넘어야 한다. 내가 좋지만 또 다른 사람들을 생각하면 내가 좋아하는 것도 줄이거나 낮출 수 있어야 한다. 이것이 성화다. 거기에서는 '나'로 끝나는 것이 아니라 '또 다른 구조적 변화'가 있는 것이다. 성화가 일어나려면 이러한 구조적 변화가 또 일어나야 하는 것이다. 그냥 '나'로 끝나는 것이 아니다.

성화가 되려면 분화가 되어야 한다. 분화도 되지 않았는데 성화가 되려 하면 흉내만 내거나 부작용이 나타난다. 분화가 되어 있지 않은데 기능분화만 높아서 남들에게 맞춰서 잘하는 것처럼 사는 사람이 꽤 있다. 우리는 분화의 과정 속에서 성화를 경험할 수 있다. 그러나 이 둘의 결정적 차이는 순수성(purity) 개념이 있느냐 없느냐 하는 것이다. 성화에는 순수성 개념이 있다. 그러나 분화에는 순수성 개념이 없다. 질적 변화가 계속 더 일어나야 하는 것이다. 아무리 분화가 된 사람이라 할지라도 순수성을 담보할 수는 없다. 우리

자체가 불완전한 인간이기 때문이다. 심리학과 상담학은 성화에 대해 이야기하지 않는다. 이것은 심리학과 상담학의 한계다.

성화란 우리 안에 순수성을 지속적으로 정제하는 과정이다

성경은 금을 단련하는 비유를 많이 소개한다. 대표적인 말씀이 욥기 23장 10절이다. "그러나 내가 가는 길을 그가 아시나니 그가 나를 단련하신 후에는 내가 순금같이 나오리라." 금을 캐어 내면 처음에는 불순물이 많다. 그 불순물을 불에 녹여 걸러 내고 다시 순수한 금만 모으는 과정이 지속적으로 있어야 한다. 그러려면 자꾸 녹아야 한다. 성경은 이 녹는다는 것을 '죽어야 된다'고 말한다. 죽음 앞에 서면 사람은 순수해진다. 문제는 죽음 앞에 안 서는 것이다. 그래서 인간은 역설적 존재다(김용태, 2017: 175-179). 살면서 죽을 때, 죽으면서 살 때가 있다. 그러나 살려고만 하거나 죽으려고만 하면 이 둘 다에 문제가 생긴다. 살려고만 할 때는 '불안'이 생기고, 죽으려고만 할 때는 '우울'이 생긴다. 그래서 임상장면에서 우리는 우울한 사람이 오면 언제나 사는 측면인 희망을 이야기해야 한다. 불안한 사람이 오면 언제나 죽는 측면에 대해 이야기해야 한다. 불안한 사람은 늘 미래를 생각하며 자신이 원하는 대로 되어야 한다고 생각한다. 내려놓지 않아서 불안한 것이다. 불안한 사람은 '미래는 내 소관이 아니다.' 하며 죽어야 한다.

사람은 근본적으로 이방인이다

이렇게 분화를 머리에서 가슴으로 이해하는 과정은 우리에게 신 앙과 믿음에 새로운 관점을 준다. 분화는 여러 가지 면에서 신앙과 연결된다. 사람은 근본적으로 이방인이다. 이 개념은 신학적으로 중요하다. 하나님의 형상으로 지음 받은 우리는 천국에서 영원히 살게 된 존재들이었다. 그러나 죄를 지어 이 땅에 쫓겨났다. 여기에 서 천국은 소유적 개념이 아니다. 신학적으로 좀 더 깊이 들여다보 면 우리는 쫓겨난 것이 아니다. 사람이 죄를 지으면 하나님이 계신 곳에서 자기 스스로가 살 수가 없다(창세기 3:7-8). 떠나야 자기 마 음이 편하다. 그것을 성경에서는 하나님이 쫓아내었다고 기록했다 (창세기 3:23). 성경은 우리가 이해할 수 있는 언어로 기록된 책이다. 결국 우리는 하나님과 영원히 살 수 있는 피조물로 천국에서 영원 히 살 수 있었는데 쫓겨났다. 그래서 기독교적 인간관의 관점에서 볼 때 본향을 잃은 인간에게는 존재적인 불안이 있다. 다른 말로 말 하면 안정감(security)이 없어진 것이다. 사람은 없어진 이 안정감을 소유로 대체하려고 한다. 우리가 앞서 살펴본 성경 인물들의 경우 에 이러한 대체는 아브라함에게는 생명이었고, 야곱은 사람과 돈과 인맥이었으며, 요셉은 거대자기, 사울은 영웅심, 다윗은 하나님이 었다가 잠시 권력이었고, 마르다는 인정과 칭찬이었다.

이처럼 근원적인 불안을 지닌 인간은 안정감을 찾으려고 애쓰는 존재다. 사람이 근본적으로 이방인이라는 것은 우리의 고향이 이 곳이 아니라는 뜻이다. 우리의 본향은 천국이다. 우리는 쫓겨난 사람이다. 그래서 사람은 이방인 멘털리티, 주변인 증상이 있다. 사람은 다 주인공이 되려 한다. 가만히 보면 이 세상은 주인공 주제로 되어 있다. 사람은 나라를 만들면 항상 수도를 만든다. 예를 들면, 지정학적으로 위에 지방에 사는 사람도 서울로 올라간다고 한다. 드라마에도 항상 주인공이 있다. 사람은 주인공이 되면 중요하고 특별하고 안전하다고 여긴다. 그래서 주인공을 놓치 않으려 하고 집착한다. 이것이 미분화된 사람의 증상이다. 이것은 또한 중요한 신학적 주제이기도 하다. 우리는 이 세상에서 이런 안정감(security) 과 중요감(significance)을 가지려 집착하지 말고 천국을 소유하려 해야 한다. 그 어떤 것에도 흔들리지 않는 끊을 수 없는 확신을 지녀야 한다. 이것이 나타나는 것이 믿음이다. 사도 바울은 이것을 알았다. 그는 빼앗을 수 없는 확신을 머리에서 가슴으로 내면화하지 않으면 언제든지 불안할 수 있다는 것을 알았다. 그래서 그는 자신이 경험한 믿음의 과정을 로마서 8장에서 감격적인 어조로 표현했다.

그러나 이 모든 일에 우리를 사랑하시는 이로 말미암아 우리가 넉넉히 이기느니라. 내가 확신하노니 사망이나 생명이나 천사들이나 현재 일이나 장래 일이나 능력이나 높음이나 깊음이나 다른 어떤 피조물이라도 우리를 우리 주 그리스도 예수 안에 있는 하나님의 사랑에서 끊을 수가 없으리라(로마서 8:37-39).

무엇을 품었는가

분화가 안 된 사람은 눈에 보이고 확실한 것에 자꾸 집착을 한다. 이것은 믿음과 반대되는 행위다. 아브라함은 자기 생명에 집착했다. 요셉은 자신의 꿈이라는 거대자기에 집착했다. 성화가 구조적인 변화인 것처럼, 분화도 구조적인 변화다. 죄의 본성을 가진 인간은 하나님의 은혜로 하나님의 아들 예수 그리스도를 통해서 의인이 된다. 그러나 이러한 변화는 신분상의 변화이지 본성의 변화는 아니다. 인간은 성화를 통해서 의인이라는 신분에 맞는 질적 변화를 이루어 간다. 이러한 변화는 자신이 가진 방향성을 '즉각적 현실에서 초월적 현실'로 전환하게 하고 새로운 차원의 세계에 이르게 하는 구조적 변화를 발생시킨다(김용태, 2017: 212). 그런데 미분화는 죄인이면서 동시에 의인인 인간의 발달을 더디게 하거나 고착시킨다. 앞서 분화가 안 되었다는 말이 무엇에 집착하는 개념이라고 했다. 이 말을 다른 말로 표현한다면 '무엇을 품었는가, 무엇을 품고 사는가'라는 말로도 바꾸어 이해할 수 있다. 예수님이 기도를 가르쳐 주시면서 "너희는 그의 나라와 그의 의를 구하라. 그리하면 이 모든 것을 너희에 더하리라."라고 하셨다. 그러나 사람들은 '그의 나라와 그의 의'를 먼저 보기보다는 '이 모든 것'을 먼저 본다. 그래서 그런 기준으로 다른 사람들을 판단하고 비판하기도 한다. 시각이 중요하다. 이런 시각을 위해서는 분별하는 눈이 필요하다.

모든 지킬 만한 것 중에 더욱 네 마음을 지키라. 생명의 근원

(the wellspring of life)이 이에서 남이니라(잠언 4:23).

잠언은 이 이야기를 계속 하고 있다. 잠언의 지혜는 마음에 대한 것이다. 생명의 근원은 생명의 샘이라는 뜻이다. 잠언은 이 생명의 샘에 대해 계속 말하고 있다. 사막에서는 물이 없으면 죽는다. 잠언에서 말하는 것처럼 마음이 우리의 삶의 생명 샘이다. 그래서 그 마음이 어떠한가는 너무나 중요하다. 이것이 성경에서 마음을 잘 지키라는 말이 자주 나오는 이유이기도 하다. 그래서 무엇을 품었는가는 우리에게 너무 중요한 문제다.

이 책을 읽어 오면서 요셉과 다윗은 무엇을 품었는지 살펴보았다. 다윗은 분화수준이 높았지만 기능분화가 낮아져 일시적으로 넘어졌다. 그러나 다윗은 기본적으로 하나님의 나라를 품었고 하나님의 나라와 그분의 왕국을 꿈꾸는 사람이었다. 그러한 꿈이 그가 살았던 시대에 수많은 전쟁과 왕국으로 나타났다. 이 마음을 빼고 일시적으로 주저앉은 현상만 가지고 다윗을 이야기할 수 없을 것이다. 성경에서 하나님은 다윗을 '하나님의 마음에 합한 자'라고 하였다. 다윗은 이 마음을 버리지 않았다. 외로움 때문에 일시적으로 이런 마음을 잃었지만 분화수준이 높았던 다윗은 선지자 나단이 직면시키자마자 즉시 그 마음을 회복하였다. 요셉은 무엇을 품었는가? 사람은 보통 고난을 통해 달라진다. 고난은 환경이 달라졌다는 것이다. 요셉이 형들에 의해서 구덩이에 빠졌을 때 구덩이에 빠진 걸 생각 안 하고 자신의 채색옷만 생각했다면 크게 상처가 되고 억울했을 것이다. 그러나 그는 채색옷을 생각하지 않았다. 긴 고난의 과정이었지만 그는 흔들리지 않고 하나님을 바라보고 기대했다. 그래서 우리는 요셉의 이야기에서 그의 '흔들리지 않는 나'를 볼 수 있다. 그는 고난 속에서 머리로 이해하여 가슴으로 자신의 분화의 과정을 완성시켜 갔다. 그것이 가슴의 완성이다. 결국 사람마다 '마음에 품고 있는 것이 무엇인가'는 이렇게 중요하다.

깨어짐의 순간이 있다

임상현장에서 우리가 만나는 내담자들도 상담과정에서 가슴에 품고 있는 것들이 깨어지는 경험을 한다. 이런 경험은 가슴앓이 현상으로 나타난다. 깨어지지 않기 위해 온갖 방어를 하지만 어느 순간에 그 부분이 터치가 되면 너무나 가슴 아파한다. 그리고 무기력해지고 힘이 빠진다. 아브라함은 어떤 과정을 거쳤겠는가? 그가 집착하고 품은 것을 지키려 애쓰며 살아올 때는 음모를 꾸미고 거짓말을 하곤 했다. 그러나 결국 내려놓은 과정이 있었다. 이것이 느껴지고 생각되는 시점이 있다. 우리는 이것을 '하나님의 시간'이라고 부를 수 있다. 사람의 편에서는 내려놓아야 할 시점이 온다. 야곱에게는 자기의 모든 수단을 다 동원해서 지키려 했지만 집착하고 품어 왔던 소유라 했던 것이 아무짝에도 소용없다고 느껴졌을 때였다. 그는 얍복강가에서 모든 소유를 다 보내고도 여전히 불안했다. 이렇게 품은 것을 내려놓을 때는 자신이 더 이상 감당이 안 될 때다. 자신의 통제 능력으로 어떻게 할 수 없을 것 같은 때다. 그리고 이때가 하나님을 만날 때다.

다윗의 경우, 다윗은 품은 것이 달라지는 사람이 아니었다. 그는 처음부터 하나님을 품었던 사람이었다. 그래서 나단이 말할 때 성질을 냈다. 그러나 선지자 나단이 "네가 그 사람이다."라고 할 때 그때서야 깨달았다. 그는 압살롬 반란 때도 힘으로 제압하지 않았다. 다윗은 기능분화가 일시적으로 떨어졌다가 회복된 사람이었다. 비록 사람이 하나님과의 관계에서 하나님의 나라를 꿈꾼다 할지라도 우리가 가진 인생의 주제는 계속 진행 중인 경우가 있다. 그러나 진행 중이어도 품은 것이 없어지지 않는다. 하나님은 그 중심을 본다. 회복이 가능하다고 보는 것이다. 이것이 하나님의 은혜다. 하나님의 은혜는 우리가 측량할 수 없다. 우리가 의심하고 낙심하고 좌절하고 있을 그때에도 이 하나님의 은혜는 멈추지 않는다. 이 은혜가 비추지 못할 곳은 아무 데도 없다. 마음에 하나님이 아닌, 천국이 아닌 다른 품은 것을 깨트려야 한다. 가슴앓이를 하고 새롭게 태어나야 한다. 그런데 안타깝게도 우리가 살펴보았던 이스라엘의 초대 왕이었던 사울은 그러지 못했다. 그가 처음부터 품었던 것은 영웅심이었다. 사울은 그것을 바꿀 수 있는 기회가 여러 번 있었지만 결국 바꾸지 않았다.

　아브라함에게 품은 것이 깨어지는 시점은 이삭을 번제물로 드리는 절정의 순간이었다. 그는 이전에 이미 생명을 내려놓는 과정을 거쳤다. 조카를 구하기 위해 생명을 걸고 전쟁을 하기도 하였다. 그러나 그에게 절정의 시점은 생명을 지키기 위해 한 생애를 살아왔던 아브라함이 자기 생명보다 더 귀하게 여기는 아들을 내놓았을 때다. 그 절정의 시점이 오기까지 그는 생명을 놓는 연습을 하였다. 이삭을 번제물로 바칠 때 이삭은 10대 초반이었다. 그것으로 볼 때 어떤 학자들은 하나님을 믿고 온전히 헌신하는 기간이 25~26년 걸린다고 이야기하기도 한다. 이렇게 조금씩 변화해 가는 사람들에게는 결국 온전히 헌신(full commitment)을 하는 때가 온다. 집사나 권사 혹은 장로로 임직을 받고 안수를 받았다고 해서 헌신이 보장되는 것이 아니다. 목사나 선교사로 안수를 받았다고 해서 헌신이 끝난 것이 아니다. 집착과 품은 것이 깨어지고 내려놓는 그 시점이 온전한 헌신이 이루어지는 때고 보웬이 말하는 분화가 이루어지고, 흔들리지 않는 나를 지니고 비로소 진짜자기로 천국을 살 수 있는 때다.

지금까지 우리는 보웬 이론으로 성경 인물들을 보았다. 성경 인물들을 한 개인이지만 가족이라는 틀 안에서 이해하였다. 우리는 가족을 떠나서 한 개인을 온전히 이해할 수 없다. 그래서 임상현장에서 만나는 아픈 가슴을 내보이는 내담자들 한 명 한 명의 소리를 듣고 있으면 결국은 그 속에 가족이야기가 보인다. 개인의 고통을 호소하고 있지만 결국은 그 고통의 배경에는 항상 가족이 있다. 그런 의미에서 보웬 이론으로 살펴본 성경 인물들은 우리에게 분화가 무엇인지, '흔들리지 않는 나'로 산다는 것이 무엇인지를 알려 주는 좋은 삶의 지도가 되었으리라 확신한다. 또한 상담자이거나 상담심리학자이기 전에 한 개인으로서 아브라함과 야곱과 요셉 혹은 사울과 다윗, 마리아와 마르다의 이야기가 아직도 내가 무엇에 집착하고 있고, 무엇을 품고 살아가는지를 알려 주는 거울이 되었을 것이라고 믿는다.

이 책이 임상현장에서 내담자를 돌보기 위해 끊임없이 자기 자신을 변화시키고 온전한 변화를 추구해 가는 상담자들에게 도움이 되기를 바란다.

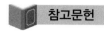 **참고문헌**

김용태(2017). 기독교상담의 이해와 원리. 서울: 학지사.

찾아보기

저자 소개

대표저자

김용태(Yong Tae Kim)
서울대학교 사범대학 수학교육과 학사(B.A.)
서울대학교 사범대학 교육학과 상담전공 석사(M.A.)
미국 풀러 신학대학원 신학부 목회학 석사(M. Div.)
미국 풀러 신학대학원 심리학부 가족치료학 박사(Ph.D.)
서울대학교 학생생활연구소(Student Guidance Center) 상담원
미국 밸리 충격상담소(Valley Trauma Center) 상담원
미국 아시아태평양 가족상담소(Asian Pacific Family Center) 상담원
미국 트라이시티 정신건강상담소(Tri-city Mental Health Center) 인턴
햇불트리니티신학대학원 기독교상담학과 교수
현 한국기독교상담심리학회 감독
    한국상담학회 수련감독급 전문상담사(가족/집단/기독교/심리치료)
    한국상담심리학회 상담심리사 1급(주 수퍼바이저)
    초월상담연구소 소장

<저서>
초월상담의 이론과 실제(학지사, 2018).
기독교상담의 이해와 원리(학지사, 2018)
부부 같이 사는 게 기적입니다(덴스토리, 2017)
남자의 후반전(덴스토리, 2016)
가짜 감정(덴스토리, 2014)
슈퍼비전을 위한 상담사례보고서(학지사, 2014)
통합의 관점에서 본 기독교 상담학(학지사, 2006)
가족치료 이론(학지사, 2000)

<역서>
변형심리학(학지사, 2016)
심리학에서의 유대-기독교 관점(학지사, 2015)

공동저자

강경희(Kang Kyunghee)
횃불트리니티신학대학원대학교 기독교상담학과 석사
횃불트리니티신학대학원대학교 기독교상담학과 박사과정

김은혜(Kim Eunhye)
가톨릭대학교 상담심리대학원 영성심리학과 석사
횃불트리니티신학대학원대학교 기독교상담학과 박사과정

박연하(Park Younha)
횃불트리니티신학대학원대학교 기독교상담학과 석사
횃불트리니티신학대학원대학교 기독교상담학과 박사과정

박주혜(Park Joohye)
이화여자대학교 소비자인간발달학과(가족학) 석사
횃불트리니티신학대학원대학교 기독교상담학과 박사과정

성희연(Sung Hieyeon)
횃불트리니티신학대학원대학교 기독교상담학과 석사
횃불트리니티신학대학원대학교 기독교상담학과 박사과정 수료

유봉철(You Bongchul)
횃불트리니티신학대학원대학교 기독교상담학과 석사
횃불트리니티신학대학원대학교 기독교상담학과 박사과정

이수연(Lee Suyoun)
횃불트리니티신학대학원대학교 기독교상담학과 석사
횃불트리니티신학대학원대학교 기독교상담학과 박사과정

이혜진(Lee Haejin)
횃불트리니티신학대학원대학교 기독교상담학과 석사
횃불트리니티신학대학원대학교 기독교상담학과 박사과정

장은영(Chang Eunyoung)
계명대학교 교육학과 석사
횃불트리니티신학대학원대학교 기독교상담학과 박사과정 수료

보웬 이론으로 본 성경 속 가족이야기
Biblical Family Story of Bowen Theory

2018년 9월 20일 1판 1쇄 발행
2025년 1월 20일 1판 3쇄 발행

지은이 • 김용태 · 강경희 · 김은혜 · 박연하 · 박주혜
　　　　성희연 · 유봉철 · 이수연 · 이혜진 · 장은영
펴낸이 • 김진환
펴낸곳 • (주) **학지사**
　　　　04031 서울특별시 마포구 양화로 15길 20 마인드월드빌딩 5층
대표전화 • 02) 330-5114　　팩스 • 02) 324-2345
등록번호 • 제313-2006-000265호

홈페이지 • http://www.hakjisa.co.kr
인스타그램 • https://www.instagram.com/hakjisabook/

ISBN 978-89-997-1664-5　03180

정가 **16,000원**

출판미디어기업 학지사

간호보건의학출판 **학지사메디컬** www.hakjisamd.co.kr
심리검사연구소 **인싸이트** www.inpsyt.co.kr
학술논문서비스 **뉴논문** www.newnonmun.com
원격교육연수원 **카운피아** www.counpia.com
대학교재전자책플랫폼 **캠퍼스북** www.campusbook.co.kr